Jochen Thies

MACHT UND OHNMACHT

Jochen Thies

MACHT UND OHNMACHT

Die Lebensgeschichte des Royal Dutch/Shell-Begründers Sir Henri Deterding

lau verlag

Bibliografische Information
der Deutschen Nationalbibliothek
Die Deutsche Nationalbibliothek verzeichnet diese
Publikation in der Deutschen Nationalbibliografie;
detaillierte bibliografische Daten sind
im Internet über http://dnb.d-nb.de abrufbar.

MIX
Papier | Fördert
gute Waldnutzung
FSC® C014138

ISBN 978-3-95768-255-0

www.lau-verlag.de

Umschlagentwurf: pl, Lau-Verlag, Reinbek
Umschlagabbildung: © Privat
Satz und Layout: pl, Lau-Verlag, Reinbek
Druck und Bindung: Finidr, s.r.o.
Printed in Czech Republic

Für H.

Inhalt

Vorwort

Drei Länder könnten ihn für sich beanspruchen. Aber weder die Niederlande, sein Geburtsland, noch Großbritannien, das er im Ersten Weltkrieg rettete, noch Deutschland, von dem er hoffte, dort noch einmal Wurzeln zu schlagen, wollen ihn haben. Auch die Schweiz, wo er seine Urlaube verbrachte, hüllt sich in Schweigen. Keine Straat in Amsterdam, kein Square in London, keine Plakette an einem Chalet in St. Moritz erinnern an den »Staatenlosen«. Nur in Deutschland kann die Spurensuche erfolgreich verlaufen, in der mecklenburgischen Seenplatte. Der Fall der Berliner Mauer hat es möglich gemacht. Das Weltunternehmen, das er leitete, pflegt sein Andenken nicht mehr. Die lange Zeit üblichen Besuche von Führungskräften bei der Familie sind schon lange eingeschlafen. Dabei war er »Kopf und Seele des Unternehmens zugleich«, wie es in einer der vielen Würdigungen nach seinem Tod hieß.

Sir Henri Wilhelm August Deterding, der Begründer des Ölkonzerns Royal Dutch/Shell, ist eine weitgehend unbekannte Figur geworden. Er liegt unter bis heute ungeklärten Vorgängen, die auflösbar sind, und Vorurteilen quasi begraben. Riesige Desinformationskampagnen, auch DDR-Propaganda, wirken bis heute nach. Die Schlüsselfrage für viele heißt: Wie eng waren seine Kontakte zu Hitler? Verhalf er den Nationalsozialisten etwa an die Macht? Das Buch wird diese Fragen beantworten. Sie hätten längst geklärt werden können. Die viel interessantere Frage lautet daher, warum dies bislang nicht geschehen ist. Warum wurden Teile der europäischen Geschichte des 20. Jahrhunderts, auch Abschnitte von Firmengeschichten, unter missbräuchlicher Verwendung seines Namens »verklappt«? (Unter »Verklappen«

versteht man die Entsorgung von Abfällen, Chemikalien und Giftstoffen in Gewässern und in Meeren.)

Um die Person Deterding stand es einmal ganz anders. Vom Ersten Weltkrieg bis in die frühen 1930er-Jahre beflügelte er als Vorstandsvorsitzender des zweitgrößten Mineralölkonzerns die Fantasie der Weltöffentlichkeit. Er war Rockefeller und Onassis zugleich. Deterding blieb jedoch auf eine sympathische Weise ein Mensch des 19. Jahrhunderts, persönlich bescheiden, in London arbeitend und in St. Moritz auf 2000 Metern Höhe residierend, seinem Sehnsuchtsort. Dann ging die Weltgeschichte über ihn hinweg, die er bei Treffen mit den Diktatoren seiner Zeit hoffte beeinflussen zu können. Zwei Ehefrauen trugen zu seinem politischen Schicksal entscheidend bei, die eine aus Russland, die andere aus Deutschland. Die Erfahrung des Zweiten Weltkriegs blieb Deterding erspart, die Selbstkorrektur unterblieb, weil er Anfang 1939 verstarb. Doch fiel er trotz seiner überragenden beruflichen Leistung in Ungnade. Nach einer Odyssee seines Sarges, die erst 2022 ihr Ende fand, ist es an der Zeit, die Geschichte eines »Selfmademan« und Außenseiters, eines in jeder Hinsicht dramatischen Lebens zu schildern. Henri Deterding hat es verdient, nicht in Vergessenheit zu geraten.[1]

Wer sich auf die Suche nach Sir Henri begibt, muss sie in St. Moritz beenden. Er muss die dramatische Alpenkulisse in sich aufnehmen, die vielfältigen sportlichen Möglichkeiten des Wintersportortes zu würdigen wissen und in den Hallen der großen Hotelpaläste der Zeit nachspüren, in denen Deterding nicht nur den Taktstock schwang. Der Niederländer prägte einen Ort mit, dessen Magie trotz aller gesellschaftlichen Veränderungen bis heute anhält. St. Moritz ist für seine Nachkommen noch immer wichtig. Die durch den Zweiten Weltkrieg entwurzelte Familie hat vor einigen Jahren damit begonnen, Deutschland wiederzuentdecken. Auf einer mittlerweile vier Generationen umfassenden Zeitachse lässt sich bilanzieren, dass die erlittenen Blessuren geheilt sind und unterschiedliche Begabungen eine weltweit operierende Familie von Rang haben entstehen lassen.

Archivbesuche und Recherchereisen durch Deutschland, die Schweiz, die Niederlande, Großbritannien und Frankreich runden die aus Interviews, privaten Papieren und Dokumenten gewonnenen Eindrücke ab.

Berlin, im Februar 2024

Anmerkungen

1 Vgl. dazu: Gerhard Schwarz: Geschichtsschreibung sollte sich mehr mit Unternehmern befassen und weniger mit Politikern, in: *Neue Zürcher Zeitung (NZZ)* vom 6. Februar 2024.

1
Ein Leben, das Fragen offenlässt

Kommen und Gehen

An einem eiskalten Februartag des Jahres 1939 wird in Mecklenburg ein prominenter Mann zu Grabe getragen. In der Gegend südlich von Güstrow gibt es viele Gerüchte über ihn. Es soll sich um einen Niederländer handeln, um einen sehr, sehr reichen Mann. Er soll mit einer jungen Deutschen verheiratet gewesen sein. Das Paar habe vor drei Jahren einen großen Landsitz in schönster Lage in der seenreichen, parkähnlichen Landschaft eineinhalb Autostunden von Berlin entfernt erworben. Der Mann sei viel unterwegs gewesen, der Tod habe den Industriellen am 4. Februar an seinem Feriensitz im schweizerischen St. Moritz ereilt.

Viele Menschen versuchen zu dieser Zeit, Deutschland zu verlassen. Die zweite große Flüchtlingswelle nach der großen Fluchtbewegung in den Jahren 1933/34 hat in den zurückliegenden Wochen eingesetzt, als Folge des 9. November 1938. Weltweit herrscht Entsetzen über die sogenannte Reichspogromnacht. Wie durch ein Wunder bleibt die Synagoge im nahen Krakow am See in dieser Mordnacht unbeschädigt. Anderswo brennen die Gotteshäuser, sterben jüdische Mitbürger, werden Geschäfte geplündert, Friedhöfe verwüstet. Die USA rufen ihren Botschafter aus Berlin ab. Wie Henri Wilhelm August Deterding, der Begründer des weltweit operierenden Ölgiganten Royal Dutch/Shell über dieses Schreckensereignis gedacht hat, gehört zu den Geheimnissen, die er mit ins Grab mitgenommen hat. Aber man kann der Lösung des Rätsels nahekommen.

Während viele andere gehen, alles daransetzen, Deutschland zu verlassen, ist er gekommen, der weltweit vernetzte »Napoleon des Öls«. Dass er sich knapp drei Jahre vor seinem Tod in einem Land niedergelassenen hat, das sich seit 1933 Zug um Zug vom Rest der Welt abkoppelt, das im Begriff steht, sich von der Weltgemeinschaft gänzlich zu verabschieden, versetzt den heutigen Beobachter in Erstaunen. Der Entschluss Deterdings bedarf daher der Suche nach Erklärungen. War seine dritte, sehr viel jüngere deutsche Frau ausschlaggebend, die er im Frühjahr 1936 geheiratet hatte? Kam er über den Abschied vom Vorstandsvorsitz bei Royal Dutch/Shell im Herbst des gleichen Jahres nicht hinweg? Befand er sich in einer verdeckten Lebenskrise? War die Welt, in der er lebte, nicht mehr die seine oder die deutsche im Begriff, es zu werden? Verletzten ihn die Vorhaltungen der niederländischen Regierung? Hatte er sich mit seiner Wahlheimat Großbritannien überworfen? War er infolge der großen Veränderungen in seinem Leben von 1936 an sprunghaft gealtert, womöglich nicht mehr gesund? Bezahlte er nun den Preis für ein Leben auf der Überholspur?

Sir Henri Deterding

Es gibt kontroverse, verwirrende Urteile über den Niederländer, der nur 72 Jahre alt wurde und zu den bewegenden Kräften in der Weltpolitik im ersten Drittel des 20. Jahrhunderts gehörte. Porträtfotos signalisieren Kraft und einen Hauch von Unsicherheit zugleich: der Holländer und der »homo novus«. In seinen 1934 erschienenen Memoiren zeigt er sich sehr verschlossen, typisch für eine Generation, die sich nicht äußert. Entstanden ist das Porträt eines machtbewussten, kraftvollen Mannes, der Heere von Mitarbeitern dirigiert, mehr als die anderen arbeitet, schneller als sie und dabei sehr genau ist, nichts dem Zufall überlässt. Deterding gibt in diesem Werk a prima vista wenig von sich selbst preis. Bei genauer, mehrmaliger Lektüre deutet sich jedoch eine emotionale Seite an, trifft er dann doch die eine oder andere bemerkenswerte Aussage.

Das Interview-Buch skizziert einen Mann des 19. Jahrhunderts mit einem einzigen Thema. Alles dreht sich ums Öl. Und es erzählt von jemandem, der selbst anpackt. Deterding ist ein Repräsentant des Jahrhunderts der Europäer, wie es der Konstanzer Historiker Jürgen Osterhammel genannt hat, einer Zeit für Titanen, die Grenzen sprengen, um nicht für möglich gehaltene neue zu erreichen. Obwohl noch immer Kaiser und Könige die Staaten Europas regieren, die Arbeiterschaft schüchtern an die Tore der Macht klopft, vermag niemand diese großen unternehmerischen Einzelpersönlichkeiten der Zeit zu bändigen. Sie herrschen in ihren ausgedehnten Geschäftsfeldern und Netzenwerken, unsichtbaren Imperien gleichend, wie absolute Herrscher. Von daher verwundert es nicht, dass Deterding für das heraufziehende Zeitalter der Massendemokratie wenig Verständnis aufbringt. Er will allerdings ein fürsorgender Vater sein in einem Konzern, der keine Pensionen zahlt, aber sich kümmert, wenn Not am Mann ist. Royal Dutch/Shell auf stetem Wachstumskurs zu halten ist für Deterding praktizierte Sozialpolitik. Stolz nennt er bei einer Begegnung mit Papst Pius XI. in Rom in den frühen 1920er-Jahren die Beschäftigtenzahlen seines Unternehmens. Sie entsprechen den Einwohnern einer mittelgroßen Stadt. Aber das ist nur der eine Teil einer großen Erfolgsgeschichte. Hinter den im Konzern Tätigen sieht er zu Recht das Millionenheer von Familienangehörigen und weiteren Akteuren, das am Unternehmenserfolg partizipiert.

Die Politiker sind für Deterding Assistenten der Geschäftsführung. Der Staat hat für Freihandel zu sorgen, im Notfall für Schutzzölle, in der Krise für das Kanonenboot. Als Russland kommunistisch wird und die der Royal Dutch/Shell gehörenden Ölfelder bei Baku konfisziert, begibt sich der Holländer auf die Suche nach Unterstützern in der Politik. Er fahndet nach Antikommunisten, die bereit sind, Russland zu bekämpfen und die Revolution rückgängig zu machen. Da die USA, Großbritannien und Frankreich abwinken, landet er bei Mussolini und Hitler. Ist der Unternehmer, der »Oilman«, wie er sich nennt, damit sogleich als Faschist und Hitler-Freund zu bezeichnen? Vorzuwerfen ist ihm wie anderen Industrieführern bis in unsere Tage hinein, dass er sich nicht hinreichend mit Geschichte, Politik und Parteipolitik auseinandersetzt bzw. nicht die Berater hat, die ihn auf diesem heiklen Terrain führen könnten. Vielleicht kann es sie im Umfeld äußerst erfolgreicher, machtbewusster Menschen gar nicht geben. Président-Directeur-Général heißen die Chefs in Frankreich.

Henri Deterding, der Sohn eines Kapitäns, trug wesentlich dazu bei, dass sich Großbritannien, das unter den Herausforderungen ächzende Empire, im Ersten Weltkrieg gegenüber dem kaiserlichen Deutschland behauptete. Aber der Ausgang dieses Weltringens entschied auch über den weiteren Weg, den der Niederländer nun ging. Die Begeisterung für England erkaltete, er verbiss sich im Kampf gegen die junge Sowjetunion, die Teile seines Ölimperiums beschlagnahmt hatte, und sah – wie viele andere Unternehmensführer dieser Zeit – im Aufstieg des nationalsozialistischen Deutschlands den Silberstreifen der Hoffnung. Ob er diesen Schritt bereute, ob ihm Zweifel exakt zu dem Zeitpunkt kamen, als er sich gerade in Deutschland niedergelassen hatte, gehört zu den spannenden Fragen, die einer Klärung bedürfen.

Vorwürfe

Daher greifen die meisten Urteile über Henri Deterding, einen der reichsten Männer seiner Zeit, zu kurz. Und sie werden erstaunlicherweise leichtfertig und reflexartig gefällt. Belege werden in der Regel nicht angeführt, stattdessen Gerüchte kolportiert. Geldspritzen für die NSDAP, angebliche Begegnungen mit Hitler, Mutmaßungen über seine dritte, deutsche Ehefrau, haben schnelle Festlegungen zur Folge. In der Regel stammen sie von Wirtschaftshistorikern und auf das Thema Öl spezialisierten Journalisten, selbst vom Pulitzer-Preisträger Daniel Yergin. Wenig hält einer Überprüfung stand. Das hat zur Folge, dass sich Deterding im tiefen Keller der Vorurteile und Vorverurteilungen befindet, was sein Image angeht. Großbritannien, das Land, das ihm am meisten verdankt, behandelt ihn besonders lieblos. Wird damit eigenes Versagen überspielt? Haben Standard Oil, Royal Dutch/Shell und die anderen Giganten der Branche – auch die Sowjetunion zwischen 1939 und 1941 – zu lange Geschäfte mit Hitler-Deutschland gemacht, auch nach Deterdings Tod?

Unternehmen tendieren dazu, »vergangenheitsvergesslich« zu sein. Aber der verbissene Blick auf Gegenwart und Zukunft darf nicht dazu führen, den großen Sohn einer Nation aus den Augen zu verlieren. Kulturnationen haben geradezu eine Verpflichtung, sich zu erinnern. Für die Niederländer ist Deterding ein Sohn, für die Briten mindestens ein adoptierter, für die Franzosen an einem Jahrestag eine Schleife an einem Kranz wert. Am Ende muss Deutschland sich um ihn kümmern, es hat ja noch viel »Gedächtnisplatz«.

Als Beweismittel über eine zu große Nähe Deterdings zu Hitler-Deutschland werden dabei auffallend oft seine letzten drei Lebensjahre angeführt, vor allem die Begleitumstände seines Begräbnisses. Detailliert, aber nicht fehlerfrei, werden die Inszenierung und der Ablauf seiner Beisetzung (»The Nazi Funeral«) geschildert, der jedoch kein Staatsakt war. Kein prominentes Mitglied des Regimes war bei dem Begräbnis zugegen, obwohl Berlin nicht weit entfernt war. Kabinettssitzungen der Regierung Hitler, die ohnehin nur sporadisch stattfanden, hatten 1938 ganz aufgehört. London verabschiedete ihn mit Würde. Das dritte Land, die Niederlande, Deterdings Heimat, war zwar bei seinem Begräbnis in Dobbin präsent, schweigt aber zur Person bis heute betreten. Den reflektiertesten, empathiegeladensten Nachruf gab es in Frankreich.

An dieser Stelle kommt jedoch ein viertes Land ins Spiel, die Schweiz. Wenige Minuten auf dem Flughafen von Genf entscheiden am 6. Februar 1939 darüber, wie die Nachwelt über Deterding urteilen wird. Sein ältester Sohn Henry plädiert bei der Zusammenkunft der Familie dafür, den Vater an der Seite seiner ersten Frau in Großbritannien zu beerdigen. Doch dann setzt sich die dritte, mittlerweile holländische Staatsbürgerin gewordene Frau und Stiefmutter Henrys durch. Damit nimmt die Geschichte einen anderen Verlauf, sie wechselt von einem englischen Grundton zu einem deutschen, denn Deterding hat in seinem Testament hinsichtlich des Ortes und Ablaufs seiner Bestattung keine Festlegung getroffen. Ein deutscher Begräbnisort war bis zu diesem Zeitpunkt der am wenigsten wahrscheinliche, St. Moritz in Deterdings Sicht der naheliegendste! Die Familie wird durch den Beginn des Zweiten Weltkriegs ein halbes Jahr später geteilt. Sohn Henry wird als Pilot der Royal Air Force gegen Hitler-Deutschland kämpfen und von 1940 bis 1945 in deutsche Kriegsgefangenenschaft geraten! Und es wird eine Odyssee der deutschen Witwe mit ihren beiden Kindern beginnen.

Ein Begräbnis in Mecklenburg

In Dobbin, einem ehemaligen mecklenburgischen Besitz der niederländischen Krone, flattern am 11. Februar 1939 Hakenkreuzfahnen. Sie bestimmen aber nicht die Szenerie.[1] Entgegen dem Eindruck, den Fotos im Internet und in Publikationen vermitteln, ist die Stimmung eine andere, sie ist zivil und entspricht der niederländischen Grundmelodie. In dieser Landschaft hat Deterding, vermittelt durch deutsche Freunde, Jahre zuvor Fuß gefasst und Besitz erworben, 1936 sogar das Schloss in Dobbin. Das niederländische Königshaus hat sich nach dem Tod des aus Mecklenburg stammenden Prinzgemahls Heinrich von dem Besitz getrennt. Die Grundstückspreise sind in der Region gefallen, eine gute Gelegenheit, zuzugreifen, zumal es in Deutschland Devisenkontrollen gibt, Geld nicht ausgeführt werden kann.

Die Angehörigen von Deterding sind aus ganz Europa herbeigeeilt, um bei einer kurzen Gedenkfeier im Familienkreis, ergänzt um einige enge Freunde, Abschied vom Patriarchen zu nehmen. Im Foyer des Gutshauses werden zwei Reden gehalten. Wilhelm Rudeloff, ein enger Freund von Deterding, wie er im Ölgeschäft zu einem großen Vermögen gekommen, hält eine kurze Ansprache. Er hat Deterding seit fast 40 Jahren gekannt und seine Karriere von den Anfängen an miterlebt, wie er ausführt. Ihm folgt Friedrich Hildebrandt, der Gauleiter und Reichsstatthalter von Mecklenburg. Der ehemalige Landarbeiter weist wie andere Redner darauf hin, dass die Vorfahren Deterdings aus der Region stammten. Das scheint eher zweifelhaft. Danach geht es zur mit weißem Flieder und Tannengrün ausgeschmückten Reithalle, in welcher der Tote, umgeben von einem Meer von Blumen und Kränzen, aufgebahrt ist. Zwei uniformierte Forstbeamte halten die Ehrenwache, ein Leibdiener, dezent uniformiert, präsentiert auf einem Ordenskissen die stattliche Sammlung von Ehrenzeichen des Verstorbenen. Er wird später auch am Grab Stellung beziehen.

Sind auf dem Gelände des mecklenburgischen Gutshofes die Hakenkreuzfahnen nicht zu übersehen, so ist der Eindruck in der Halle ein anderer. Über dem Podium hängt neben der Fahne des Dritten Reiches auch die der Niederlande. Ein Baldachin aus weißem Flieder, der durch gedämpftes Licht aus roten Pylonen zu beiden Seiten des Sarges betont wird, leuchtet aus dem Halbdunkel. Die beiden unvermeidlichen Hakenkreuzfahnen sind Fremdkörper, sie symbolisieren Gewalt.

Die niederländische Regierung hat einen blau-weiß-rot dekorierten Kranz geschickt, also in den Nationalfarben des Heimatlandes. Ähnlich ist auch der Kranz des Diktators gehalten, von dem Deutschland seit sechs Jahren regiert wird, geziert mit einer blau-weiß-roten Schärpe, auf der »Adolf Hitler« steht. Ein weiterer Kranz der NS-Prominenz ist von einem kleinen Detachement von Luftwaffenoffizieren im Auftrag von Hermann Göring, dem Oberbefehlshaber der Luftwaffe, in die Halle getragen worden. Dass es »nur« von einem Offizier im Rang eines Hauptmanns angeführt wird, ist jedoch ein Indiz für den gesunkenen protokollarischen Stellenwert, den ein toter Deterding für Göring besitzt. Der Kriegsheld des Ersten Weltkriegs, der in der Nähe von Dobbin sein Jagdrevier hat, gehört zu den populärsten NS-Größen, hat sich in den ersten Monaten der Etablierung der Diktatur 1933 mit besonderer Brutalität hervorgetan. Auch Görings Ehefrau, Emily Göring, ist mit einem eigenen Gesteck vertreten. Keinen Kranz geschickt hat Alfred Rosenberg, der Chefideologe der NSDAP, mit dem Deterding in der Anfangsphase des Dritten Reiches einen relativ engen Kontakt hatte.

Ein Flüstern geht durch den Saal, als die Witwe Deterdings in Begleitung von zwei Mädchen, den Töchtern aus seiner zweiten Ehe mit einer Russin, unter den Klängen des Trauermarsches von Beethovens »Eroica« die Reithalle betritt. Als die letzten Takte des Rostocker Stadt- und Theaterorchesters verklingen, begibt sich der mecklenburgische Landesbischof Walther Schultz ans Rednerpult. Er legt seiner Predigt den Römerbrief 5, Vers 4 zugrunde: »Geduld, aber Bewährung, Bewährung aber Hoffnung.« Der aus Schwerin angereiste Theologe verfehlt seinen eigentlichen seelsorgerischen Auftrag. Seine Ausführungen stellen einen Affront gegenüber Teilen der Deterding-Familie und den ausländischen Gästen dar. Statt zu trösten, spricht der bekennende Antisemit von der Schande von Versailles, die nun getilgt werde, und der »Rettung der Welt vor Alljuda (sic!)«. Schulz beschwört also die Gefahr des Weltjudentums. Deterdings großes Thema seiner letzten 20 Lebensjahre, der Kampf gegen die Sowjetunion und den Weltbolschewismus, kommt ebenfalls zur Sprache.

Niederländer und Briten müssen schweigend zuhören, die Engländer verstehen glücklicherweise kein Deutsch. Unter den Anwesenden befinden sich auch mehrere Juden. Im Direktorium von Royal Dutch/Shell sind Deterdings Ansichten über Russland keineswegs geteilt worden. Eines ist er jedoch nie gewesen: ein Antisemit. Die Briten werden den fanatischen Hitler-Anhänger Schultz übrigens im Juni 1945 internieren. Der ehemalige Bischof wird im Jahre 1948 aus den Diensten der mecklenburgischen Landeskirche entlassen. Gauleiter Hildebrandt, ein brutaler, fanatischer Nationalsozialist, wird der irdischen Gerechtigkeit einige Monate später zugeführt. Ein US-Militärgericht verurteilt ihn wegen der Ermordung von amerikanischen Soldaten zum Tode, Militärgouverneur Lucius D. Clay lehnt das Gnadengesuch ab. Hildebrandt wird im November 1948 im Kriegsverbrechergefängnis von Landsberg hingerichtet.

Glücklicherweise kommt nun beim Trauerakt in Dobbin die niederländische Seite des Verstorbenen zum Zuge. Es spricht Jean Baptiste August »Guus« Kessler, ein Sohn des Firmengründers des Ölförderunternehmens, aus dem die Royal Dutch Company hervorgegangen ist. Kessler sen. war die wegbereitende Figur für die Karriere von Deterding. Kessler jun. spricht auf Niederländisch und der Saal hört genau zu. Denn seine Ausführungen werden von der Plattdeutsch sprechenden mecklenburgischen Landbevölkerung gut verstanden. Kessler begrüßt die Trauernden im Namen der Leitung und Belegschaft von Royal Dutch/Shell und macht in seiner eindringlichen Rede nach wenigen Sätzen klar, dass man »am Sarg eines großen Niederländers« stehe. Ausführlich auf das Lebenswerk von Deterding eingehend, schließt Kessler seine Ausführungen mit einem Bibelzitat aus der Offenbarung 14, Vers 13: »Die Toten ruhen von ihren Mühen, denn ihre Werke folgen ihnen nach.« Nach ihm spricht Sir Andrew Agnew, ein Direktoriumsmitglied der Shell and Transport Co. Es folgt der Auftritt eines Redakteurs der Zeitschrift *De Waag*. Wiegersma fasst die ökonomischen Vorstellungen des Toten zusammen.

Nun ist wieder ein deutscher Redner an der Reihe, der Gutsnachbar von Deterding, Aufsichtsratsvorsitzender der Deutschen Bank und Staatsrat Dr. Emil von Stauss. Deterding pflegte zu ihm einen engen Gesprächskontakt. Man kannte sich seit 30 Jahren aus Londoner Zeiten. Der Bankier, eigentlich ein liberaler Politiker der Weimarer Republik, in Industriekreisen breit vernetzt, gehört zu den frühen Unterstützern Hitlers und Großspendern der NSDAP. Spätestens im Sommer 1938 ist er jedoch auf Distanz zum Regime gegangen. Stauss befinde sich »jetzt in höchster Sorge und Angewidertheit«, notiert Ulrich von Hassell in seinem Tagebuch. Aber bei der Beerdigungsfeier bewegt sich von Stauss auf der vom Regime vorgegebenen Linie, beschreibt seinen Freund »als einen der ersten Vorkämpfer gegen den Weltbolschewismus«. Deterding habe die britische Regierung in der Presse und in Reden dafür kritisiert, »dass sie ihm kein Bündnisgenosse gewesen ist«.

Die umfangreiche Rednerliste von Dobbin nähert sich ihrem Ende. Es spricht Professor Dr. Ernst Heinrich Brill von der Universität Rostock, die Deterding 1937 zum Ehrensenator machte. Der Dermatologe und frühere Rektor der Hochschule bedankt sich für eine Schenkung Deterdings an das Pergamon-Museum in Berlin. Den Abschluss bildet eine Rede des aus Güstrow kommenden Rechtsanwalts Dr. Rudolph Blauert. Er dankt Deterding für einen der letzten bleibenden Beiträge, die dieser für die Region geleistet habe, der Errichtung der Friedrich-Heinrich-Landstiftung. Auch in anderen notariellen Angelegenheiten, etwa beim Erwerb von Dobbin, ist Blauert offenbar für Detering tätig gewesen. Binnen knapp zwei Jahren – das wird in vielen Reden an diesem Tag deutlich – hat der Verstorbene bleibende Spuren in der Region um die mecklenburgische Seenplatte hinterlassen.

Im Hamburger Shell-Haus findet zur gleichen Stunde wie in Dobbin eine Gedenkfeier der Rhenania-Ossag statt, des deutschen Ablegers der Royal Dutch/Shell. In allen deutschen Shell-Niederlassungen wird an diesem Samstag des Holländers gedacht, der für die 50 000 Mitarbeiter des weltweit operierenden Unternehmens eine Vaterfigur war. Organisation und Abfolge der Trauerveranstaltung in Dobbin liegen vermutlich ebenfalls in den Händen von Deterdings deutschem Weggefährten und Freund Rudeloff.

Dann wird der Sarg unter gedämpfter musikalischer Begleitung aus dem Saal getragen, Kränze und Blumenschmuck von anderen Bediensteten nach draußen befördert. Vier Schimmel, geführt von Gutsmitarbeitern mit Kopfbedeckungen in Landestracht, ziehen den schwarzen Leichenwagen, auf dem sich der Sarg befindet, auf der letzten Reise Deterdings über seinen Landsitz. Direkt hinter dem Sarg wird das Lieblingspferd des Niederländers, ein englischer Wallach, von einem Stallmeister am Zügel geführt.

Henri Wilhelm August Deterding wird zu Grabe getragen

Als sich der Trauerzug an diesem 11. Februar 1939 in Bewegung setzt, kommt es nun auch optisch zu einem »clash of civilizations«. Hier die schwarz gewandete Familie, die aus London und Amsterdam angereiste Welt der Zylinderträger, dort die dumpfe Welt der Stiefel, Schirmmützen und Armbinden.

Angeführt von der Witwe und der engeren Familie, begleiten drei Geistliche im Abstand einiger Meter die Spitze des Zuges, gefolgt von vier Direktoren des Royal Dutch/Shell-Konzerns. Dann kommen die Würdenträger der NSDAP in Uniform, weitere prominente Trauergäste in Zivil aus dem In- und Ausland und schließlich der lange Zug der Landbevölkerung. Fast hat es den Anschein, als wenn das NS-Regime in dieser von Nüchternheit geprägten norddeutschen Landschaft, der jedwede Inszenierung und Pomp fremd sind, eine Distanz, eine Beißhemmung zu den auswärtigen Gästen entwickelt, zu denen die Deterdings durchaus zu zählen sind. Große Welt und Provinz begegnen sich in Dobbin ein erstes und letztes Mal.

Der Weg, den die vielköpfige Trauergemeinde nimmt, führt an zwei Katafalken mit den Initialen des Toten vorbei. Es geht durch den Gutspark zu dem in einem Eichenwäldchen gelegenen Grab, hinter dem sich das Flüsschen Nebel schlängelt. Neben einem großen Findling, der auf einem eigens verlegten Feldbahngleis herbeigeschafft wurde, soll Deterding die letzte Ruhe finden. Um den engen Zeitplan einhalten zu können, hat man das Gelände mit Sprengungen präpariert und eingeebnet. Sie waren weithin zu hören.

Die Landbevölkerung, die den Sarg in erstaunlicher großer Zahl begleitet, ist aus anderen Motiven als mancher der Gäste herbeigekommen, in einer Mischung aus Neugierde und Dank. Die Region gehörte bis 1918 zu den politisch rückständigsten Gebieten Deutschlands. Hier ist die NSDAP bei Wahlen schon 1932 an die Macht gekommen. In den Dörfern und Kleinstädten Mecklenburgs kennt man kaum etwas vom Rest der Welt. Die 40- bis 50-Jährigen waren im Ersten Weltkrieg als Angehörige der 17. Division vorwiegend in der Hölle der Schützengräben von Belgien und Frankreich eingesetzt, ihre Kameraden waren auf dem Balkan und in der Schlussphase des Krieges tief in Russland. In Güstrow ist 1935 ein großer neuer Kasernenkomplex entstanden. Wirkliche Kenntnisse von der Welt hat so gut wie niemand. Man kann sie allenfalls mit KdF-Schiffen bereisen. Devisen für den Normalbürger gibt es im Deutschland Hitlers nicht.

Der geheimnisvoll wirkende niederländische Großgrundbesitzer, der die Welt bereiste, hat zweifellos eine Faszination auf die Menschen am Krakower See ausgeübt. In dieser protestantischen, zum guten Teil entkirchlichten Landschaft hatte er die Züge eines Heilsbringers. Mit der Teilnahme am Trauerzug beschwören die Menschen diese Zeit. Ahnen sie, dass ein katastrophaler Einschnitt im Leben bevorsteht?

Deterding hat sich von Beginn seiner mecklenburgischen Zeit als großzügiger Mäzen betätigt. Er soll – so geht das

Gerücht – sogar bei Parteiveranstaltungen der NSDAP in der Gegend aufgetreten sein, in einer Diktatur vermutlich die einzige Chance, sich bekannt zu machen und bekannt zu werden! Viele Menschen haben ihn als Glücksfall für die von Armut und Arbeitslosigkeit gekennzeichnete Gegend angesehen. Neidgefühle kannten die Mecklenburger in seinem Fall nicht, denn er schwebte zu hoch über ihnen, außergewöhnlich reich und, wie die Leute sagen, mit weiteren Wohnsitzen in Berlin, den Niederlanden, in Großbritannien und einem berühmten Skiort in den Alpen. Aber St. Moritz kennen nur die vom Hörensagen, die 1936 bei den Olympischen Winterspielen in Garmisch-Partenkirchen dabei waren. Viele aus der Region werden es nicht gewesen sein.

Deterding kannte die Welt, er war ein besonderer Kenner Asiens und hatte für Menschen seiner Generation vergleichsweise oft die USA bereist. Umso erstaunlicher – so sagt man sich in diesen Februartagen des Jahres 1939 –, dass er auch ein Faible für Deutschland entwickelt und schließlich im Norden des Landes Fuß gefasst hat. Dutzende von Menschen haben in den zurückliegenden zwei Jahren für ihn gearbeitet, Landarbeiter, Bauleute, Schreiner, Jäger, Chauffeure und Pferdehalter. Hinzuzurechnen ist Deterdings politisches und gesellschaftliches Engagement in einer Gegend, die von der Mentalität der Menschen her den friesisch geprägten Niederländern nicht unähnlich ist. Somit stellt der ländliche Teil am Trauerzug auch einen Appell an die Familie Deterding dar, in ihrem Einsatz für das südliche Mecklenburg nicht nachzulassen, dort zu bleiben. In Berlin, der Hauptstadt, ist er schon fast vergessen.

»Henri Deterding« lautet die Inschrift auf dem Grabstein. Am Sarg, der nun unter den Klängen des Niederländischen Liedes und der deutschen Nationalhymne in die Grube gesenkt wird, spricht der Bischof die Worte: »Materie zu Materie, Asche zu Asche.« Viele der nun an das Grab Herantretenden verabschieden sich von Deterding mit dem Hitler-Gruß, auch ausländische Gäste. Das hat man auch schon bei den Olympischen Spielen in Berlin beobachten können. Hitler hat als seinen ranghöchsten Stellvertreter Erich Hilgenfeldt nach Dobbin entsandt, einen Verwaltungsbeamten, Multifunktionär und Beauftragten für das Winterhilfswerk. »Im Namen und im Auftrag des Führers und Reichskanzlers Adolf Hitler«, so Hilgenfeldt am Grab des Niederländers, »grüße ich in Dir, Heinrich(!) Deterding, den großen Freund der Deutschen.« Jagdhörner blasen zum Halali. Zivil geht die Feier zu Ende. Freunde aus dem In- und Ausland verabschieden sich, den Zylinder vor der Brust. Es gibt kein Befehlsgebrüll, kein Hackenzusammenklappen. Im Gegenteil: Die niederländische Nation ehrt und verabschiedet sich von ihrem großen Sohn mit Stil. Der Versuch der Partei, die Veranstaltung zu kapern, geht ins Leere. Ein »Nazi funeral« war es damit nicht!

In gleicher Weise unzutreffend ist die Inschrift auf der Rückseite des Findlings, die mit an Sicherheit grenzender Wahrscheinlichkeit von der deutschen Witwe Deterdings veranlasst worden ist: »Zurückgekehrt in seine mecklenburgische Heimat ruht hier in Gott Henri Deterding.« Deterding war kein Mecklenburger. Die Wahrheit ist, dass er sich vielleicht auf dem Weg nach Deutschland befand, aber dort nie ankam. Zusammengerechnet hat er höchstens ein Jahr in Deutschland gelebt. Daher war es zunächst auch offen, ob Deterding in Deutschland beerdigt werden soll. Die Familie war in dieser Frage gespalten. Deterdings ältester Sohn hatte – wie bereits geschildert – für eine Beerdigung in Großbritannien plädiert, an der Seite der ersten Frau. Am Ende einigte man sich auf Dobbin, wo der Sarg am 9. Februar 1939 eintraf. Der Findling befindet sich heutzutage noch immer an derselben Stelle, an die er geschafft wurde. Aber die Inschrift auf der Rückseite ist verschwunden.

Einen ganz eigenen Grundton hat die Trauerveranstaltung für Deterding in London, die einen Tag vor der Beerdigung von Deterding in der St. Michael's Church, Cornhill stattfindet. Sie ist der demokratisch-freiheitliche Gegenentwurf zu manchen Reden in Dobbin. Im Gewirr der Hochhäuser der Londoner City ist das Gotteshaus heutzutage nicht mehr leicht zu finden. Unvermittelt steht man plötzlich am Eingang. Die Kirche wirbt mit zahlreichen Aktivitäten um Besucher, sie hat mehr Konkurrenz, als ihr lieb ist, vor allem die luxuriösen Diners, in denen die jungen Bankangestellten mittags tafeln. Die Bank of England liegt um die Ecke, ein paar Meter weiter St. Helen's Court, die 1914ener Firmenadresse. Bei der Errichtung des repräsentativen Gebäudes habe sich Deterding, so heißt es, um jedes Detail gekümmert. Auch an diesem Ort hat nur eine Kirche Krieg, Zerstörung und Bauboom überlebt.

Der Rektor des Gotteshauses der Anglikanischen Kirche, Reverend Prebendary John H. Ellison, erinnert im Februar 1939 an die Rolle und Bedeutung, die Deterding für die City hatte. Der höchste Repräsentant von Royal Dutch/Shell, Viscount Bearsted, der eigentlich für die Bibellesung eingeplant ist, kommt zu spät. Er ist Teilnehmer der in der britischen Hauptstadt tagenden Palästina-Konferenz und wird durch Sir Robert Waley Cohen ersetzt. Cohen, die Nr. 3 im Unternehmen, versucht in diesen Monaten, so viel wie möglich Juden aus Hitler-Deutschland herauszubringen. Viele Freunde und Geschäftspartner des Verstorbenen sind anwesend. London ist neben Amsterdam der Hauptsitz des Ölmultis. Nur die Niederlande schweigen in diesen Tagen, sie verpassen die Chance, sich von ihrem großen Sohn angemessen zu verabschieden. Dabei war Dobbin bis vor Kurzem eine holländische Enklave!

Wie ist die Bedeutung dieser Beerdigungsfeier in Mecklenburg einzuschätzen, bei der die Niederlande, Großbritannien, aber auch die neue Heimat Deutschland symbolhaft um das »Erbe« dieses höchst einflussreichen, unermesslich reichen Mannes ringen? Welchen Platz nimmt Deterding im Kalkül des Regimes ein, das er finanziell förderte, gerüchteweise von den Anfängen Hitlers und dem allmählichen Aufstieg der NSDAP im Jahre 1921 an?

Ein »Nazi-Begräbnis« in Gelsenkirchen

Der Zufall will es, dass es in diesem überschaubaren Zeitraum am Vorabend des Zweiten Weltkriegs ein Begräbnis eines prominenten Industrieführers und Hitler-Unterstützers stattfindet. Zu diesem Zeitpunkt muss allen Beteiligten klar sein, dass Hitler den großen Krieg will – weit über das hinaus, was unter der »Revision von Versailles« zu verstehen ist. Es handelt sich um Emil Kirdorf, den früheren Vorstandsvorsitzenden der Vereinigten Stahlwerke (GBAG). Die Rolle, die Deterding im Ölgeschäft spielte, hatte Kirdorf, anders als der Konzernname vermuten lässt, in der europäischen Kohleindustrie inne. Sie teilten darüber hinaus das Schicksal, dass große Teile des Wirtschaftsraumes, in dem sie die Führungsrolle besaßen, nach 1918 verloren gingen. Im Falle von Kirdorf waren es Lothringen und Luxemburg, im Falle von Deterding die Ölfelder im Süden der Sowjetunion.

Kirdorf stirbt am 13. Juli 1938, also genau in der Woche, in der in Evian am Genfer See im Hotel *Royal* über das Schicksal der deutschen und österreichischen Juden verhandelt wird, bekanntlich ohne Ergebnis. Hitler befindet sich zu diesem Zeitpunkt auf dem vorläufigen Höhepunkt seiner Macht und Popularität. Wäre er damals einem Attentat zum Opfer gefallen, so hat der Hitler-Biograf Joachim Fest gemutmaßt, hätten ihn die Deutschen als einen ihrer Großen verehrt. Die

Chance zur großen Inszenierung von Kirdorfs Tod lässt sich Hitler nicht entgehen. Er ordnet für den 93-Jährigen, einem frühen Unterstützer, ein pompöses Staatsbegräbnis an und reist selbst im Nachtzug aus München an. Der Tote wird in der Zeche »Rheinelbe« aufgebahrt und in der Presse als Nestor des deutschen Bergbaus beschrieben. Das Regime lässt auf dem für den Trauerzug vorgesehenen kilometerlangen Weg Dutzende von Pylonen aufstellen, die mit vergoldeten Hoheitsabzeichen der NS-Bewegung geschmückt werden. Mächtige Fahnenmasten umgeben das Firmengelände. Die Szenerie ähnelt den Nürnberger Parteitagen. Zwei Tage lang geht ein Trommelfeuer der Medien auf die Bevölkerung nieder. Vergleichbares wird es beim Trauerfall Deterding nicht geben.

Tausende von Menschen begrüßen Hitler dann am 16. Juli 1938 auf seiner Triumphfahrt im offenen Wagen durch Gelsenkirchen. Es wird der einzige Besuch des Diktators in dieser sozialdemokratischen Hochburg bleiben, einer Stadt der Zechen. An der bombastischen Trauerfeier nimmt Hitler persönlich teil, nicht jedoch am anschließenden Trauerzug durch die Innenstadt, der von SS-Führer Himmler, dem Gauleiter und Scharen von SA-Leuten angeführt wird. Trauerredner sind Reichswirtschaftsminister Walther Funk und der Vorstandsvorsitzende des weltweit zweitgrößten Stahlkonzerns, Albert Vögler. Auch er gehört zu den finanziellen Unterstützern von Hitler, auch wenn er erst spät zum Zirkel der Großspender hinzugestoßen ist. Gelsenkirchen und die Nachbarstadt Mülheim, in der Kirdorf lebte, werden ihm 1989 bzw. 1995 die Ehrenbürgerwürde aberkennen.

Vergleicht man die beiden Trauerakte vom Juli 1938 und Februar 1939, ist eines offensichtlich: Bei der Veranstaltung für Deterding erscheint die dritte Garnitur des NS-Regimes. Der Niederländer ist propagandistisch nicht »verwertbar«. Deterding muss Hitler und seinen Gefolgsleuten zu diesem

Zeitpunkt längst wie eine exotische Figur vorgekommen sein, ein Mann, der kommt und geht, der nicht zu kontrollieren, geschweige denn »auf Linie« zu bringen ist. Die Berliner Ministerialbürokratie kennt ihn, weist jedoch in aller Regel seine Vorschläge und Interventionen zurück, die er an höchster Stelle einreicht. Auch bei den NSDAP-Parteigliederungen hat die Begeisterung für ihn schon erkennbar nachgelassen. Deterdings Idee, holländische überschüssige Agrarprodukte auf Kreditbasis nach Deutschland zu bringen, stößt auf Ablehnung. Deterding ist bereit, Geld zu spenden. Aber er will entscheiden, was mit den Beträgen gemacht wird. Das Schicksal der Menschen steht ihm dabei vor Augen, er hat keine Lust, die Raff- und Geldgier der Parteifunktionäre zu befriedigen. Er verhält sich wie der Firmenchef, der bei guter Leistung Zuwendungen gewährt. Diese Erfahrung hat auch Hilgenfeldt gemacht, der Sozialpolitiker in den Reihen der NSDAP, den Hitler zur Beerdigung entsandt hat. Entsprechend schmallippig fallen die Nachrufe auf Deterding in der Presse des Dritten Reiches aus. Lob oder Dank für etwaige Spenden an Partei oder »Führer«, die sonst üblich sind, werden nicht ausgesprochen. Offenbar besteht kein Anlass dazu. Hilgenfeldt, ein farbloser Parteifunktionär, macht später in den Reihen der SS Karriere und kommt aller Wahrscheinlichkeit nach beim Endkampf um Berlin im April 1945 ums Leben.

Dauerthema Umgang mit Russland

Henri Deterding ist heutzutage vielerorts der große »Vergessene«, den Shell in seinen Annalen, wenn nicht versteckt, so doch in seiner Bedeutung herabstuft. Wenige biografische Details sind über den im niederländischen Kolonialreich im

19. Jahrhundert Geprägten bekannt, der im 20. Jahrhundert Wirkungsmächtigkeit erlangte. Aber er bleibt eine Figur mit aktuellen Bezügen, die noch zunehmen dürften. Denn es stellen sich auch 100 Jahre nach seiner großen Zeit, in der sein Name mit denen von Rockefeller und Ford fiel, bekannt klingende Fragen. Wie soll die Welt mit einem Russland umgehen, das ähnlich wie damals die Staatengemeinschaft verlassen hat und nun nach außen hin sogar ein noch brutaleres Gesicht als 1918/19 zeigt? Damals wartete die neue Führung unter Lenin erst einmal ab, wählte taktische Rückzüge in Ostmitteleuropa und im Süden des Landes, um umso härter zurückzuschlagen und zurückzukommen. Nun versucht das Putin-Regime, aus der vermeintlichen Position der Stärke einer Atommacht ein anderes Land zu erobern und zu beherrschen. Auch Putin spielt auf Zeit. Wie weit reicht der Durchhaltewillen des Westens? Wie lange halten die Städte der Ukraine den Raketenbeschuss aus, wie lange bleiben die Menschen in den Ruinen? »Geschichte wiederholt sich nicht«, hat der amerikanische Schriftsteller Mark Twain geschrieben, »aber sie kann sich reimen.«[2]

Die Geschichte wiederholt sich nicht, aber sie ist an Schauplätze zurückgekehrt, die auch im Leben und Wirken von Deterding eine große Rolle spielten. Die deutsche Russland-Politik war damals sein steter Begleiter. Max Hoffmann, ein kaiserlicher General, der an vorderster Front die Neuordnung des Raumes zwischen Polen und dem Schwarzen Meer vorangetrieben hatte, gehörte in den 1920er-Jahren zu den Ratgebern des niederländischen Industriellen. Deterding wurde nun zu einem Gefangenen zwischen Macht und Ohnmacht. Und die Geschichte, die keinen Bestand hatte, lässt sich mit dem Hinweis noch weiter treiben, dass Hitlers Armeen vorübergehend jene Gebiete eroberten, in denen Deterdings Unternehmen einst Öl gefördert hatten. Die Sowjets hatten diesen Besitz beschlagnahmt. Die Verhandlungen, die

Deterding mit ihnen führte, die Erfahrungen, die er mit ihnen sammelte, gehören zu den spannendsten Passagen in seinen Memoiren. Nahezu zwingend drängt sich eine Parallele zur Gegenwart auf: Öl, russisches Erdgas, Nordstream 1 und 2 und was von Verträgen mit Russen zu halten ist, wenn es zum Schwur kommt.

Die Rolle des Öls

Ähnlich aktuell ist die Frage nach der richtigen Energie für den Globus. Für Deterding und die damalige Welt war sie beantwortet, die Antwort konnte nur Öl heißen. Wie die damaligen Ölfelder nach der Exploration aussahen – Landschaften wie nach einem Atomschlag – interessierte niemanden. Die Folgekosten und Kollateralschäden schienen hinnehmbar. Das Öl und der parallele Aufstieg des Automobils, des Flugzeugs, der Lokomotive und der Maschine, mit der man alles produzieren konnte, was machbar war, begeisterten die Menschen. Sie testeten Grenzen, vor allem in den USA.

Aber Deterdings Lebensthema ist damit noch nicht zu Ende. In großen Teilen der Welt wird weiterhin auf Öl als wichtigste Energiequelle gesetzt. Saudi-Arabien hat unlängst erklärt, dass es Öl »bis zum letzten Tropfen« fördern werde. Ähnlich äußerte sich der Vorstandsvorsitzende von Shell, Wael Sawan, im Juli 2023: Die Welt benötige »weiter dringend Öl und Gas«. In Europa denkt man oder glaubt zu wissen, dass es nicht der Energieträger der Zukunft sein kann. Deterdings Jahrhundert – nochmals um ein paar Jahre verlängert – soll so schnell wie möglich zu Ende gehen. Aber noch regiert es die Welt, prägt es den Nahostkonflikt, zwingt es die besten Fußballspieler und Spitzensportler, gefolgt von deutschen Politikern, auf den heißen Sand der Arabischen

Halbinsel. Auch in 50 Jahren werden Autos mit Verbrennungsmotor irgendwo auf der Welt fahren, nach jüngsten Meldungen mehr als gedacht.

Stationen im Leben von Deterding

Das Leben von Deterding ist kurz und lang zugleich. Es besteht aus drei Abschnitten, die in hohem Tempo »mit einer fast kosmischen Sicherheit«, wie einmal zutreffend gesagt wurde, durchmessen werden. Den ersten verbringt er mit seiner holländischen Frau, zeitweise an der physischen Belastungsgrenze in Äquatornähe. Er fällt zusammen mit dem genial konzipierten Zusammenschluss konkurrierender Ölunternehmen zu Royal Dutch/Shell und befördert den jungen Mann binnen atemberaubend kurzer Zeit auf Eiffelturm-Höhen. Deterding hält sich 30 Jahre an der Spitze »seines« Unternehmens, das zum zweitgrößten auf der Welt aufsteigt. Der gebürtige Holländer führte das Leben eines Weltbürgers mit Wohnsitzen in der Heimat, in Großbritannien und in der Schweiz. Wenig ist über sein Privatleben bekannt, umso blühender die Fantasien der Welt-Boulevardpresse. Es folgt ein Ausflug in die Weltpolitik, begleitet und verstärkt durch eine hoch ambitionierte russische Ehefrau, die ihn eines Tages verlässt. Er droht nun, obwohl umworben von vielen Frauen, menschlich zu vereinsamen. Umso wichtiger wird für Deterding die »Politikberatung« – wenn man so will, eine frühe Adaption dessen, was der neugierige, für den Fortschritt aufgeschlossene Mann in den USA beobachtet.

Drei Jahre vor seinem Tod geht Deterding dann eine Verbindung mit einer wesentlich jüngeren gebürtigen Hamburgerin ein. Die Hochzeit findet jedoch in Amsterdam statt, wohl eine Vorsichtsmaßnahme, da seine Frau niederländische

Staatsangehörige wird. Für Deterding stellt das Jahr 1936 offenbar eine tiefe Zäsur dar. Er entscheidet sich für die Zukunft in einem unter internationaler Beobachtung stehenden Staat und beginnt gleichzeitig damit, Abschied von seinem Heimatland zu nehmen. Das sieht nach Rückzug aus, nach Flucht ins Private. Ahnt er seinen nahenden Tod? Dem Rijksmuseum in Amsterdam hat er bereits 1921 das berühmte Gemälde »Die kleine Straße« von Vermeer van Delft geschenkt. Ausdrücklich heißt es in der Übergabeurkunde, das Bild möge der niederländischen Nation präsentiert werden. Weitere Gemälde werden anlässlich des 70. Geburtstages von Deterding weiteren Museen des Landes übergeben. Drei wichtige Arbeiten von Zeitgenossen Vermeers werden noch heute im Mauritshuis im Haag gezeigt, unter ihnen Gerard ter Borchs »Frau beim Schreiben eines Briefes«. Der Rest der Sammlung geht nach Deutschland. In den Niederlanden bleibt die Haltung zu Deterding dennoch gedämpft. Das calvinistisch geprägte Land verübelt seinem Sohn offenbar die Scheidung. Am Firmensitz in London wird anlässlich des 70. Geburtstages von Deterding eine Marmorbüste enthüllt, für die die weltweite Belegschaft gesammelt hat.

Alles scheint nun auf Deutschland zuzulaufen. Die Welt hat bei den Olympischen Spielen in Berlin 1936 eine Nation erlebt, die zu Höherem berufen zu sein scheint. Selbst in Großbritannien wird dies so gesehen. Es hat seine Führungsrolle 1918 an die USA abgegeben, verteidigt aber zäh seinen Rang in der Weltpolitik. Die Appeasement-Politik ist in Teilen eine Hinnahme der neuen Weltlage und Einladung an Deutschland, Verantwortung zu übernehmen. Die Deutschen sollen nach knapp 20-jähriger Unterbrechung in die Weltpolitik zurückkehren, sogar Kolonien zurückbekommen. Hitler ist vom britischen Empire beeindruckt. Er sieht es als Vorbild für seine Expansionspläne. Er wünscht einen Interessenausgleich mit Großbritannien – aber zu seinen Bedingungen, und das heißt Juniorpartnerschaft. Zwei Monate nach Deterdings Tod kommt das letzte seiner insgesamt sieben Kinder in Berlin zur Welt. Ein Jahr später stellt sich Churchill gegen den Trend der Zeit und wird zum Retter Europas und der zivilisierten Welt.

Schon im Geburtsjahr von Deterding, im Jahre 1866, hat sich der sich anbahnende Konflikt zwischen England und Deutschland abgezeichnet. Er wird eines Tages die Karriere des Holländers einer brutalen Überprüfung unterziehen. Damals schrammen auch die Niederlande an einer militärischen Auseinandersetzung mit dem Preußen von Bismarck knapp vorbei. Aber auch in seinem Privatleben stoßen die großen Konflikte des 20. Jahrhunderts bei diesem Weltbürger aufeinander. Sie machen den Protestanten aus einer zur See fahrenden Familie zu einer faszinierenden, am Ende aber auch tragischen Gestalt der Weltpolitik. Einerseits bestimmt Deterding für lange Zeit den Takt der Weltökonomie mit, andererseits gerät er nach dem Ersten Weltkrieg in die Katarakte der Weltpolitik, aus denen er letztlich keinen Ausweg mehr findet. Wenige Monate nach seinem Tod schließen die beiden politischen Todfeinde Hitler-Deutschland und Sowjetunion den sogenannten Hitler-Stalin-Pakt. Das von den Sowjets beschlagnahmte Ölimperium rund um Baku ist für Deterding somit endgültig verloren. Im Mai 1940 zieht die Wehrmacht in Amsterdam ein, der Geburtsstadt von Deterding.

Wanderer zwischen den Welten

Der Weg, den Deterdings Sarg vom Februar 1939 an in drei Etappen nimmt, zeigt eine Wanderschaft zwischen mehreren Welten. Eigentlich gehört er außer seiner Frau, seinen Kindern und Enkeln niemandem. Er nimmt die britische

Staatsbürgerschaft nicht an, obwohl ihm das Land 1919/20 zu Füßen liegt. Deterding ahnt, dass er ein »Alien« bleiben wird. Er nimmt leise Abschied von den Niederlanden und geht nach Deutschland, einem Land, das ihm mentalitätsmäßig liegt, das ihm aber unheimlich vorkommen muss, als er es betritt. Von den Gipfeln der Schweizer Alpen schaut er auf ein Europa, das auf den großen Krieg zusteuert. Er ahnt es. Der Tod kommt überraschend für ihn. Vielleicht hat er sich heimlich nach ihm gesehnt.

Der in die Welt hinausgeschleuderte Junge wird im Laufe seines Lebens ein global denkender und handelnder Mensch. Die USA, die ihn auch persönlich faszinieren, werden zum großen Bezugspunkt. Er erwirbt alle Statussymbole, die in der damaligen Welt zu haben sind. Er wird gefeiert, gibt Menschen ohne Moral und Zukunft Geld und wird dabei gleichzeitig einsam in Zeiten eines sich verschärfenden, engstirnig werdenden Nationalismus. Großbritannien erweist ihm zu Lebzeiten höchste Ehren, auch Frankreich, aber nicht die Niederlande, das Heimatland. Hitler-Deutschland geht bei seinem überraschenden Tod über das protokollarische Mindestmaß nicht hinaus.

Deutschland verändert sich nun rasch, anders als er gedacht hatte. Deutsche Freunde und Geschäftspartner zeigen sich über Hitlers Weg irritiert. Die brennenden Synagogen müssen verstörend auf ihn wirken, denn viele seiner Geschäftspartner und Freunde sind Juden. Schon kurz nach seinem Tod im Februar 1939 gibt es die Welt nicht mehr, die Bedingungen nicht länger, unter denen der Holländer nach Deutschland gekommen ist. In den letzten Minuten des Dritten Reiches dient Dobbin als Zufluchtsort für das Oberkommando der Wehrmacht unter Generalfeldmarschall Keitel. 1945 wird der Besitz enteignet, das Schloss angezündet und Keitel in Nürnberg hingerichtet. Das Deutschland-Kapitel Deterdings scheint damit ungut zu enden. Doch es gibt 1989, als die Mauer fällt, eine überraschende Fortsetzungsgeschichte. Drei Jahrzehnte nach seinem Tod erfolgt eine Umbettung des Sarges ins Ausland. Seine letzte Ruhe findet Henri Wilhelm August Deterding im Jahre 2022 in St. Moritz.

* * *

Ist Deterding ein »honorable man«? Hat er die reißerischen Berichte über sein Begräbnis verdient, die mit wachsendem Abstand zum Geschehen noch zunehmen und bis heute anhalten? Vielleicht tragen sie dazu bei, dass Shell neuerdings die Person des Firmenbegründers übergeht, wenn es um die Historie des Unternehmens geht. 2007, bei Erscheinen der vierbändigen Shell-Geschichte, war dies noch anders. Man kann die Zurückhaltung an der Spitze des Unternehmens nachempfinden, denn im Internet bilden die Muschel, das Markenzeichen von Shell, und das Hakenkreuz nun einmal eine »unholy alliance«, zuallererst in Großbritannien. Das bringt Umsatz, aber wenig Klarheit über die Person. In Deutschland ist Deterding schließlich mittlerweile ein Unbekannter. Nur das Shell-Haus aus dem Jahre 1932 in unmittelbarer Nähe des Bundesverteidigungsministeriums, das der unlängst verstorbene Architekt Meinhard von Gerkan als »schönstes Haus von Berlin« bezeichnete, erinnert an die Zeit des Royal Dutch/Shell-Begründers. Bleibt es am Ende dabei, dass nur zwei bedeutende niederländische Museen auf den großen Spender hinweisen?

Bevor man sich nun der Beantwortung der Frage nähert, ob Sir Henri Deterding ein »honorable man« war, sollte man sich für einen Augenblick die Schlussszene des Spielfilms *Die Brücke am Kwai* vor Augen führen. Deterding hat prägende Jahre in den Dschungeln Sumatras zugebracht, also in der Region, in der das Filmdrama spielt. Alec Guinness verkörpert in diesem mit mehreren Oscars prämierten Streifen die

Rolle des britischen Colonel Nicholson, der beim Umgang mit den japanischen Machthabern einen Wandlungsprozess durchläuft. Person und Lebenswerk Deterdings gehen in dieser Filmszene mit Colonel Nicholson eine Synthese ein. Ein Lebenswerk stürzt im Augenblick seiner vermeintlichen Vollendung in sich zusammen. In diesen Schlusssekunden des Films ist die Tragik im Leben beider Figuren, Nicholson wie Deterding, nicht zu übersehen: »Der, wer ohne Sünde ist, werfe den ersten Stein.« (Im Oktober 2023 wurde bekannt, dass der niederländische Prinzgemahl Bernhard zu Lippe-Biesterfeld (1911–2004) NSDAP-Mitglied war.)

Anmerkungen

1 Der Ablauf des 11. Februar 1939 in Dobbin, über den es unterschiedlichste Berichte und zahlreiche Spekulationen gibt, wird hier erstmals anhand der in niederländischer Sprache erschienenen Extraausgabe der Zeitschrift *De Bron*, »Die Quelle« vom 28. Februar 1939 beschrieben. Siehe dazu auch Paul Hendrix: Sir Henri Deterding and Royal Dutch-Shell, Bristol 2002, S. 258, Anm. 2. Vgl. dazu auch den Film, der wichtige Stationen im Leben von Deterding zusammenfasst und eine längere Sequenz über die Beerdigung in Dobbin enthält. Das niederländische Wochenschau-Team vermeidet dabei offensichtlich, NS-Symbole zu zeigen. Polygoon Hollands Nieuws. File: Sir Henry Deterding-PGM4011557.webm – Länge 3:22. Netherlands Institute for Sound and Vision.

2 Vgl. Jochen Thies: Die Fluten des Pruth. Deutschland vor unbekannten Herausforderungen. Reinbek 2023.

2
Kindheit und Jahre der Prägung in Amsterdam

Der Kapitänssohn

Das 19. Jahrhundert war das goldene Zeitalter der Häfen und Hafenstädte, schreibt Jürgen Osterhammel, der Konstanzer Universalhistoriker. Seehäfen waren in der zweiten Hälfte des 19. Jahrhunderts das, was Flughäfen 100 Jahre später geworden sind: die wichtigsten Transaktionspunkte zwischen Ländern und Kontinenten. Das Erste, was der vom Meer her kommende Reisende sah, waren die Gebäude einer Hafenfront, die langsam emporwuchs. Die ersten Einheimischen, die er traf, waren Hafenarbeiter, Zöllner und Sicherheitspersonal. Mit dem Hafen verbinden sich in diesem Jahrhundert aber auch ganz andere Assoziationen: Abschied (für immer), Hoffnung auf eine bessere Zukunft, Träume, Ausbruch aus Armut und sozialen Zwängen. Keiner der Neubauten, die in den letzten 20 Jahren im Hafengebiet von Amsterdam entstanden, vermag diese Hoffnungen besser auszudrücken, als der Bug des mächtigen Technologiemuseums, das Renzo Piano in Sichtweite von Hafenanlagen, Hauptbahnhof und Stadtsilhouette entwarf.

Henri Deterding kommt am 19. April 1866 in Amsterdam als viertes von fünf Kindern zur Welt. Das Elternhaus befindet sich an einer Gracht am Rande des Stadtzentrums, einer Art Wasserlandschaft zwischen Erde und Wasser. Nur wenige Fußminuten vom einstigen Zentrum des Welthandels mit seiner noch heute staunenswerten Ausdehnung entfernt liegt das Nationale Schifffahrtsmuseum, in dem man sich auf die digitale Suche nach den Vorfahren Deterdings begeben kann. Die Familie ist »seefahrtsbelastet«, sowohl väterlicherseits als auch mütterlicherseits gibt es eine lange Traditionslinie von Seefahrern, wohl auch von Reedern. Die Deterdings gehören somit der Amsterdamer Oligarchie von Kaufleuten, Bankiers und Reedern an, vielleicht eher am unteren Ende als in der Mitte. Schiffskapitäne sind die »Stars« des kleinen Landes, dessen kühnste Gestalten wegen der Enge der Heimat aufs Meer hinausdrängen und die Lieblinge der Nation sind, voran die Helden aus den Seeschlachten des 17. und 18. Jahrhunderts. Die Epoche der Großsegler nähert sich ihrem Ende, manches stolze Schiff geht im Sturm verloren. Die holländischen Klipper werden im Ostasien-Geschäft eingesetzt, dreimastige Schiffe aus Holz mit gewaltigen Segelflächen, die in Rekordzeiten von rund 100 Tagen die Strecke von China oder Japan nach Hause zurücklegen. Sie haben eine Verdrängung von 400 bis 500 Bruttoregistertonnen, sind also Winzlinge im Vergleich zu den Containerschiffen von heute.

Henris Vater Philip Jacob erlebt als Kapitän das Ende der Boomphase der Segler. Am 30. November 1859 wird am Strand von Dartmouth eine Flaschenpost an Land geholt, die für sechs niederländische Empfänger bestimmte Briefe enthält. Sie stammen von Deterdings Schiff *Elise Henriette*, das sich auf dem Weg von Nordholland nach Java befindet. Auf einem Stück Papier ist zusätzlich festgehalten, dass sich die Barke am 12. November auf der Höhe von Lizard Point am Ausgang des Ärmelkanals befunden habe und dass an Bord alles in Ordnung sei. Deterding transportiert auf dieser Reise keine Waren, sondern Soldaten. Sein Schiff wird als Truppentransporter eingesetzt und befördert eine Kompanie mit ihren Offizieren von Nieuwediep, einem Örtchen bei Den Helder, nach Batavia. Ein Jahr später ist er erneut mit Soldaten auf großer Fahrt nach Niederländisch-Indien, dieses Mal auf der *Hercules*. Einen erheblichen Teil ihrer Kolonialsoldaten rek-

Schifffahrtsmuseum Amsterdam mit Segler der Niederländischen Ostindien-Kompanie

rutieren die Niederlande in Norddeutschland und in Sachsen. Mit der Eröffnung des Suezkanals im Jahre 1869 beginnt die Epoche der Dampfschiffe, da Segler in Kanälen Schlepperhilfe benötigen und wertvolle Zeit verlieren.

Im Geburtsjahr von Henri Deterding kommt es zu einem erneuten Ausbruch der Cholera in Amsterdam, welche die Stadt bereits 13 Jahre zuvor heimgesucht hat. Die Krankheit ist typisch für europäische Gesellschaften, die in die Phase der Industrialisierung eintreten. Sie ist besonders kennzeichnend für Hafenstädte, in denen die führenden Kreise vor großen öffentlichen Investitionen außerhalb des Hafengebietes zurückschrecken. Sie lieben den Nachtwächterstaat, der sich wenig einmischt, niedrige Steuern erhebt und den Handel dahinfließen lässt. Dieses Mal geht die Epidemie für die Menschen glimpflicher aus, da die Stadtverwaltung die Zwischenzeit genutzt und dank der Installation von Rohrleitungen für sauberes Wasser gesorgt hat. Der 1866 herausgegebene Cholera-Atlas zeigt darüber hinaus, dass vor allem die sozial schwachen Stadtbezirke von der tückischen Krankheit betroffen sind. Die dort liegenden Grundstücke mit den darauf stehenden Häusern sind feucht. Sehr viel besser kommen die Stadtteile der wohlhabenden Amsterdamer aus der Lage heraus. Aber das mag auch damit zusammenhängen, dass sie einen besseren Zugang zu sauberem Leitungswasser haben als der Rest der Stadt. Amsterdam zählt zu diesem Zeitpunkt rund 265 000 Einwohner. Zwischen Eindhoven und Venlo wird in diesem Jahr eine Eisenbahnverbindung eröffnet.

Der Halbwaise

Deterding verbringt eigenen Angaben zufolge eine glückliche Kindheit – als Halbwaise. Er verliert seinen Vater bereits im Alter von fünf Jahren, ohne ihn je wirklich gekannt zu haben. Philip Jacob Deterding bricht 1869, als sein Sohn drei Jahre alt ist, zu einer Seereise auf, von der er nicht zurückkehren wird. Auf der Barke *Helena & Henriette* trifft er am 9. September 1871 in Makasar ein, der heutigen Hauptstadt der indonesischen Provinz Südsulawesi, die damals Celebes heißt. Wenige Tage später, am 26. September, stirbt er an Bord des dreimastigen Segelschiffes.[1]

Henri ist noch zu jung, um die Größe des Verlustes zu begreifen. Seine Mutter ist nun auf sich allein gestellt, die große Familie durchzubringen. Henri gehörte zu den Verlierern. Zwar wird er nach dem Besuch der Grundschule »De Zeemanshoop« auf die Höhere Bürgerschule geschickt, aber eine Art »Bildungsplan« des mit 42 Jahren verstorbenen Vaters gibt es nur für die beiden älteren Brüder. Der eine soll eine

Met de laatste Mail ontving ik uit MACASSAR de bevestiging van het treurige bericht, dat mijn dierbare Echtgenoot PHILIP JACOB DETERDING, Gezagvoerder der *Helena Henriette*, aldaar den 26sten September ll. plotseling overleden is, mij nalatende Vijf Kinderen, te jong om het zoo smartelijk verlies te beseffen, dat ons allen getroffen heeft.

AMSTERDAM, WED. P. J. DETERDING—
6 December 1871. KAIJSER.

Eenige en algemeene kennisgeving. (37010)

Nachricht vom Tod des Vaters Philip Jacob Deterding

Offizierslaufbahn einschlagen, der andere eine Karriere als Mediziner machen. Henri nimmt die Lage anscheinend mit Gleichmut hin und weiß schon bald, dass er als Kapitän zur See fahren möchte – wie die Vorfahren. Das Zuhause prägt seine Sehnsüchte: Schiffsbilder, Schiffsmodelle und Seekarten dominieren die Wände und regen zusammen mit einem Kuriositätenkabinett aus fernen Ländern, das die Vorfahren zusammengetragen haben, die Fantasie des Jungen an. Im dreistöckigen Elternhaus in der Amsterdamer Nieuwe Herengracht Nr. 215, einer kleinen, aber durchaus respektablen Adresse im historischen Stadtzentrum, drehen sich alle Gespräche um das Wasser, um das Meer. Der Hafen, die Docks sind sein Revier. Es scheint ausgeschlossen, dass es für Henri eine andere Welt als die der Seefahrt geben könnte.

Als Henri 13 Jahre alt ist, korrigiert er die Berufsentscheidung. Es gibt eine neue Lage. Der Entschluss, auf die Seemannslaufbahn zu verzichten, so berichtet er, fällt binnen einer halben Stunde. Er hat mit einer Mitteilung seiner Mutter zu tun, die wie ein Schock über den Jungen kommt. Eines Abends, so heißt es in seinen *Erinnerungen*, ruft sie ihn herbei, um ihm mitzuteilen, dass sie ihn finanziell nicht länger unterstützen könne. Die Ausbildung der beiden Brüder habe Vorrang. Deterding schildert die Szene ohne jeden Anflug von Selbstmitleid. Mit wenigen Worten, wie es nun einmal holländische Mentalität sei, habe sie ihm die finanzielle Situation der Familie geschildert. Von den Rücklagen sei nichts mehr vorhanden. Daher müsse Henri nun den Weg hinaus in die Welt gehen.

Deterding streift das jugendliche Aussehen ab, wie er berichtet, und beginnt, »wie ein Mann zu denken«. Damit deutet er einen Anspruch an sich und an die Rolle an, die er eines Tages einzunehmen gedenkt. Der 13-Jährige entscheidet sich für eine Bankkarriere.

Deterding beschreibt seine Mutter an dieser Stelle als eine Frau, die den Anordnungen des verstorbenen Mannes folgt, obwohl sie selbst einen starken Charakter und klare Vorstellungen vom Leben hat. Henri nimmt ihre Entscheidung nach eigener Aussage hin, merkt jedoch in seinen Memoiren an, dass seine Mutter an älteren Traditionen über die Rolle der Frau festgehalten habe. Henri findet sich also mit der Entscheidung ab, zu jung, um seine neue Situation in Worte fassen zu können. Er ist ganz im Gegenteil voller Anerkennung für das, was seine Mutter für die Familie geleistet hat. Dass der der Amsterdamer Bourgeoisie zugehörigen Familie der soziale Absturz drohte, dass sie sich immer wieder an der Grenze zur Armut befand, hat die Mutter ihre fünf Kinder nie spüren lassen. Im Gegenteil, Henri fühlt sich geehrt, dass sie ihm die familiäre Situation in aller Offenheit geschildert hat. Das mag Deterding in der Rückschau, seine Memoiren diktierend, im Zenit seiner beruflichen Laufbahn, ein wenig heroisieren. Aber anscheinend ist Henri Deterding tatsächlich ein zu Härte erzogener, sehr tapferer Junge, der seinen Weg gehen wird. Ein ganz ähnliches Schicksal hat zu dieser Zeit ein Landsmann, der er es ebenfalls zu Weltruhm bringen wird. Er heißt Vincent van Gogh. Zwischen Rijksmuseum und Concertgebouw ist ihm in Amsterdam ein Museum gewidmet, das vor 50 Jahren errichtet wurde.

Die neue Realität im Nacken, erweist sich Henri als fleißiger Schüler und absolviert an der Hogere Bürgerschool (HBS) innerhalb von drei Jahren das üblicherweise auf 4 bis 5 Jahre ausgelegte Programm einer Mittelschule. Nach eigenen Angaben spricht er am Ende recht ordentlich Englisch, Französisch und Deutsch in einem Land, das lange Zeit hohe Anforderungen an seine Schüler stellte. Das niederländische Abitur zählte bis vor 50 Jahren zu den besten in Europa, der Mittelschulabschluss, der 1863 eingeführt wurde, vermutlich ebenfalls. Offenbar kann sich der Junge nicht voll auf den Schulbesuch konzentrieren, muss nebenher arbeiten, hat bis zu vier Nebenjobs. Henri schließt das Realschul-Programm nur auf Platz 32 bei insgesamt 48 Teilnehmern ab. Sein Leben lang ist er besonders stolz auf diese unter widrigsten Umständen erzielte Leistung. Wie er seinen Lebensunterhalt in diesen drei Jahren finanziert hat, ob er vielleicht doch noch Zuschüsse von zu Hause erhält, sagt er nicht. Vermutlich verfügt er bereits über ein gut gefülltes Sparkonto. Sicher ist, dass diese Lebensphase prägend für sein weiteres Leben sein wird: die Zähne zusammenbeißen, Augen zu und durch. Seine Mutter lebt lange, wird Begleiterin seiner großen Karriere. Erschüttert steht er 1924 mit den Brüdern und der Schwester an ihrem Grab. Im gleichen Jahr heiratet der Witwer erneut.

Lehrjahre

Mit 16 Jahren geht Henri nach dem Ende seiner Schulzeit im August 1882 als Lehrling zur Twentschen Bank in Amsterdam. Er ist nur noch wenige Jahre von seiner eigentlichen Berufung entfernt, ohne es zu ahnen. Aber die Bankjahre sind eine hervorragende Vorbereitung. In der Twentschen Bank ist Deterding der jüngste Mitarbeiter. Das Geldinstitut, das bis 1964 existierte, ist auf den Export spezialisiert und auf Vermögensverwaltung. Deterdings direkter Vorgesetzter ist ein Ekel, er erträgt die Zurechtweisungen und die Kritik dennoch mit Gleichmut. Wichtig ist für ihn, dass er sein erstes Geld verdient: den Gegenwert von 5 englischen Schilling pro Monat.

Nach unbestätigten Berichten besorgt er sich Nebenjobs, arbeitet als Nachtportier, in der Freizeit in einer Konservenfabrik und für ein Textilunternehmen. Das mag stimmen, und wenn ja, macht es den jungen Mann nahezu autark. Es kann aber auch Bestandteil jener Legenden sein, die sich später um ihn ranken werden. In jedem Fall sieht es danach aus, dass Henri mit solchen Tätigkeiten Geld ansparen kann. In den sechs Jahren, die Henri für die Bank arbeitet, verschafft er sich einen Überblick über alle Geschäftsbereiche. Als er in der Abteilung arbeitet, die für das Aktiengeschäft zuständig ist, verfolgt er auch die Performance anderer Unternehmen. Er sei einfach neugierig und schnüffle gern herum, sagt er später über sich selbst. Unter einem neuen Vorgesetzten lernt er viel. Arbeitszeiten bis Mitternacht und darüber hinaus sind nicht ungewöhnlich. Überstunden bleiben unbezahlt. Deterding nimmt es hin, in Erinnerung bleiben der Genuss von Hering und einem Glas Bier nach einer langen, durchgearbeiteten Nacht. Eine rund um die Uhr geöffnete Bar in der Nachbarschaft liefert für ein paar Cent das kleine Gericht an. Noch heute ist dies ein beliebter Imbiss in Amsterdam.

Mit seinem neuen Vorgesetzten läutet Deterding eine lebenslange Freundschaft ein. Bis zum Tod von Vanderbyll im Jahre 1936 korrespondieren die beiden regelmäßig miteinander. Deterding scheint im Leben nur wenige echte Freunde gehabt zu haben, was die Härte des Jobs zum Teil erklären mag. In seinen Memoiren erwähnt er nicht einmal die Vornamen des jüngeren Bruders und der Schwester. Seine Geschwister heißen Sophia Elisabeth Maria, Carel Adolf, Frederik Lodewijk und Philip Jacob Leonard.

Vanderbyll bringt ihm nicht nur die für eine Banktätigkeit erforderlichen Kenntnisse bei, sondern vermittelt ihm auch Lebensweisheiten: »Bedauere niemals, einen Profit zu erzielen. Wenn die Preise hochgehen, wenn du verkauft hast, kannst du dich weiter glücklich fühlen, dass du deinem Kumpel das bisschen an Gewinn überlassen hast, den du selbst erzielt hast.« Schnell stellt sich heraus, dass Henri eine überragende Begabung für Zahlen, ein »Luchsauge« für Bilanzen und Statistiken hat, wie einer seiner Geschäftsfreunde später über ihn sagen wird. Die finanzielle Situation eines Unternehmens, so ein Beobachter, erfasse er binnen 20 Minuten. Andere benötigen dafür einen ganzen Monat. Diese Ausbildung von der Pike auf wird sich für Deterding später auszahlen. Die großen Player im Ölgeschäft haben eine derartige Grundausbildung nicht durchlaufen und sind von ihren Mitarbeitern abhängig. Existiere hier mehr Sachverstand, so Deterdings nüchterner Befund, gebe es weniger Firmeninsolvenzen.

»Zahlen sind in Wirklichkeit nicht trocken«, heißt es an einer anderen Stelle in Deterdings Memoiren. »Ganz im Gegenteil, sie faszinieren und absorbieren, vorausgesetzt, man bringt eine durchschnittliche Befähigung mit, durchsucht sie und freundet sich sozusagen mit ihnen an.« Wenn es zutrifft, dass Deterding sich an einem einzigen Wochenende das Schreibmaschinenschreiben beigebracht hat, wie berichtet, weist diese Leistung und Begabung in dieselbe Richtung. Er hat ein Computergehirn.

Die Niederlande orientieren sich neu

Die Niederlande befinden sich zu dieser Zeit in einer Phase der Neuorientierung. Belgien, mit dem es verbunden war, ist einen eigenen Weg gegangen. Die ein halbes Jahrhundert lang führende Seemacht auf der Welt, mittlerweile vom britischen Empire abgelöst, führt nun Kolonialkriege. Ein besonders erbitterter Konflikt tobt auf Sumatra, der erst 1895 beendet wird. Noch halten die Phantomschmerzen des kleinen Staates an, über den im 17. Jahrhundert die Hälfte des Welthandels ging. Erst im Jahre 1863, drei Jahre vor Deterdings Geburt, haben sich die Niederlande als eines der letzten Länder weltweit vom Sklavenhandel verabschiedet.

Die wirtschaftliche Lage der Niederlande verschlechtert sich, der Übergang von einer Handelsnation zu einer Industrienation gestaltet sich als äußerst schwierig. Viele Holländer gehen nach Deutschland. Die Niederlande verlieren den Wettbewerbsvorteil, den sie durch ihre Flüsse und Kanäle und die damit verbundenen Gebühren hatten. Der Transport von Massengütern findet zunehmend auf dem Eisenbahnnetz statt, das sich rasch ausbreitet. Die Niederlande starten hier mit Verspätung. Binnen weniger Jahrzehnte wird das nur 40 Kilometer von Holland entfernte Ruhrgebiet zur größten Industrieregion Europas. Hamburg löst für längere Zeit Rotterdam als größten Hafen Europas ab. Auch die politischen Sorgen im Haag nehmen zu. Man sieht die wachsende Abhängigkeit vom nun Weltpolitik betreibenden deutschen Kaiserreich.

Obwohl Deterding bei seiner Bank beachtliche Gehaltssprünge macht, findet er eines Tages, dass das Salär nicht länger seinen Erwartungen entspricht. Er bewirbt sich bei der Niederländischen Handelsgesellschaft, der Nederlandsche Handel-Maatschappij (NHM). Im Jahre 1888 besteht er den dafür erforderlichen Test als Bester unter 200 Bewerbern, sehr zum Stolz seiner Mutter. Offenbar hat er sich dieses Mal anders als beim Realschulabschluss voll und ganz auf die Prüfung konzentrieren können. Deterding wird nach Niederländisch-Indien geschickt, wie es damals heißt, auf die Insel Sumatra. Sie ist die sechstgrößte Insel der Welt. Die NHP deckt alle Sparten des niederländischen Handels ab. Hinter ihr stehen Regierung und Königshaus, die mit einem steten Dividendenfluss aus der Kolonie rechnen können.

Die Niederlande unterhalten, gemessen an ihrer Größe, zu dieser Zeit noch immer ein umfangreiches Kolonialreich. Sie sind »ein kolonialer Riese, aber politisch ein Zwerg«[2]. Die größte und wichtigste Kolonie ist Niederländisch-Indien, das heutige Indonesien. Mit Niederländisch-Indien verfügen sie über die zweitwichtigste aller europäischen Besitzungen in Asien und Afrika. Nur Britisch-Indien ist noch wertvoller. Damit existieren mannigfache Möglichkeiten für junge Männer der Mittelschicht, ihr Glück in der Ferne zu suchen. Die Karrieren ähneln denen junger Briten in Indien und in Afrika. Niederländisch-Indien besteht aus einer Inselwelt von gigantischen Ausmaßen, mit einer Ausdehnung von 5000 Kilometern von West nach Ost und vielen Ethnien. Weiter östlich liegt Neuguinea, dessen Westteil die Niederlande zu dieser Zeit als Niederländisch-Neuguinea kontrollieren. Den über den ganzen Globus verteilten Streubesitz an den Küsten von Nord- und Südamerika, in Afrika und Asien haben die Holländer im Laufe des 17. Jahrhunderts aufgeben müssen. Was noch übrig ist, geht 1815 auf dem Wiener Kongress verloren. Das britische Empire ist der große Profiteur. Neben einigen Karibikinseln ist im Jahre 1888, als Deterding nach Asien aufbricht, eigentlich nur noch Niederländisch-Guyana im Norden von Südamerika übrig geblieben. Herman Melville, der Verfasser von Moby-Dick, hält zu dieser Zeit fest: »Es gab bislang keinen bedeutenden Mann, der sein ganzes

Leben auf dem Festland verbrachte.« Für Niederländer gilt dieser Satz erst recht. Henri reist in ein Risikogebiet. In Teilen von Sumatra herrscht Krieg.

Kriegsähnlich hat es fünf Jahre zuvor in der Sundastraße zwischen Sumatra und Java ausgesehen, als der Vulkan Krakatau am 27. August 1883 ausbricht und eine Tsunami-Welle auslöst. 36 000 Menschen kommen ums Leben, die gleichnamige Insel verschwindet fast vollständig. Die Explosion ist noch in 4800 Kilometern Entfernung zu hören, die Druckwelle umrundet die Welt siebenmal. Große Teile von Sumatra und Java sind zerstört, der Himmel über dem Archipel auf Jahre hin verdüstert. Die Bevölkerung klagt über mangelnde Hilfeleistungen der Niederländer, Aufstände brechen aus, viele Menschen wenden sich dem Islam zu.

Für die künftige Karriere von Deterding wird die im Jahre 1888 abgeschlossene Konvention von Konstantinopel wichtig, in der festgelegt wird, dass der Suezkanal in Friedens- wie in Kriegszeiten für die internationale Schifffahrt offen ist. In Deterdings Heimatstadt Amsterdam tut sich unterdessen eine Menge: Die Stadt greift über ihre bisherigen Grenzen hinaus, der Bahnhof wird gebaut, Grandhotels entstehen. Im gleichen Jahr wird die Concertgebouw-Musikhalle feierlich eröffnet, die unweit eines weiteren Prachtbaus von Amsterdam liegt: das 200 Jahre ältere Rijksmuseum. Dort wird Deterdings wohl wichtigste Schenkung an sein Heimatland aufbewahrt, ein Vermeer-Gemälde. Wesentlich mehr Schaulustige zieht das Profiradrennen an, das im Sommer 1888 erstmals in Amsterdam stattfindet – gemäß Veranstaltungskalender eine Woche vor dem Beginn der Tour de France.

Anmerkungen

1 Mitteilung von Het Scheepvaart National Maritime Museum Amsterdam vom 8. Februar 2023.

2 Vgl. zum gesamten Kapitel Jürgen Osterhammel: Die Verwandlung der Welt. 5. Auflage. München 2010, S. 635.

3
In Niederländisch-Indien

Schiffe und Häfen

Wer sich im Spätsommer 1888 auf große Fahrt nach Ostasien begeben will, hat dazu einige Möglichkeiten. Die lange zweimonatige Reise mit dem N. V. Rotterdamsche Lloyd führt von der gleichnamigen Hafenstadt zunächst nach Southampton und dann über Lissabon, Tanger, Gibraltar, Marseille zum Eingang des Suezkanals. Nach Stopps in Port Said und in Suez geht es weiter nach Singapur, Sabang, Belawan und Surabaja, bis schließlich Batavia erreicht wird. Bei Bedarf kann von der Route abgewichen werden. Man nennt dies in einer Zeit, als es noch keinen Linienverkehr mit exakten Fahrplänen gibt, Trampschifffahrt. So nehmen die geschäftstüchtigen niederländischen Reeder auf dem Rückweg nach Europa mitunter Tausende von muslimischen Mekka-Pilgern mit, die sie in Dschidda absetzen. Eine kürzere und damit schnellere Verbindung zwischen Asien und Europa, binnen vier bis fünf Wochen zu schaffen, besteht zwischen Singapur und Neapel.

Die Ankunft von Henri Deterding in Niederländisch-Indien fällt mit einem wichtigen Ereignis in der Region zusammen. 1888 wird die Koninklikje Paketvaart Maatschappij (KPM), die Königliche Postschifffahrtslinie, gegründet. Sie befördert Passagiere, Post und Güter in der Inselwelt des heutigen Indonesiens und baut ihr Liniennetz rasch aus bis hinauf nach Hongkong und Shanghai und hinüber nach Australien. Viele Schiffe werden in Singapur stationiert, einem magischen, orientalisch anmutenden Ort. Dort betritt Deterding nach wochenlanger Fahrt erstmals den Boden Asiens. In seinen *Er-*

innerungen hält er mit dem Elan seiner damaligen Jugendjahre fest, er sei voller Selbstvertrauen angekommen, »dass sich mein neues Leben wie ein magischer Teppich von nahezu grenzenlosen Möglichkeiten entfalten« würde. Besonders freut sich der 22-Jährige auf sportliche Aktivitäten, auf das Reiten, Schwimmen, Tennis und andere im Freien auszuübende Sportarten. Sie seien ihm in Amsterdam verwehrt gewesen, schreibt er. Zeitlebens wird Deterding ein begeisterter Sportsmann bleiben.

In Singapur begegnet Deterding erstmals südchinesischen Kulis, die sich in Geheimgesellschaften organisieren, kantonesischen Händlern, südindischen Tamilen, die im Gefolge der Briten hierher gekommen sind, Malayen, Arabern und den ersten westlichen Touristen, welche die immer schneller werdenden Schiffsverbindungen aus Europa nach Fernost nutzen. Binnen weniger Jahre wird Singapur eine Boomtown, den Städten der amerikanischen »frontier« nicht unähnlich. Clankriminalität, Glücksspiele, Verbrechen auf offener Straße prägen den Alltag. Das »Raffles«, das legendäre Hotel Singapurs, hat kurz zuvor mit 10 Zimmern den Betrieb aufgenommen. Dem britischen Direktor des Botanischen Gartens gelingt es, Kautschukpflänzchen aus Brasilien nach Singapur zu schmuggeln. In den 1880er-Jahren entstehen auf diese Weise in Malaysia Gummibaumplantagen. Auch in Niederländisch-Indien macht nun die Umstellung auf Plantagenanbau Fortschritte. Bis dahin wurde auf Sumatra vorwiegend Reis, Zucker, Kaffee und Pfeffer angebaut.

Die politische und wirtschaftliche Situation für die Holländer ist zum Zeitpunkt der Ankunft von Deterding alles andere als rosig. Der Druck der Briten – im Westen in Singapur und im Osten in Borneo – auf das schüttere niederländische Inselgebilde nimmt zu. Bald darauf gibt es Gerüchte, dass auch die Deutschen einen Marinestützpunkt in Sumatra oder Java anstreben.

Die Unruheprovinz

Besondere Sorgen bereitet Den Haag im Jahre 1888 die Unruheprovinz Aceh an der Nordspitze von Sumatra, ein flächenmäßig eigentlich überschaubares Gebiet. Dort gelingt es immer wieder religiösen Fanatikern, die Bevölkerung gegen die ungeliebte Besatzungsmacht aufzuwiegeln. Aber die schwache holländische Kolonialarmee, bestehend aus einigen Tausend Mann, einheimischen Hilfstruppen und Afrikanern, bekommt die Lage nicht in den Griff. Sie operiert von festen Stützpunkten aus und gerät immer wieder in Hinterhalte, wenn sie die Lager verlässt. Ihre Verluste im unwegsamen Bergland, das sich hinter dem vergleichsweise leicht zu kontrollierenden Küstenstreifen auftut, sind hoch. In dem Konflikt, der sich über 30 Jahre lang hinzieht, sterben etwa 100 000 Menschen. Das mitunter harte Durchgreifen der Holländer führt zu Spannungen mit den Briten, die ihre Handelsbeziehungen in der Region gestört sehen. Schlagzeilen machte das Gebiet im Jahre 2004 bei dem Erdbeben im Indischen Ozean, bei dem in der Provinz Aceh 227 000 Menschen ums Leben kamen.

Hinzu kommen die von der holländischen Innenpolitik herrührenden Schwankungen zwischen hartem Durchgreifen und Verständigung mit den Eingeborenen. Die Batak stellen die Mehrheit der Bevölkerung, gefolgt von den Javanesen, kleineren Ethnien aus der Inselwelt und Malayen. Wie die Briten praktizieren die Holländer in ihrer Kolonie eine »indirect rule«, setzten ihre Kontrollen mit sogenannten »Residenten« an den regionalen Machtzentren an und spielen das Spiel des »divide et impera« zwischen Sultanen, chinesischer Wirtschafts- und Händlerelite und Einheimischen. Für sie gibt es aber in der gesamten Kolonie nur eine Handvoll von Mittelschulen, dafür besondere Ausbildungseinrichtungen für die Söhne der Häuptlinge. Die ins Land strömenden Holländer sind bereits gut ausgebildet. Die große Teile Sumatras beherrschenden Stammesfürsten werden im Laufe der Zeit zur taktischen Masse der Besatzungsherren. Im prächtigen, palastartigen Bau des Amsterdamer Tropenmuseums wird die Kolonialgeschichte der Niederlande erzählt. Die Errichtung des Gebäudes wurde seinerzeit von Royal Dutch/Shell finanziell gefördert. Die Gemälde zeigen Parallelen zum Leben in den Südstaaten der USA zu dieser Zeit auf. Neu sind dagegen die wirtschaftlichen Probleme des ostasiatischen Inselreiches, als Deterding eintrifft. Normalerweise stammt ein Fünftel der Nettoeinnahmen der niederländischen Staatskasse aus der Kolonie, zuverlässig hat Niederländisch-Indien Überschüsse produziert. Aber 1888 ist die Bilanz erstmals ins Minus gerutscht.

Als eines der letzten Länder haben die Niederlande im Jahre 1863 die Sklavenarbeit abgeschafft. Aber sie existiert faktisch natürlich noch weiter. Viele militärische Operationen der Holländer haben nun zum Ziel, den Sklaven- und Waffenhandel zu bekämpfen, der entlang der Küsten von Sumatra blüht. Er ist für viele ein einträgliches Geschäft. 1888 unternimmt die holländische Kriegsmarine einen weiteren Versuch, den regen Schiffsverkehr mit verbotenen Gütern und Menschen zu unterbinden. Im Jahr der Ankunft von Deterding leben etwa 50 000 Europäer in Niederländisch-Indien, die zehnfache Zahl an Chinesen mit stark wachsender Tendenz sowie etwa 25 000 Araber. Die Bevölkerung Sumatras beträgt etwa drei Millionen Menschen, davon 500 000 in der Unruheregion Aceh.

Deterding ist von der Niederländischen Handelsgesellschaft gezielt nach Sumatra geschickt worden. Wenige Wochen nach der Ankunft in Medan erhält er Verstärkung aus der Heimat. Es erscheint der Zweitplatzierte bei dem Concours von Amsterdam, Cornelis Johannes Carel van Aalst. Beide werden einen erstaunlichen Karriereweg bei Royal Dutch/Shell zurücklegen. Von Medan soll Deterding weiter nach Deli reisen, in ein Gebiet, in dem Tabak auf riesigen Plantagen gezogen wird. Hier soll er als Buchhalter einer Außenstelle der Handelsgesellschaft tätig werden.

Die offizielle Linie der Niederlande ist zu dieser Zeit, einen sanften Kolonialismus zu pflegen, der sich von der aggressiven Politik der Großmächte absetzt. Eine Ausstellung im Tropenmuseum von Amsterdam versucht im Frühjahr 2023, genau diese Praxis zu demonstrieren. Die Realität im Jahre 1888 ist freilich eine andere, das Inselreich wird vom Mutterland straff geführt einschließlich der Kontrolle der Presse. Im benachbarten Britisch-Indien geht es weitaus liberaler zu. In »Multatuli«, einem Roman von Max Havelaar, wird das Leben in der niederländischen Kolonie in einem ruhig dahinfließenden Stimmungsbild treffend beschrieben. Der Romancier skizziert den »großen Weg« in West-Java, der den Hauptort Serang mit anderen Plätzen damals verbindet, mit folgenden Sätzen: Wenn man mit einem vierspännigen Fuhrwerk aufbrach, »konnte man einigermaßen sicher sein, nach einiger Zeit dort anzukommen. Es war also ein Weg. Wohl blieb man fortwährend im Morast stecken, der in den Batamschen Tieflanden schwer, lehmig und klebrig ist, wohl war man oft genötigt, die Hilfe der Bewohner der nächstgelegenen Dörfer anzurufen – waren sie auch nicht sehr nahe, denn die Dörfer sind nur dünn gesät in diesen Gegenden –, aber wenn es einem dann endlich geglückt war, an die 20 Landbebauer aus der Umgegend zusammenzukriegen, so dauerte es gewöhnlich nicht sehr lange, bis man Pferde und Wagen wieder auf festem Grund gebracht hatte … So rumpelte man dann einige Zeit weiter, bis der verdrießliche Moment wieder da war, dass man bis über die Achsen in den Moder sank. Dann fing das Rufen um Hilfe aufs Neue an. Man wartete geduldig, bis die Hilfe kam, und … krebste weiter.«[1] Soweit Max Havelaar.

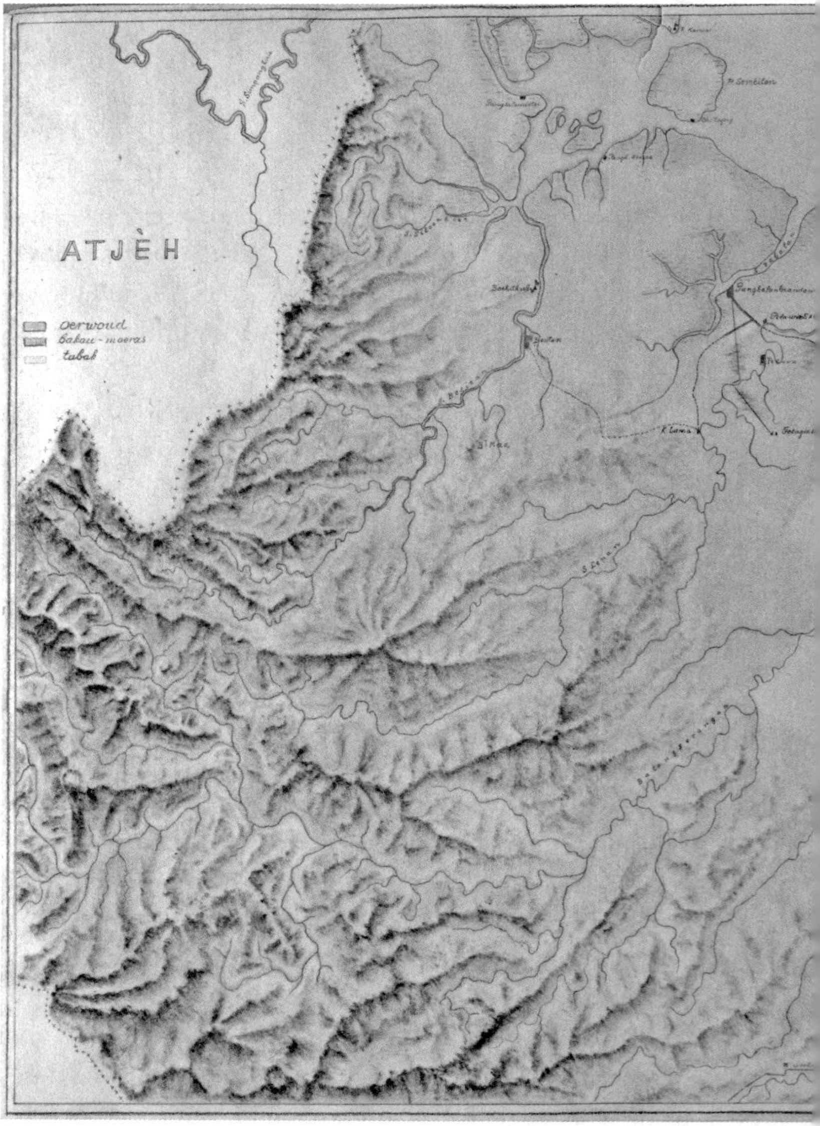

Ostküste von Sumatra im Jahr 1891

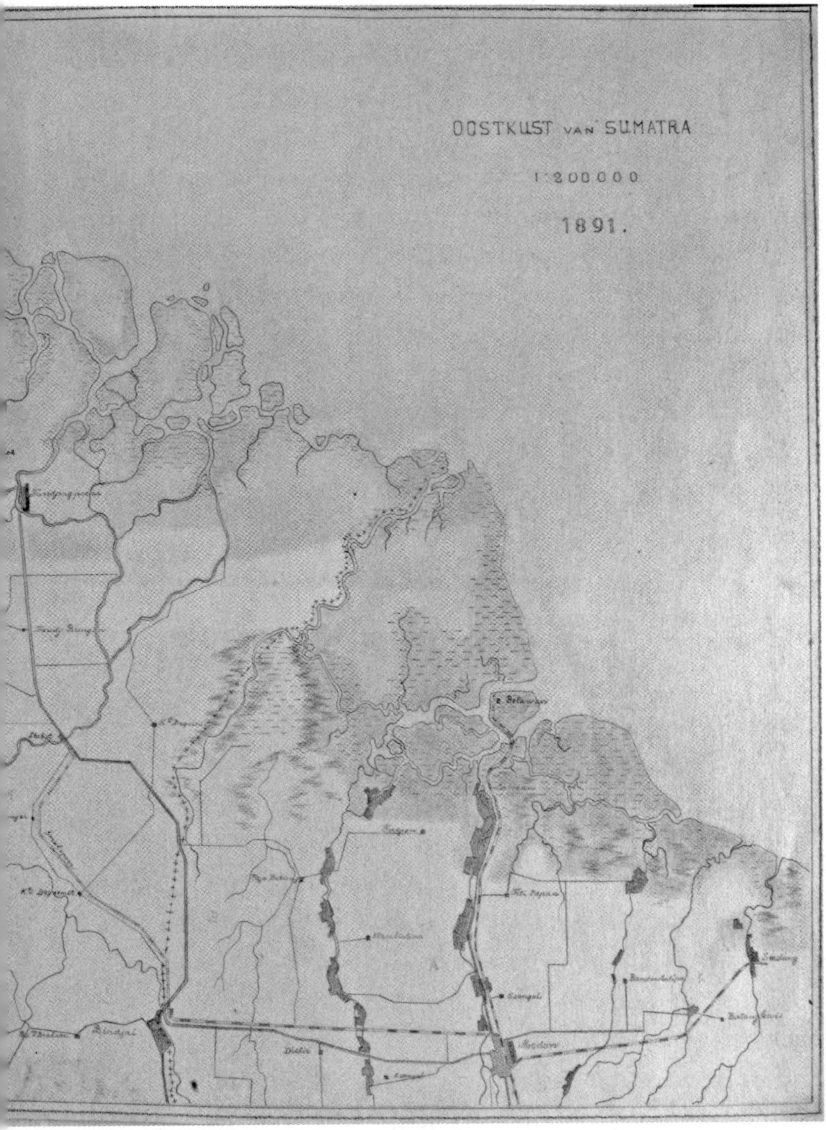
OOSTKUST VAN SUMATRA
1:200000
1891.

Die Gehälter der niederländischen Kolonialbeamten sind niedrig, die gesellschaftlichen Ansprüche jedoch hoch. Nur alle 10 Jahre wird ein Europa-Urlaub gewährt, bei dem man ein Drittel seines Gehaltes erhält. Die Niederländischen Kolonialherren passen sich den regionalen Gebräuchen an, kleiden sich zum Erstaunen der Briten wie die Einheimischen. Auch das Arbeitstempo ist den klimatischen Verhältnissen angepasst. In der Hierarchie der Kolonialverwaltung kommt man nur langsam voran, die Pensionen sind bescheiden. Bei der Niederländischen Handelsgesellschaft wird es nicht viel anders sein. Es ist nur eine Frage der Zeit, bis Deterding an Grenzen stoßen wird. Er will, wie es den Anschein hat, eine »amerikanische Karriere« machen.

Herausforderungen

Der Arbeitsbeginn in Medan verläuft ähnlich wie der Start bei der Twentschen Bank. Deterding trifft auf einen unangenehmen Vorgesetzten, der ihn sogleich mit der Überprüfung der Bilanzen einer Zweigstelle beauftragt, in der sich die Bücher offenbar in einem chaotischen Zustand befinden. Deterding hat nur ein paar Tage Zeit, sich einen ersten Eindruck zu verschaffen. Er erfasst die Schwachstellen in den ihm ausgehändigten Unterlagen und zweifelt einen Augenblick, ob sich der Schaden noch beheben lasse. Er kehrt am Ende seiner ersten Arbeitswoche in Niederländisch-Indien zum Rapport nach Medan zurück, wo gerade der prächtige Palast des Sultans fertig geworden ist. Der junge Niederländer wird schon erwartet und von seinem Chef gefragt, wie er die Lage einschätze. Der Bericht ist düster. »Werden Sie durchhalten?«, fragt ihn der Vorgesetzte. »Ich teile es Ihnen am Montagmorgen mit.«

Deterding begreift, dass in dieser Stunde bereits eine Vorentscheidung über seine Zeit in Ostasien fallen wird. Als er 1934 seine Memoiren diktiert, hat er diesen Moment noch einmal vor Augen. Er kommt gleich an zwei Stellen des Buches auf die damalige Situation zu sprechen. Zunächst verordnet er sich eine gedankliche Pause, in der er nach eigenen Angaben zunächst ein Fitnessprogramm absolviert und sich dann an die Arbeit macht. Am Montagmorgen steht die Bewertung der Lage bei Deterding noch immer auf äußerst wackeligen Füßen, aber am folgenden Donnerstag sieht es schon besser aus. Innerhalb von vier Monaten beseitigt Deterding das Buchhaltungschaos und erzielt einen ersten Achtungserfolg bei seinen Chefs, verbunden mit einer deutlichen Gehaltserhöhung. Mit seinem Salär geht es auch danach weiter nach oben. 1890 wird er nach Medan versetzt, um den Bürochef abzulösen, ein Jahr später als Subagent und Leiter des Büros nach Penang entsandt, einer Insel vor der Küste Malaysias. Penang, ursprünglich ein gefährliches Pflaster, entwickelt sich zu einem interessanten Ort, der Intellektuelle und Revolutionäre anzieht. Rudyard Kipling, Somerset Maugham, Joseph Conrad, Noel Coward und Sun Yat-sen leben hier. Kipling schreibt zu dieser Zeit den Roman *Der Mann, der König sein wollte*. Er wird 1975 unter dem Originaltitel *The man who would be king* verfilmt werden. Maugham verfasst hier einen Teil seiner »Malayischen Geschichten«.

Die Aktivitäten der Handelsgesellschaft verlagern sich immer mehr ins Bankgeschäft, sie finanziert den Aufbau von Plantagen und investiert in diversen Industriebereichen. Deterding beginnt, Geld für sein Unternehmen zu verdienen, vermutlich viel Geld. Seine Bankerfahrungen kommen ihm dabei zugute. Er beobachtet die Entwicklung der Wechselkurse und den Marktdiskontsatz an verschiedenen Handelsplätzen im Fernen Osten und erzielt mit gutem Timing erhebliche Profite. Nach eigener Aussage besitzt Deterding gute

Menschenkenntnisse, hat viel mit Chinesen zu tun, aber nicht nur mit ihnen. Abenteurertypen kommen zu ihm ins Büro, Landsleute, Briten, Deutsche, Armenier, Juden und Portugiesen. Gelegentlich hat er einen Kunden aus Indien, aus Japan, seltener auch einen Eingeborenen aus Java oder aus Celebes, Schicksalsort für seinen Vater.

Obwohl Deterding seine Arbeit zweifellos sehr gut macht, viel für sein Unternehmen verdient, wird in der Zentrale im fernen Batavia an ihm herumgemäkelt. Die Hauptstadt von Niederländisch-Indien, deren feuchtes Klima für Europäer schwer zu ertragen ist, hat zu dieser Zeit ca. 100 000 Einwohner. Seine Briefe seien nicht präzise genug formuliert, sagt man ihm. Deterding entgegnet keck, er habe keine Ausbildung für literarische Texte und bislang sei ihm auch nicht bekannt gewesen, dass dies von ihm verlangt werde. Und er fährt selbstbewusst fort: »Ich dachte, ich sei dafür eingestellt worden, für das Unternehmen Geld zu verdienen. Indem ich dies tat, war ich erfolgreich.« Der innere Abschied von dem Unternehmen hatte damit begonnen. Deterdings Ärger verraucht, als er infolge einer Entzündung des Rachenraumes von seinen Chefs zu einer zweimonatigen Kur nach Magelan geschickt wird. Endlich wird der Arbeitseinsatz honoriert, den er jahrelang gezeigt hat. Aber kaum in Zentraljava angekommen, wird er wegen eines Betrugsfalles nach Penang zurückbeordert. Deterding ist wütend, er hat seinen Vorgesetzten in Singapur wiederholt auf den Fall eines betrügerischen chinesischen Kassierers hingewiesen. Ihm wäre das Kontrolldesaster nicht passiert, meint er.

In einer ähnlichen Stimmung wie Deterding befindet sich Max Havelaar, die Romanfigur, der sich als Residenz-Assistent mit Vorgesetzten streitet und nach Batavia reist, um mit dem Generalgouverneur zu sprechen. Er ersucht um Gehör. »Dieses wurde ihm verweigert, weil seine Exzellenz ein Geschwür am Fuß hatte.« Havelaar wartete, bis das Geschwür verheilt war. Dann ließ er ein anderes Mal darum ersuchen, gehört zu werden. Seine Exzellenz ›sei so mit Arbeit überhäuft, dass sie selbst dem Generaldirektor der Finanzen eine Audienz hätte abschlagen müssen‹ und könne also auch Havelaar nicht empfangen. Havelaar wartete, bis seine Exzellenz sich durch diese Überhäufung hindurchgearbeitet haben würde. Inzwischen fühlte er etwas wie Neid auf die Personen, die Seiner Exzellenz in der Arbeit beigegeben waren. Denn er arbeitete gern schnell und viel und gewöhnlich schmolzen solche ›Überhäufungen‹ ihm unter den Fingern weg. Aber hiervon war nun natürlich keine Rede. Havelaars Arbeit war schwerer als Arbeit: Er wartete!«

In Penang hat Deterding in der Zwischenzeit Catherine Louise Lousa Neubronner kennengelernt, die er 1894 heiratet. Die junge Frau ist 1872 als eines von 9 Kindern auf der Insel zur Welt gekommen. Ihr Vater Alfred Dewindt Neubronner stammt aus der Stadt Malakka, die damals schon eine halbe Million Einwohner hat. Er ist Teeplantagenbesitzer und als Konsul für die Einkünfte der Westprovinz von Siam und Penang zuständig. Neubronners Vorfahren stammen aus Frankfurt am Main. Das Ehepaar Deterding wird drei Kinder haben, ein Mädchen und zwei Jungen. Tochter Adolphine Alberta kommt 1895 in Ostasien zur Welt. Aus ihr, ihrer Mutter und den beiden Brüdern Henry und Ronald Frits, wird der »englische« Zweig der Deterdings hervorgehen. Zwei Jahre später erschüttert ein neuer Aufstand die Provinz Aceh. Zur Enttäuschung des Gouverneurs wird er von einem Häuptling angeführt, dem er besonders vertraut hat.

Am 15. Mai 1896 tritt Deterding in die Dienste der Royal Dutch Oil Company, die ihn seit mehreren Monaten umworben hat. Daher ist ihm der Abschied von der Niederländischen Handelsgesellschaft nicht schwergefallen. Deterding betritt Neuland. Es geht ums Öl und um viel Geld, verbunden mit allen nur erdenklichen Risiken.

Henri Deterding als 27-Jähriger im Jahr 1893

Die Entdeckung des Öls

Knapp sieben Jahre vor der Geburt von Deterding ist im US-Bundesstaat Pennsylvania Öl entdeckt worden.[2] Es wird zum großen, alles überdeckenden Lebensthema des jungen Holländers. Deterding kommt mit dem Thema Ölförderung erstmals in Ostasien in Berührung und nimmt die Herausforderung an, in dem brutalen Geschäft inmitten der Wildnis am Äquator materiell und physisch zu überleben. »C'est que j'ai souffert aucune bête n'aurait jamais souffert«, könnte sein Wahlspruch in diesen Jahren in Anlehnung an die Worte des Schriftstellers Antoine de Saint-Exupéry gewesen sein. Binnen weniger Jahre, auch begünstigt durch glückliche äußere Umstände, schafft es der junge Mann an die Spitze des Ölkonzerns Royal Dutch/Shell. Er ahnt früh, dass es der »magische Teppich« werden kann.

Die Bedeutung der Ölindustrie, die sich in kürzester Zeit auf dem ganzen Globus ausbreitet, war und ist bis heute entscheidend für die moderne Industriegesellschaft, in der wir leben. Denn zu den Ölderivaten gehören nicht nur Kraftstoffe für Autos, Schiffe und Flugzeuge, sondern auch Produkte der Chemie, Medizin, Textilien, Verpackungsmaterial und Düngemittel. Um zu verstehen, welche Wucht und Dynamik sich damals unternehmerisch und gesellschaftlich durch die Förderung von Öl entfaltete, lohnt es sich, die Zuwächse bei der Ölförderung für einen Augenblick zu studieren. Schaffte der Entdecker des Öls in den USA, Edwin Drake, pro Tag zunächst 25 Barrel Öl zu fördern (1 Barrel = 159 Liter), so stieg diese Menge bis 1865 auf 7000 Barrel pro Tag weltweit an. Allein 6800 Barrel stammten aus den USA. Hauptabnehmer war Großbritannien. 30 Jahre später betrug die Fördermenge 284 000 Barrel weltweit, am Ende des Zweiten Weltkriegs 7,1 Millionen, um sich dann bis 1990 nahezu zu verzehnfachen. Im Gegensatz zur kalifornischen Jagd nach Reichtum und Glück, die sich 10 Jahre zuvor abgespielt hatte, hielt und hält dieser zweite »Goldrausch« bis heute an.

Der amerikanische Schriftsteller Upton Sinclair hat einen solchen Moment in seinem Roman *Petroleum* festgehalten: »Das Innere der Erde schien aus dem Loch zu schießen, brüllend und tobend wie der Niagara. Eine schwarze Säule stieg in die Luft, zweihundert, dreihundertfünfzig Fuß hoch, niemand konnte genau die Höhe angeben, und stürzte donnernd zur Erde zurück, eine Masse dicker, schwarzer, schlammiger Flüssigkeit. Sie schleuderte Werkzeuge und schweres Gerät hierhin und dorthin, sodass die Menschen fliehen mussten, um ihr Leben zu retten; sie füllte das Bassin, überflutete es und strömte den Hügel hinab.«

Die Arabische Halbinsel, wo Ähnliches zu dieser Zeit geschah – aber in menschenleeren Räumen –, kam dadurch in den letzten 50 Jahren zu unvorstellbarem Reichtum. Aber der Boom verhielt sich wankelmütig, einem Glücksspiel gleich, den einen begünstigend, den anderen zur Verzweiflung treibend. Denn die Launen der Natur und die Politik machten noch so kühnen strategischen Plänen oft genug einen Strich durch die Rechnung. Manche Quelle versiegte über Nacht. Das ölgesättigte Venezuela konnte seine Vorteile nie ausspielen, obwohl es die Chance hatte, zum wohlhabendsten Land auf der Welt aufzusteigen. Ähnlich erging es dem Irak und dem Iran, wo eine radikale theokratische Elite die Massen verarmen lässt. Ölvorkommen und rationales politisches Verhalten gehen nicht zwangsläufig eine Allianz miteinander ein. Und die Geschichte von Henri Deterding wird zeigen, dass es auch im Falle dieses »king of oil« nicht anders war. Liebe, Hass, falsche Ratgeber, eigene Irrtümer, Fehleinschätzungen der Gegenseite sind ständige Begleiter derer, die sich »on the sunny side of life« sicher wähnen.

Bohrturm in Sumatra

Wie auf vielen anderen Gebieten waren die Chinesen führend bei der Exploration des schwarzen Goldes. Sie brachten schon zur Zeit der Römer Tiefbohrungen von über 1000 Metern zustande, während die Sutters des Öls im 19. Jahrhunderts mit ihren Bohrgeräten vergleichsweise ein paar Meter unterhalb der Erdoberfläche kratzten. Dabei war der kostbare Stoff in den Kulturlandschaften von Euphrat und Tigris seit Langem bekannt, auch auf dem indischen Subkontinent. Der Weltreisende Marco Polo berichtete 1232 vom Abbau von Öl in der Gegend von Baku. Öl existierte damals bereits als Lichtquelle, während Europa in der Dunkelheit versank, wenn der Tag ging. Aber die Amerikaner und Europäer waren offensichtlich mit anderen Entdeckungen und Erfindungen beschäftigt, ehe sie vergleichsweise spät auf das Antriebsmittel Öl stießen und Henri Deterding bald nach der Jahrhundertwende zu einer der prägenden Figuren machten. Mit Fug und Recht ist er jenem Dutzend von Visionären zuzurechnen, von Abenteurern, die zu Industriellen wurden und die Nachfolge des amerikanischen »king of oil« David Rockefeller antraten. Rockefeller hatte eine Generation vor Deterding einen nach Wildwestmanier operierenden amerikanischen Markt unter einem Dach zusammengezwungen und daraus die Marke »Standard Oil« gemacht. Sie ist bis heute der größte Ölkonzern weltweit. Es war Deterding, der dafür sorgte, dass die Amerikaner einen echten Konkurrenten bekamen und Europa ernst nahmen. Erheblichen Anteil hatte er schließlich daran, dass sich der Westen des Kontinents im Ersten Weltkrieg behauptete. Das ist der bleibende Verdienst dieses Weltbürgers.

Anmerkungen

1 Unter dem lateinischen Decknamen »Multatuli« – multus und tuli = Partizip von ferre – »Ich habe viel erduldet«, veröffentlichte der Niederländer Edouard Douwes Dekker (1820–1887) den Roman Max Havelaar. Das Buch gilt als sein wichtigstes Werk. Havelaar war Beamter der niederländischen Kolonialverwaltung und arbeitete zuletzt als Assistent-Resident in Lebak auf Java. Seine Kritik an den Zuständen im Kolonialgebiet machte ihn einsam, er nahm schließlich seinen Abschied und kehrte nach Europa zurück. In Brüssel schrieb er innerhalb von vier Wochen diesen Roman, dem beide Zitate entstammen.

2 Vgl. zum Folgenden auch: Stephen Howarth: A century in oil. London 1997; Daniel Yergin: Der Preis. Frankfurt am Main 1993.

4
Jean Baptiste August Kessler und die Brüder Samuel

Eine schicksalhafte Begegnung

Der Wechsel von einer Handelsgesellschaft mit bürokratischen Strukturen zu einem in den Dschungeln von Sumatra nach Öl suchenden jungen Unternehmen ist ganz nach Deterdings Geschmack. Er ist 30 Jahre alt, als er sich in dieses Abenteuer stürzt. Bei Rudyard Kipling, dem Abenteuer-Schriftsteller, heißt es dazu: »Behalte die Nerven, wenn alle anderen sie verlieren und Du am Ende dafür verantwortlich gemacht wirst. Dann wird die ganze Welt Dir gehören – und Du wirst ein Mann sein.« Öl ist in Sumatra erst einige Jahre zuvor entdeckt worden und weniger als 100 Europäer arbeiten in der Ölindustrie der niederländischen Kolonie. Deterding hat das Glück – sei es aus Zufall oder aufgrund seines schon erkennbaren Potenzials –, dass er auf einen Visionär des heraufziehenden 20. Jahrhunderts trifft, einen Landsmann. Wie kein zweiter erfasst Jean Baptiste August Kessler die Chancen des Rohstoffes Öl und hat aus diesem Grund im Jahre 1890 ein Unternehmen mit einem Startkapital von 100 000 englischen Pfund (1 £ = 130 Euro) gegründet. Es heißt ein wenig umständlich »The Koninklijke Maatschappij tot exploitatie van Petroleumbronnen in Nederlandsch-Indië« (KNMEP). Es geht also um Erdölquellen.

Die beiden begegnen sich in einem Kontor der Niederländischen Handelsgesellschaft. Kessler leidet mit seinem kleinen Unternehmen unter chronischem Mangel an Liquidität. Er kann das Problem nicht lösen, weil zwischen der Förderung von Öl und dem Verkauf an Siedlungen entlang der Straße von Malakka zu viel Zeit vergeht. Deterding weist ihm einen Ausweg und empfiehlt Kessler, Treuhänder der zur Handelsgesellschaft gehörenden Bank zu werden. Er ermöglicht dem künftigen Chef damit einen größeren Kreditrahmen. Deterdings Vorgesetzte billigen die Vereinbarung, Öl als Sicherheit für ein Darlehen zu akzeptieren. Anscheinend vergisst Kessler diese Begegnung nicht. In den folgenden Monaten wird er bei Deterding wiederholt anfragen, um ihn für sein Unternehmen zu gewinnen. Aber noch sind die Größenordnungen des Ölgeschäfts bescheiden. Ganze 47 000 Liter gelangen 1891 in Niederländisch-Indien in den Export.

Unter abenteuerlichen Umständen ist es Kessler gelungen, eine Pipeline mitten durch den Dschungel Sumatras von einem Ölfeld zu einer an einem Fluss liegenden Raffinerie zu legen. Feindliche Stämme bedeuten eine ständige Gefahr für die dort tätigen Arbeiter und Spezialisten, die Erinnerung an den Ausbruch des Vulkans Krakatau ist noch frisch. Im Dschungel gibt es giftige Schlangen, Skorpione und den Tiger, an der Küste das messerscharfe Lalang-Gras. Gefürchtet ist auch die Beri-Beri-Krankheit. Die klimatischen Bedingungen für körperliche Arbeit sind extrem, es herrscht eine schier unerträgliche Luftfeuchte aufgrund permanenter intensiver Regenfälle. Krankheiten und Fieber sind daher die ständigen Begleiter der Explorationstrupps. Viele sterben vor der Zielankunft. Wer als Nicht-Asiate sein Arbeitstempo nicht den Verhältnissen anpasst, altert rasch, nach einer Faustregel doppelt so schnell wie im Vergleich mit Europa. Die Niederländer bevorzugen Chinesen gegenüber den einheimischen Javanern als Arbeitskräfte. Mitten über die 1700 Kilometer lange und bis zu 370 Kilometer breite Insel, die sich in Nordwest-Südost-Richtung erstreckt, führt der Äquator.

Kessler hat ein instinktives Vertrauen zu Deterding, sichert ihm trotz prekärer finanzieller Lage des Unternehmens ein sehr gutes Salär zu. Die erste dienstliche Unterredung beendet er mit den Worten: »Suchen Sie sich Ihre Aufgaben selbst aus. Ich gebe Ihnen freie Hand.« Deterding sieht als wirkungsvollstes Betätigungsfeld für sich den Bereich von Verkauf und Marketing und begibt sich sogleich auf eine Inspektionstour nach Kalkutta. Wie Kessler hat er Großes vor, schaut schon weit über die Region zwischen Singapur, Sumatra und Java hinaus, weiß aber auch, dass die nächsten Jahre darüber entscheiden werden, ob das Unternehmen überleben wird oder nicht. Vier weitere kleine Ölunternehmen operieren in der Region, im Hintergrund lauert der Gigant »Standard Oil«. Deterding kommt von der Tour, die ihn auch zu anderen Plätzen führt, mit dem Entschluss zurück, die Kosten drastisch zu senken und den für den Verkauf zuständigen Agenten statt 5 Prozent Provision nur 1 Prozent zu zahlen. Der Protest bleibt aus. Vermutlich wittern die Männer das kommende Geschäft. Ähnliches passiert auf den Ölfeldern, auch hier nehmen die Arbeiter Lohneinbußen hin. Einmal ist die Kasse so leer, dass nur die chinesischen Kulis bezahlt werden können, während die aus den Niederlanden und England stammenden Europäer eine Woche auf ihren Lohn verzichten müssen. Im Haag, am Wohnsitz von Kessler, kommt es sogar zu Protesten von erzürnten Aktionären wegen der schwachen Performance des Unternehmens. Scheiben drohen eingeworfen zu werden.

Jean Baptiste August Kessler

Im Jahre 1853 in Batavia als Sohn eines niederländischen Vaters und einer javanesischen Mutter geboren und damit 13 Jahre älter als Deterding, ist Kessler dank familiärer Verbindungen ins Ölgeschäft gelangt. Sein Vater war wie Deterdings Vater Kapitän, später Schiffsmakler und Kaufmann.

Der Schwiegervater von Kessler jr. ist einer der Direktoren der Dutch Petroleum Company. Als der Inhaber der Ölkonzession für Indonesien, Mitglied der Führungsmannschaft, im Jahre 1890 infolge einer Tropenkrankheit stirbt, wendet sich die Unternehmensleitung an Kessler. Man fragt bei ihm an, ob er Interesse habe, Managing Director zu werden. Kessler verfügt über mannigfache Kenntnisse in der Region, er hat im Alter von 23 Jahren aus Abenteuerdrang sein Studium an der Universität Delft aufgegeben. Diese Hochschule wird später Deterding die Ehrendoktorwürde verleihen, von der er jedoch nie als Dr. Deterding Gebrauch macht.

Kessler übernimmt mit angeschlagener Gesundheit die Leitung des Unternehmens, nachdem er als Partner eines renommierten Unternehmens im Asiengeschäft, das in finanzielle Schwierigkeiten geraten ist, zwei Jahre zuvor tief enttäuscht ausgeschieden ist.[1] Dennoch stürzt er sich mit unglaublicher Verve in die neue Aufgabe. Ihm ist bekannt, dass es seit 400 Jahren auf Sumatra die Kunde von Öl gibt. Als er 1891 auf dem Ölfeld im Norden der Insel eintrifft, steht er vor einem Nichts. Teile des Personals sind verschwunden, die Ausrüstung an der Bohrstelle ist defekt oder nicht mehr vorhanden, verschwunden im Urwald, der sich binnen weniger Wochen die Lichtung zurückerobert hat, die unter großen Mühen geschaffen wurde. Technisch und kaufmännisch gleichermaßen begabt, gelingt es Kessler, die Moral des Personals zu stärken und sehr bald Anerkennung als der »big boss« zu finden. Er bleibt neun Monate und kehrt nach Europa zurück, um Kapital für sein zerbrechliches Vorhaben einzusammeln. Vor Ort kehren die alten Probleme zurück, das Personal ist unzuverlässig, zwei Jahre später steht das Unternehmen erneut vor dem Konkurs. Wieder kehrt Kessler nach Sumatra zurück und versucht mithilfe einer kleinen Gruppe von Getreuen und Eingeschworenen das schier Unmögliche. Es gelingt, die Ölförderung kann binnen eines Jahres um das Dreifache gestei-

Jean Baptiste August Kessler, Henri Deterding und
An Kessler im Jahr 1900, Foto: Geldolph Adriaan Kessler

gert werden. 1895 kehrt Kessler in die Niederlande zurück, um sich um die Vermarktung seines Produkts zu kümmern. Vieles von dem, was er in seinen letzten Lebensjahren plant, wird später von Deterding aufgenommen und realisiert. Gemeinsam ist beiden der Sinn für Zahlen und der eiserne Wille, an dem die Konkurrenz nacheinander zerbricht oder kapituliert.

Als Deterding an Bord eines kleinen Frachters im Sommer 1896 erstmals den Standort der Raffinerie ansteuert, sieht er schon aus der Ferne eine große Rauchwolke über Pangkalan Brandan. Sie steht Tag und Nacht über der Rodung an einer Flussmündung, weil die Hälfte des produzierten Öls abgefackelt werden muss, eine für heutige Verhältnisse ungeheure Umweltverschmutzung. Denn das bei der Förderung gewonnene Gasolin, ein Leichtbenzin, kann damals noch nicht verkauft werden. Es ist anders als das Kerosin ein Abfallprodukt. Deterding benötigt Stunden, um durch den Dschungel entlang der Pipeline bis zur Ölquelle zu gelangen.

Deterding ist auch weiterhin für sein Unternehmen häufig unterwegs. Um den Liquiditätszufluss für die Oil Company stabil zu halten, lässt er Tankbehälter bauen, die in Kundennähe für den Nachschub bereitstehen. Sie werden binnen kürzester Zeit in Hongkong, Kalkutta, Bombay, Madras und Kalkutta montiert. Dadurch lässt sich auch der kostspielige Zwischenhandel ausschalten. Kessler und Deterding setzen auf das äußerst produktive Ölfeld im Norden Sumatras und auf weitere erfolgreiche Explorationen und erweitern ihren Aktionsradius. 1898 reist Deterding nach Bangkok, Karachi, Indien, China und Japan, um neue Klienten zu identifizieren und zu gewinnen. Und er geht auf die kleinen Mitbewerber in der Region zu, um Chancen auf eine Zusammenarbeit zu erkunden. Denn es kommt immer wieder zu ruinösen Preiskämpfen mit Preissenkungen, die den Konkurrenten zermürben sollen. Die Methode des Zugehens auf die Konkurrenz ist bis dahin in diesem brutalen Geschäft unbekannt, in dem jeder den anderen auszuschalten trachtet. Sie wird eine Maxime des Handelns von Deterding, ist vielleicht auch Ausdruck der niederländischen Mentalität und historischer Erfahrungen, wonach man nur gemeinsam Stärke entfalten kann. Dass Deterding in diesen vier Jahren einen gewaltigen Itinerar absolviert, unter enormen Risiken, unter extremen klimatischen Bedingungen, monatelanger Abwesenheit von zu Hause, erwähnt er nicht. Es ist Bestandteil seines Jobs. Vermutlich zahlt er dafür später mit seiner Gesundheit.

Eine Kontroverse in der Führung des Unternehmens entsteht, als es um eine mögliche Verlegung des Firmensitzes von Den Haag nach Singapur geht. Kessler ist zunächst dafür, Deterding dagegen. Am Ende folgt Kessler der Argumentation seines Stellvertreters. Deterding bezieht viel Kraft und Willen zum Einsatz aus dem Umstand, dass es im Unternehmen wenig hierarchisches Denken gibt. Das bessere Argument zählt. Das macht es dem gelegentlich zum Widerspruch neigenden Niederländer leicht, sich unterzuordnen. Er akzeptiert Kessler als Autorität, als einen Menschen, den er offenkundig verehrt. Der aus der niederländischen Oberschicht stammende Mann, im Auftritt das britische Gentleman Ideal verkörpernd, ist für ihn in mehrfacher Hinsicht ein Vorbild. In Deterdings »Memoiren« findet sich daher der bezeichnende Satz: »Ich hatte das ständige Bedürfnis, ihm zu dienen.« Und Deterding lernt rasch, dabei zeitlebens innerlich ein Niederländer bleibend.

Wasser im Bohrloch

Inzwischen sichern vier Öltankschiffe die Versorgung der Kunden. Da das Geschäft gut läuft, sind weitere Transportschiffe gechartert, ein fünfter Öltanker in Auftrag gegeben worden. Bei seinem Stapellauf ertönt die Schreckensnachricht, dass sich auf dem in der Nähe von Pangkalan Brandan gelegenen Ölfeld »Telega Said«, dem ergiebigsten überhaupt, eine Katastrophe anbahnt. Salzwasser ist in das Bohrloch eingedrungen, die Ölförderung kommt augenblicklich zum Stillstand. Glücklicherweise findet sich ein Ausweg. Kessler besitzt ein Aufsichtsratsmandat in einem russischen Erdölunternehmen. Es gelingt, die entstandene Lücke mit erstaunlich preiswertem Öl aus Russland zu füllen. Deterdings Lager- und Verteilungssystem über den gesamten asiatischen Raum hinweg bewährt sich. Aus dem Vorfall zieht das Unter-

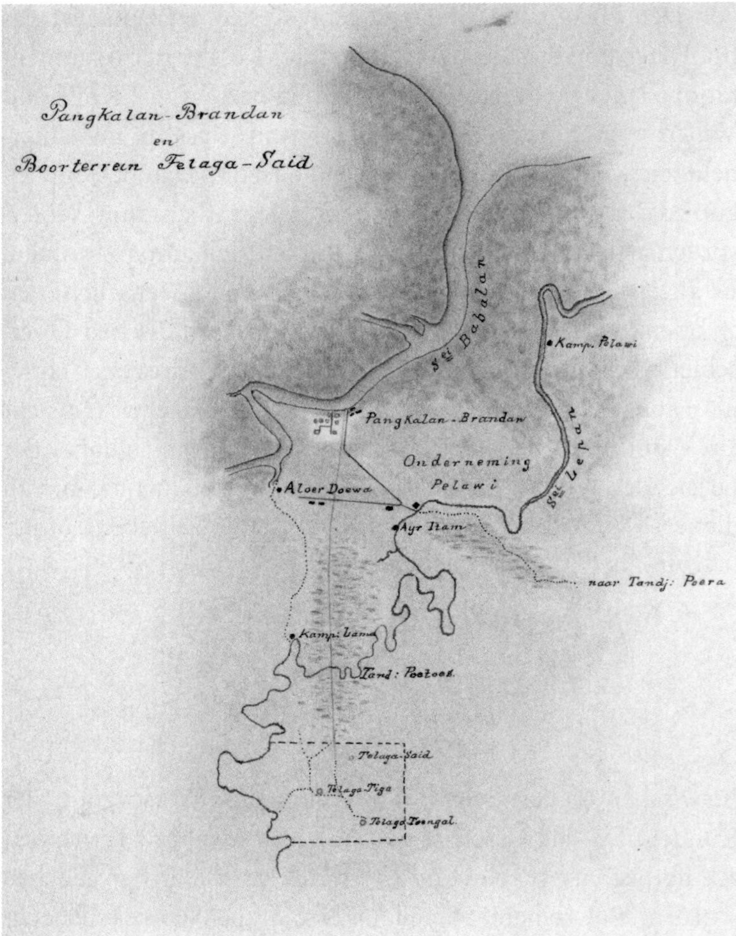

Bohrstelle Pangkalan Brandan

nehmen den Schluss, fortan mit Ingenieuren, Geologen und Chemikern im Ölgeschäft zusammenzuarbeiten, anstatt sich auf das Bauchgefühl von alten Haudegen und Abenteurern – unter ihnen viele Kanadier – im Ölgeschäft zu verlassen. Die amerikanische Konkurrenz schaut zunächst mit Verachtung auf diesen Trend zur Verwissenschaftlichung des Ölfindens und -bohrens. Wissenschaftlern mangle es am nötigen »common sense«, sagen die Kritiker aus den USA.

Das Geschäft zieht natürlich auch Scharlatane und Betrüger an. Einer der älteren Ingenieure von Deterdings Firma berichtet von einem Telegramm, das er vor vielen Jahren beim Bohren auf der Insel Mauritius erhielt. Er wurde darin aufgefordert, sofort ins ceylonesische Kandy zu kommen. Auf der Teeplantage eines Unternehmers habe man ein reiches Ölvorkommen entdeckt. Der Techniker ist drei Wochen lang unterwegs, um festzustellen, dass das Ölvorkommen auf ein Leck an der Maschine zurückzuführen ist, mit der die Teeverarbeitung betrieben wird. Indisches Erdöl entpuppt sich nach langer Anreise bei einem Test als ein aus Russland stammendes Produkt, das um die Ecke auf jedem Basar erhältlich ist.

Im Dezember 1900 erschüttert ein weiterer Schlag das Unternehmen von Deterding. Und dieses Mal ist er der am meisten Betroffene. Auf der Rückreise von Asien nach Europa stirbt Kessler, krank und völlig überarbeitet, bei der Ankunft in Neapel. Bevor Deterding über mögliche Alternativen zu seiner jetzigen Tätigkeit nachdenken kann, wird ihm von den Direktoren des Unternehmens eine Nachricht übermittelt. Vor der Abreise, die tödlich endet, hat Kessler in seinem Testament festgelegt, dass der Jüngere seine Nachfolge antreten solle. Im Alter von 34 Jahren wird Deterding Vorstandsvorsitzender der Royal Dutch Petroleum Company. Es ist 11 Jahre her, dass er als kleiner Angestellter die Twentsche Bank in Amsterdam verlassen hat. Im Rückblick wird Deterding über Kessler feststellen, dass Öl für Kessler nicht nur ein Job gewesen sei: »Es war für ihn nahezu zur Religion geworden, an der er unerschütterlich festhielt.« Einer der Söhne von Kessler wird eines Tages die Nachfolge Deterdings antreten. Aber er wird sich gedulden müssen.

Die Samuel-Brüder

Vom Firmensitz im Haag lassen sich die Entwicklungen im Ölgeschäft sehr viel besser beobachten als im schwül-heißen Ostasien.[2] In London gibt es ein von zwei Brüdern betriebenes Handelsunternehmen, die 1834 gegründete M. Samuel & Co. Sie ist im Handel mit Japan groß geworden, hat von der gewaltsamen Öffnung des geheimnisvollen Inselreiches durch die Amerikaner profitiert. 1882 haben Marcus und Samuel vom Vater die Firma übernommen. Wichtiger als das Startgeld, das sie erhalten, sind die Fernost-Verbindungen des Vaters. Sam frischt sie auf und gründet das Unternehmen Samuel Samuel & Co in Yokohama. Es sorgt mit dem ständigen Strom von Maschinen, Werkzeugen und Textilien quasi im Alleingang für die Industrialisierung Japans. Im Gegenzug exportiert es Reis, Kohle, Seide, Chinoiserien, Lackwaren und Kupfer und verkauft diese Waren in Ostasien, im Nahen Osten und in Europa. Sein Bruder Marcus, von London aus operierend, verkauft weltweit Zucker, Mehl, Weizen, Stärke und Muscheln.

Aber dann kommt das Jahr 1886. In diesem Jahr beginnen die Samuel-Brüder damit, kleine Mengen von Kerosin anzukaufen, die sie nach Japan exportieren. Sie beauftragen einen Konstrukteur damit, ein Schiff zu entwerfen, mit dem man Kerosin aus dem Kaukasus nach Fernost befördern kann. Das erfordert ein größeres Investment, denn die beiden Briten wollen »Standard Oil« Konkurrenz machen.

Marcus Samuel

Der Pariser Zweig der Rothschilds ist bereit, das Projekt zu finanzieren.

Marcus reist 1890 ins russische Baku, wo seit den 1820er-Jahren Öl gefördert wird. Kurz vor seiner Ankunft haben sich die drei Nobel-Brüder Ludvig, Robert und Emil Oskar in der Region unternehmerisch engagiert, in der sich ein gigantischer Öl-Boom abzeichnet. Nach der Rückkehr aus Japan, wohin er weitergereist ist, einigt sich Marcus mit Bruder Samuel auf einen riskanten Plan. Vorbild sind die Nobel-Brüder, nach denen der mit höchstem Prestige verbundene Preis benannt ist, der alljährlich in Stockholm und Oslo vergeben wird. Die Schweden transportieren Öl als Massengut über das Kaspische Meer. Die Samuels entscheiden sich, sehr viel größere Schiffe bauen zu lassen, die anders als die bisherigen Transporter die Erlaubnis bekommen, durch den Suezkanal zu fahren. Die für die Passage zuständigen Behörden haben bislang den Transport von Öl in Laderäumen von Schiffen nicht genehmigt.

Die *Murex*-Sensation

Den kommenden Ereignissen zeitlich ein wenig vorgreifend, gelingt es den Samuels, umgeben von einigen wenigen Vertrauten, ihren Plan geheim zu halten und die Konkurrenz, vor allem »Standard Oil,« zu überraschen. Man vertraut einander, gewährt sich wechselseitig Kredite und Zeit, sodass wenig Geld fließen muss. An Land entstehen Öllager, ähnlich wie Deterding sie Jahre zuvor hat bauen lassen, dazu eine Verteilerkette und eine Verkaufsorganisation. Entscheidend für den Erfolg ist jedoch der neue Schiffstyp, mit dem die Samuels auf dem Weltmarkt erscheinen. Die Überraschung gelingt, selbst die Beschäftigten in den Docks halten dicht.

Samuel Samuel

Am 28. Mai 1892 läuft die *Murex* vom Stapel, ein Schiff aus Stahl. Mit kaukasischem Kerosin beladen, fährt der 5000 Bruttoregistertonnen zählende Tanker in den Suezkanal ein. Er muss von einem Schlepper gezogen werden, die Kanalbehörden verlangen es so. Weitere Tankschiffe werden in rascher Abfolge gebaut. Die Samuels beherrschen für entscheidende Jahre das Tankergeschäft. Bis zum Jahresende 1895 passieren 69 Öl-Spezialschiffe den Suezkanal, nicht weniger als 65 (!) gehören den beiden Londonern. Zu der Revolution beim Transport von flüssiger Energie kommt eine glänzende Geschäftsidee hinzu. Als die Samuels feststellen, dass die Kunden beim Kauf von Ölfässern Zurückhaltung üben, organisieren sie Sammelstellen, an denen das Leergut abgegeben werden kann. Ein Samuel-Neffe schlägt vor, sie hellrot anzustreichen. Binnen weniger Monate wird der Erfolg der Aktion sichtbar. Das glänzende Rot der Briten löst das rostige Blau der amerikanischen Standard Oil-Fässer ab. Es heißt fortan Shell-Öl und ist bis zum heutigen Tag anhand des Muschel-Symbols leicht zu identifizieren. Mit Export von Muscheln hatte der alte Samuel einmal angefangen.

Und noch etwas verändert das Geschäft mit Öl. Der Designer der *Murex* hat das Schiff so konzipiert, dass sich die Tanks problemlos reinigen lassen. Das bedeutet, dass die Leerfahrt des Schiffes nach Entladung des Öls entfällt. Auf dem Rückweg nach Europa können nun sogar Lebensmittel und Naturprodukte befördert werden. Der Gewinnsprung, den das Unternehmen der Samuel-Brüder erzielt, ist gigantisch. Man kann durchatmen.

Der Vorläufer Wilhelm Anton Riedemann

Wenige Jahre zuvor ist in Deutschland ein genialer Kopf auf die gleichen Ideen gekommen. Es ist Wilhelm Anton Riedemann, der Sohn eines Eisenwarenhändlers, der seine Kindheit in den USA verbracht hat. Als der Vater stirbt, kehrt die Familie nach Deutschland zurück. Nach einer kaufmännischen Lehre beginnt er, mit Petroleum zu handeln. Er gründet eine Reederei und betätigt sich als Spediteur im Ölgeschäft. Weil es in den damals üblichen Holzfässern Leckageverluste von 30 Prozent gibt, lässt Riedemann 1885 einen Vollsegler zum ersten Tanksegler umbauen. Im gleichen Jahr lässt er den ersten Petroleumtank in Deutschland bauen. Ein Jahr später verlässt in Newcastle on Tyne der erste Tankdampfer die Werft und wird zwischen Hamburg und den USA eingesetzt. 1890 wird im Zusammenspiel mit John D. Rockefeller die Deutsch-Amerikanische Petroleum Gesellschaft gegründet, welche die Amerikaner ab 1904 beherrschen. Sie trägt seit 1950 den Namen Esso. Bei Ausbruch des Ersten Weltkriegs gehört Riedemann mit seinen Beteiligungen zu den Hauptkonkurrenten von Deterding und den Samuel-Brüdern.

Teilung des Risikos

Marcus strebt nach sozialer Anerkennung. Schon 1891 ist er Alderman der City of London geworden, drei Jahre später Sheriff of London. Ein Jahr später wählen ihn die Londoner Reeder zu ihrem Repräsentanten auf dem Themse Conservancy Board. Man kümmert sich also früh um die Reinhaltung des Flusses. Ein großes Stadthaus mit erlesenem Interieur wird bald hinzukommen. Anders als Deterding engagieren sich die Samuels politisch und ehrenamtlich. Bruder Samuel sitzt von 1913 an für die Konservativen im Unterhaus.

1893 durchlebt Marcus eine Schrecksekunde, es wird bei ihm Krebs diagnostiziert, er ist gerade 40 Jahre alt. Glücklicherweise stellt sich die Diagnose als Irrtum heraus. Aber sie führt dazu, dass er über sich und die Zukunft des Unternehmens nachdenkt, das sehr stark auf ihn zugeschnitten ist. Die gesamte Organisationsstruktur hängt von seiner Person ab. Über die Jahre ist man informell gewachsen, Ausdruck von Marcus' Abneigung, sich über Organigramme zu beugen. Als besondere Schwachstelle des Unternehmens, das sich binnen weniger Jahre von einem Handelsunternehmen zu einem Ölunternehmen gewandelt hat, erweist sich, dass die Samuels ausschließlich von russischen Lieferanten abhängen. Kann man sich auf sie verlassen? Sind die Verhältnisse am Kaspischen Meer stabil, wo Russen und Iraner eine Generation zuvor um die Vorherrschaft gekämpft haben? Was könnte passieren, wenn die zaristische Herrschaft auf die Idee käme, die Ölquellen von Baku zu verstaatlichen? Welche Folgen würden eintreten, wenn sich die Konkurrenz gegen sie verbündete?

Die Antwort auf dieses erkannte Problem ist eine Verteilung des Risikos, ein Tankersyndikat, das die Samuel-Brüder im Jahre 1893 zusammen mit dem Schiffsmakler Fred Lane und den sieben in Fernost operierenden Agenten bilden. Es ist die gleiche Mannschaft, die ein Jahr zuvor mit dem großen Coup, einen stählernen Tanker ins Gefecht zu schicken, die Konkurrenz überraschte. Gewinne und Verluste werden unter den Mitgliedern des Syndikats verteilt. Und die zehn haben weiter Glück. Der russisch-japanische Krieg, der 1894 ausbricht, beschert ihnen riesige Gewinne, weil Großbritannien sich neutral verhält. Das Syndikat kann somit beide Kriegsparteien beliefern, mit Getreide, Lebensmitteln, Decken, Taschen, Ausrüstungsgütern und rollendem Material für den Eisenbahnbau und Waffen. Infolge des japanischen Sieges im Jahre 1895 – erinnert sei an den Roman von Frank Thiess *Tsushima* – entsteht mit Formosa, dem heutigen Taiwan, ein neuer Markt für den von Yokohama aus operierenden Samuel. Dort wird aus Kampfer-Bäumen ein farbloses Pulver gewonnen, das u. a. zur Herstellung von Mottenkugeln dient, ein »must« in jeder viktorianischen Garderobe. Die Japaner machen es zu einem Staatsunternehmen, der alleinige Exporteur heißt Samuel Samuel & Co.

Marcus' Reichtum wächst und erlaubt Hinweise auf die Verhältnisse, in denen auch Henri Deterding bald leben wird. Der Junge aus dem Londoner East End erwirbt ein Haus am Portland Place und ein Landhaus in Kent, »The Mote« genannt. Der mittelalterliche Landsitz beherbergt eine berühmte Bibliothek, einen See mit großem Fischbestand und 200 Hektar Parklandschaft. In London reitet Marcus während der Woche morgens im Hyde Park aus, seine Kinder besitzen Ponys, die Söhne gehen nach Eton zur Schule, seine Frau hat die Auswahl zwischen diversen Juwelen-Colliers.

Obwohl die Samuel-Brüder, wirtschaftlich betrachtet, ihre beste Phase haben, wachsen die Sorgen. Die Transportkosten am Kaspischen Meer von Baku nach Batumi sind schwer zu kalkulieren, steigen und fallen ohne Vorwarnung. Zudem nähert sich das Vertragsende auf den Ölfeldern von Baku. Ein Mitglied der Nobel-Familie hatte 1883 die sogenannte Bnito-Vereinbarung (Batumskoye Neftepromyshlennoye i Torgovoye Obschestvo) in Gestalt der Caspian and Black Sea Oil Company geschlossen, die nun ausläuft. Diese Entwicklung vor Augen, beginnt Marcus, sich nach Alternativen umzuschauen. Dabei fällt der Blick auf Niederländisch-Indien und auf das weiter östlich gelegene Borneo. Dort müht sich ein holländischer Bekannter von Marcus auf einer Fläche von 2500 Quadratmeilen in der Provinz Kutei ab, Ölquellen zu entdecken. Er findet Sickeröl, ungeeignet zur Herstellung von Kerosin. Weiter westlich in Sumatra – so die Informationen und Beobachtungen von Marcus – suchen kleine Firmen nach Öl, jederzeit vom Konkurs bedroht. Eine von ihnen trägt einen illustren Namen, es handelt sich um das Unternehmen von Kessler und seinem Stellvertreter Deterding.

Feind oder Freund?

Die einen haben eine Tankerflotte, die anderen Ortskenntnisse und wachsende Erfolge bei der Ölförderung auf Sumatra. Was liegt näher, als eine Kooperation anzustreben, zumal die Aktivitäten der Samuel-Brüder und der Mannschaft von Kessler von Spionen und Zuträgern der »Standard Oil« genauestens verfolgt werden? Wann werden die Amerikaner zuschlagen? Aber weil die Samuels auf Sumatra überraschend fündig werden, werden die im April 1897 aufgenommenen Gespräche zwischen den Engländern und den Niederländern nicht fortgeführt. Aufseiten der Königlich Niederländischen Kompanie hat Deterding die stärksten Bedenken, aufseiten von M. Samuel & Co Marcus Samuel.

Beide Unternehmen gehen weiterhin getrennte Wege, das Bankgeschäft der Samuels läuft gut und die Vorhersagen für weitere Ölfunde lassen Marcus an der bisherigen Unternehmenspolitik festhalten. Am 18. Oktober 1897 wird die »Shell Transport and Trading Company« gegründet, die anstelle des Syndikats tritt. Während Shell von Erfolg zu Erfolg eilt, häufen sich bei Kessler und Deterding die Rückschläge. Die Bohrlöcher auf dem wichtigsten Ölfeld füllen sich – wie bereits erwähnt – mit Salzwasser. Shell empfiehlt sich unterdessen für höhere Aufgaben, als ein britisches Kriegsschiff im Suezkanal auf Grund läuft. Vorübergehend erwägt die britische Admiralität, es zu sprengen, weil alle Bergungsversuche scheitern. Eile ist geboten, denn der Kanal bringt jede Menge Geld ein, er muss frei gemacht werden. Ein Schiff aus der mittlerweile großen Tankerflotte von Shell hat abgewartet, um die Entwicklungen am Ort der Havarie in Ruhe zu verfolgen. Der Kapitän bietet nun auf Weisung aus London seine Schlepperhilfe an, und sie wird angenommen. Die großzügige finanzielle Belohnung, welche die Admiralität in Aussicht gestellt hat, auch für die Schiffseigner, lehnt Marcus mit den Worten ab, er sei ein englischer Patriot. Die Regierung bietet ihm darauf einen Adelstitel an, den dieser freudestrahlend akzeptiert. Queen Victoria schlägt Marcus Samuel, den jüdischen Topunternehmer, am 6. August 1898 zum Ritter. Deterding wird der Vorgang nicht entgangen sein. Eine Art Fortsetzungsgeschichte wird am Vorabend des Ersten Weltkriegs auf die politische Tagesordnung kommen. Die Probleme an den Bohrlöchern zwingen Kessler, russisches Öl einzukaufen, wie es auch Shell tut. Marcus hat es in der Hand, mit Rabatten Kessler in die Knie zu zwingen, aber er unterlässt es. Stattdessen nehmen die beiden Kontrahenten ihre Gespräche wieder auf und vereinbaren, dass keiner den anderen im Fernen Osten beim Preis unterbieten solle. Der ostasiatische Ölmarkt sei groß genug, meint Marcus.

Aber nun kehren sich die Verhältnisse gegen die Samuel-Brüder und Shell. Am Kaspischen Meer bedrohen sie Absprachen der Konkurrenz. Die Nobels und die Rothschilds werden von »Standard Oil« wegen Bildung einer Allianz, also eines Monopols, angesprochen. Der Preis für eine Tonne Kerosin verfällt, Shell kann seine Bestände nur mit Verlusten verkaufen. In China erleidet das Unternehmen erhebliche Wertverluste durch den Boxeraufstand. Piraterie auf chinesischen Flüssen verhindert oder verlangsamt die Errichtung von Shell-Außenstellen. Und es soll noch schlimmer kommen. Als der Burenkrieg 1899 in Südafrika ausbricht, geraten britische

Behörden und Siedler aneinander, sodass ein Joint Venture von Shell kaum vorankommt. In den Niederlanden erhebt sich ein Sturm nationaler Empörung gegen das Empire. Er hat zur Folge, dass nur Schiffe unter niederländischer Flagge Handel mit den Kolonien in Niederländisch-Indien treiben dürfen.

Über Nacht beginnt die vermeintlich stabile Konstruktion des Ölimperiums der Brüder Samuel zu wanken. Die mittlerweile gigantische Flotte wird plötzlich nicht gebraucht oder kann nur mit Verlusten fahren. Gleiches gilt für die angelegten Öllager. Die Frachtraten sinken und die Konkurrenz schlägt in Indien und sogar an der heimatlichen Basis zu und drängt Shell beiseite. Es ist die Lage, vor der Marcus seinen Bruder Samuel eindringlich gewarnt hat. In sie platzt die Nachricht, dass Jean Baptiste August Kessler am 14. Dezember 1900 auf der Heimreise von Fernost in Italien gestorben ist. Nun ist der Weg frei für Henri Deterding. Das Fernostkapitel »eight long Indian years« – wie er einmal sagt – ist beendet.

Diese Zeit, diese Formationsjahre außerhalb von Europa, sind für Deterding aber auch aus anderen Gründen richtunggebend. Er erlebt ein Entwicklungsland mit den Nachwirkungen einer Sklavenhaltergesellschaft, eine hierarchisch ausgerichtete Kolonialverwaltung, eine wenig flexible Handelsgesellschaft, er begegnet Sultanen auf Sumatra und Königen auf Borneo. Gleichzeitig entgeht ihm ein wichtiger Abschnitt der Industrialisierung, die beginnende Teilhabe der Arbeiterklasse am politischen Prozess, die mühsame Findung des Kompromisses. Das Zeitalter der Machtmenschen verlängert sich in seiner Person.

Anmerkungen

1 Zu allen Details der Firmengeschichte und zur Zusammenarbeit von Kessler und Deterding: Jeroen Koch: De Kesslers. Amsterdam 2023; Hendrix, S. 31 ff.; Roberts, 62 ff.

2 Vgl. zum Folgenden auch: Stephen Howarth: A century in oil. London 1997; Yergin, Der Preis.

5
Karriere bei Royal Dutch/Shell, der Weg zum Weltunternehmen

Simplicity

Als Henri Deterding an die Spitze des kleinen Ölunternehmens trat, war er 34 Jahre alt.[1] Viele Jahre später wird er in seinen Memoiren zu der Selbsteinschätzung gelangen, dass es genau das Alter ist, mit dem man erwachsen geworden ist und für höhere Aufgaben bereitsteht. Deterding operierte als CEO mit einigen wenigen Grundsätzen. Sie klingen wie die ersten Sätze aus einem Handbuch für Unternehmensführung. An erster Stelle steht »simplicity« – Einfachheit. Jedes Problem, so Deterding, müsse und könne auf seinen wahren Kern reduziert werden. Alles, was kompliziert klinge oder kompliziert sei, sei falsch, weil gedanklich nicht durchdrungen.

Was die Frage von Personal, von Eignung für höhere Aufgaben angeht, lautet Deterdings erste Frage: »Is he bright?« – Ist der Mann intelligent? »Brightness« ist für den gelernten Bankkaufmann Reaktionsschnelle, rasche Gewinnung des Überblicks, Einsatz. Man sieht den jungen Deterding in seinen Lehrjahren bei der Twentschen Bank, beim nächtlichen Studium von Firmenbilanzen, von Börsenkursen förmlich vor sich. Deterding kommt hier erkennbar von seinen Erfahrungen beim Sport: härtester Einsatz und, wenn möglich, im Freien. »Brightness« – Intelligenz/Klarheit/Helligkeit/Schnelligkeit – so Deterding, zeige sich in den Augen. Augen seien nicht klar und hell, wenn etwas mit der Leber nicht stimme. Die Leber ihrerseits bleibe unter ihren Möglichkeiten, wenn sie nicht fortlaufend durch Sport stimuliert werde. Ein Selfmademan durch und durch spricht hier, versiert und beschlagen in allen Aspekten des menschlichen Daseins.

In seinem sozialkritischen Roman *Petroleum* widmet sich der amerikanische Schriftsteller Upton Sinclair diesem Menschentypus: »Auf den Sunnyside-Feldern wurde gebohrt. Schon flossen zwölf Quellen und rechtfertigten alle gehegten Hoffnungen. Manchmal fuhr der Vater nach seinem Bureau, meist jedoch kamen klug aussehende, intelligente junge Angestellte zu ihm und holten sich seine Befehle. Unsäglich tüchtige junge Männer, die ihre ganze Begabung dazu verwandten, Petroleum aus der Erde zu fördern. Die wurden von keinen Visionen gequält, keine Melodien verfolgten sie, sie kannten kein Zögern, keine Unsicherheit, zweifelten keinen Augenblick daran, dass der Zweck des Menschenlebens darin bestand, Petroleum aus der Erde zu holen. Deshalb waren sie auch stets bei klarem Verstand, arbeiteten mustergültig in ihren Abteilungen und erhöhten ihr Ansehen und Gehalt.«[2] Im Jahre 1900, als Deterding das Unternehmen übernahm, arbeiteten in der Haager Zentrale 30 Mitarbeiter, in Asien 278 Europäer und 6682 Asiaten.[3]

Grundsätze wie im Sport

Was die Persönlichkeit und den Charakter Deterdings angeht, bleibt aber etwas Entscheidendes festzuhalten: Deterding strebt in allem den Sieg an, er hasst es, zu verlieren. Und: Er ist zu vollem Risiko bereit. Noch in reiferem Alter lässt er das Eis des St. Moritzersees aufbrechen, springt mit einem Kopfsprung hinein und vermerkt lakonisch, es könne für einige den sicheren Tod bedeuten. Wenn er unterliegt, bleibt er ein fairer Sportsmann. Er ist nicht nachtragend. Er bleibt damit auch nicht die »unknown quantity«, wie sein erster

Biograf Glyn Roberts in seinem 1938 erschienenen Buch: *The most powerful man in the world*, über ihn schreibt. Das genaue Gegenteil ist der Fall: Deterding, der Kaufmann und begeisterte Freizeit-Sportler liegt wie ein offenes Buch vor dem Betrachter. Die Linienführung ist so klar und eindeutig, dass sie die Kritiker und Beobachter dazu veranlasst hat, nach Geheimnissen zu suchen, die es über Deterding jedoch nicht gibt. Er ist nicht der von Macht und Geld getriebene Ölmanager, wie ihm schon bald nachgesagt wird, er ist es jedenfalls nicht ausschließlich. Zeitgenossen, Geschäftspartner beschreiben ihn als verbindlich, ja charmant, charismatisch, aber knallhart beim Geschäftspoker. Den entscheidenden Beweis dafür wird er bald liefern. In einem Punkt wird Deterding jedoch falschliegen und diese Fehleinschätzung wird ihn während seines weiteren Lebens begleiten: »Running a country is the same like running a business.«

Wenn er unter »business« verstehen würde, als Kapitän einen Dreimaster zu befehligen, der binnen Minuten in einen schweren Sturm geraten kann, läge Deterding richtig, aber das meint er nicht. »Business« ist für ihn die Dominanz einer Minderheit, die für den Beruf alles hergibt. Demokratie sei dagegen allenfalls Herrschaft des Durchschnitts. Nach Deterdings eigenen Erfahrungen seien nur fünf Prozent der Menschen bereit und in der Lage, Verantwortung zu übernehmen. Vordergründig mag daher sein Vergleich stimmen, wenn er feststellt: »Too often the men who run countries have never run businesses as the results of their government so painfully show.« Aber es ist eine unpolitische Sichtweise, in welcher der Spannungsbogen menschlicher Existenz, von Begabung, von Hingabe und Motivation, von Faulheit und Mittelmaß, Enttäuschung und Resignation nicht vorkommt. Bemerkenswert bleibt am Ende, wie abgerundet, wie »fertig« Deterding seine neue Aufgabe antrat. Er hatte keine Furcht, den »Giganten« im Geschäft zu begegnen, weil er von der ersten Minute an einen globalen Ansatz verfolgte. »We had no other alternative but to expand, expand, expand«, schrieb er später. Gleichzeitig trieb er die Professionalisierung im Unternehmen voran, weg vom Abenteurer und Ölsucher auf eigene Faust hin zu einer Armee von Technikern, Geologen und Analytikern, Bohrspezialisten und Ingenieuren. Intuitionen, man könnte hinzufügen auch Emotionen, blieben für ihn jedoch wichtig, machten einen Gutteil von ihm aus.

Griff nach Amerika

Deterdings erstes Jahr als Chairman von »Royal Dutch« stand ganz im Zeichen der Entdeckung großer Ölvorkommen in Texas. Es waren die ersten ernst zu nehmenden Funde außerhalb von Pennsylvania. Die Experten vermuteten, dass der gewaltigen Fontäne bei Spindeltop 50 Barrel Öl pro Tag entweichen könnten, tatsächlich wurden es 75 000 binnen 24 Stunden! Alle Strategien über Marktbeherrschung bzw. über die Zukunft der miteinander konkurrierenden großen Marktteilnehmer waren über den Haufen geworfen. Vor allem für Marcus Samuel ergaben sich nun formidable Aussichten: Hauptkonkurrent Standard Oil war in Texas unbeliebt, in zahllose Rechtsstreitigkeiten verstrickt. Und – von unschätzbarem Vorteil für das auf Transport spezialisierte Unternehmen – der riesige Ölfund lag in der Nähe des Golfs von Mexiko. Die Tankerflotte von Marcus konnte zum Abtransport des Öls somit unter optimalen Bedingungen eingesetzt werden. Die neue strategische Lage für die sich belauernden Konkurrenten am Ölmarkt führte zu Sondierungen zwischen Shell und Standard Oil. Zur gleichen Zeit fädelte der Schiffsmakler Fred Lane, der eine wichtige Rolle beim Bau der Schiffe für die Samuels gespielt hatte, erneut Kontakte zwischen Shell und Royal Dutch ein. Die Gespräche waren zu Lebzeiten von Kessler stecken geblieben. Deterding, vergleichsweise in der schwächeren Position, akzeptierte am 27. Dezember 1901 das Angebot von Marcus Samuel zu einer Zusammenarbeit. Es war ein teurer Deal für Royal Dutch und Deterding bezahlte ihn mit einem Nervenzusammenbruch, der ihn zu einer mehrwöchigen Kur in Monte Carlo zwang. Der zähe Niederländer erholte sich rasch. Und allein die Tatsache, dass er sich an der Côte d'Azur erholte, zeigte an, dass er das finanziell überschaubare Dasein eines Angestellten bereits weit hinter sich gelassen hatte. Seine Frau begleitete ihn.

Mit entsprechendem Selbstbewusstsein ausgestattet, kam es infolge der Vermittlung von Fred Lane im Januar und April 1902 zu zwei Begegnungen zwischen Deterding und Marcus Samuel, die getrost als »historisch« zu bezeichnen sind. Denn zur gleichen Zeit war Shell für das britische Empire eine Art systemrelevantes Unternehmen geworden: Marcus Samuel beriet die britische Admiralität in strategischen Fragen. Die Abschleppoperation im Suezkanal hatte sich ausgezahlt. Die Art und Weise, wie Kriegsschiffe angetrieben wurden, ob mit Kohle oder Öl, sollte sich nun zu einer der ganz großen Fragen beim bevorstehenden Rüstungswettlauf zwischen Großbritannien und dem deutschen Kaiserreich entwickeln.

Aber zunächst ging es bei den Gesprächen der Konkurrenten um eine Zusammenarbeit im Fernen Osten, im Zeichen neuer Bündniskonstellationen, welche die weltweit dominierende Seemacht mit dem maritimen Neuling Japan in einem Bündnis zusammenführten. Die im Jahre 1902 geschlossene britisch-japanische Allianz richtete sich gegen die russischen Expansionsbestrebungen im Fernen Osten und schirmte zugleich China vom Konkurrenten ab. Deterding und Sir Marcus Samuel, Angehöriger der britischen Elite, 13 Jahre älter als der Niederländer, der auch nicht gerade unter mangelndem Selbstbewusstsein litt, einigten sich überraschenderweise. Den Vorsitz in der gemeinsamen Vertriebsgesellschaft übernahm Marcus, ein Instinktmensch, die Leitung des Tagesgeschäfts Deterding, der Mann der Zahlen.

Aber Deterding dachte schon weiter. Im gleichen Jahr erfolgte der Sprung nach Deutschland mit der Gründung der Rhenania GmbH, die 1917 mit anderen Tochterfirmen in den Mineralölwerken Rhenania AG zusammengefasst wurden. Daraus ging in den 1920er-Jahren dann die Rhenania Ossag hervor. Royal Dutch/Shell hatte kurz nach der Jahrhundertwende die erste eigene Raffinerie in Rotterdam errichtet und ein Jahr später in Düsseldorf einen Standort für die Herstellung von Gasolin geschaffen. In einem boomenden europäischen Markt kam es schon bald darauf zu einem Interessenausgleich zwischen Royal Dutch/Shell bzw. Rhenania und Standard Oil.

Schon früh gingen die Kontakte Deterdings zu seinen deutschen Mitarbeitern und wichtigsten Ansprechpartnern über professionelle Verbindungen hinaus. Es entstanden Männerfreundschaften, z.B. mit Wilhelm Rudeloff und von Stauss. Rudeloff kannte sich im asiatischen Ölgeschäft aus. Er war seit 1888 in Hongkong tätig – hatte also einen ähnlichen Erfahrungshorizont wie Deterding – und wurde von Marcus Samuel zum Generalagenten des Konzerns für Hamburg, 1903 für ganz Deutschland ernannt. In Ludwigshafen, in Hamburg-Harburg und in Berlin ließ der Konzern später richtungsweisende Verwaltungsgebäude errichten. Derweilen sammelte der Niederländer Ölkonzessionen in Europa ein, vor allem in Rumänien, wo sich die Deutsche Bank bereits engagiert hatte. Dank des Kontaktes zu Lane – einer der wenigen Menschen, die Deterding professionell sehr, sehr hoch einschätzte, war es zu Sondierungen mit der Pariser Rothschild-Bank gekommen. Damit ist schon in diesem frühen Stadium von Deterdings Karriere festzuhalten, dass er sich in der jüdisch geprägten Finanzwelt von London und Paris bewegte, dass er es zeitlebens mit hoch talentierten Repräsentanten des damaligen europäischen Geldadels zu tun hatte. Hinsichtlich ihrer Lebensführung wurden sie nun seine Vorbilder. Er eiferte ihnen nach – sofern er dies konnte und auch wollte.

Deterding machte also Druck, er wollte mit seinem Unternehmen wachsen, um nicht von der Konkurrenz geschluckt zu werden. Und wieder verhalfen ihm günstige Umstände zu einem überraschenden Erfolg. Für Marcus Samuel hatte es Probleme im Suezkanal gegeben, eine Tanker-Havarie mit harten Auflagen der Suezkanal-Behörden. Die Unternehmensprofite hatten deutlich nachgelassen, der Ölpreis war gefallen und die Zusammenarbeit mit der British Navy hatte sich nicht so entwickelt, wie Marcus gehofft hatte. Zudem war Marcus durch sein politisches Engagement in London – er strebte den Posten des Lord Mayor an – zeitlich stark gebunden. Als Deterding den Entwurf eines Vertrages mit der Rothschild-Bank auf den Tisch legte, vermittelt durch Fred Lane, willigte Marcus ein.

Die Gründung der APC

Noch war es für einen förmlichen Zusammenschluss nicht so weit, aber Royal Dutch und Shell Transport näherten sich einander mit der Gründung der Asiatic Petroleum Company (APC) an. Die Bank, Deterdings Unternehmen und Shell wurden gleichberechtigte Partner. Man residierte in der Londoner Leadenhall Street. Möglicherweise hatte Deterding eine Schwachstelle beim Londoner Konkurrenten erkannt, die sich auch schon früher gezeigt hatte: Die gewaltige Tankerflotte brauchte Beschäftigung, sie war konjunkturabhängig.

Dagegen war sich der Niederländer wohl sicher, dass seine Zukunft in der Entdeckung riesiger Ölfelder und ihrer Ausbeutung lag. Aber noch waren Royal Dutch und Shell Konkurrenten, sie arbeiteten nur in Ostasien wirklich zusammen. Die Wettbewerbssituation zeigte sich daran, dass Deterding beim Geschäft nicht auf die Tankerflotte von Marcus zurückgriff, sondern billigere Schiffe der Konkurrenz charterte.

Es ging mit Shell Transport weiter bergab, das Unternehmen zahlte 1904 keine Dividende, während Deterding zum Liebling der Aktionäre seines Unternehmens avancierte, das eine 50-prozentige Dividende hinblätterte. Zu den wenigen guten Nachrichten in diesem Jahr gehörte die Einführung des Markenzeichens, die Shell-Muschel, die bis zum heutigen Tag das von Weitem sichtbare Kennzeichen der Shell-Tankstellen ist. 1906 spitzte sich die Lage für Shell zu, vor der Samuel seinen Bruder Marcus in einem dramatischen Vieraugengespräch Jahre zuvor gewarnt hatte und schließlich aus dem Unternehmen ausgeschieden war. Um die Liquiditätsengpässe zu überwinden, verkaufte Marcus Teile seines Tafelsilbers, darunter seine modernsten sechs Tanker, an die Deutsche Bank.

Im Winter 1905/6 kam es zum entscheidenden Duell zwischen Marcus und Deterding. Marcus hatte den Konkurrenten lange Zeit nicht wirklich ernst genommen, er war schließlich der deutlich Größere. Einigermaßen verwundert musste er zur Kenntnis nehmen, dass ihn ein kleiner, untersetzter, jedoch sehr energischer Mann unter Druck setzte. Zeitgenossen schildern Deterding als einen Menschen, der gern lachte, dabei seine Zähne zeigte und mit seinen großen, offenen Augen eine erstaunliche Wirkung auf Menschen hatte. Der gut aussehende Mann hinterließ bei jedermann, mit dem er in Kontakt kam, wie Daniel Yergin schreibt, »einen kraftvollen und zwingenden Eindruck«. Ein »unwiderstehlicher Magnetismus« habe ihn umstrahlt sowie ein »beinahe aggressiver

Charme«. Beides setzte Deterding nun ein, um zum Ziel zu kommen. Ein zweiter Platz reichte ihm nie. Mit Kusshand hätte der Niederländer noch Jahre zuvor in einen Zusammenschluss der beiden Unternehmen auf der Basis von 50:50 eingewilligt. Aber dafür war es nun zu spät. Die Shell-Aktien hatten zwei Drittel ihres Höchstwertes verloren.

60:40

Deterding bestand auf einem Verhältnis von 60:40. Und es sollte einige Zeit dauern, bis Marcus und seinen Kollegen klar wurde, dass es zu Deterdings Angebot keine Alternative gab. Vergeblich hatte er damit argumentiert, dass das Shell-Eigentum und die Aktien nicht in die Hände von Ausländern gelangen dürften.

Es kam nun zu einem erbittert geführten Endkampf, bei dem Deterding den Konkurrenten im Zeitraum mehrerer Monate unbarmherzig in die Enge trieb. Es ging um die Aufteilung der Profite, die im ersten Schritt zu gleichen Teilen an Marcus wie an Deterding gehen sollten. Deterding halbierte den Gestaltungsrahmen. Als Marcus nicht beidrehte, verschlechterte Deterding das Angebot und bot eine 60:40-prozentige Aufteilung auf die ersten 300 000 Pfund des Gewinnes an, gefolgt von einer 65:35-Lösung. Marcus wand sich, forderte eine fifty-fifty-Lösung für die ersten 100 000 Pfund, danach eine 60:40-Aufteilung. Deterding schüttelte den Kopf, war nur bereit, die ersten 50 000 Pfund vom Gewinn pro Jahr dem Konkurrenten zu überlassen, bevor nur ein Schilling an Royal Dutch gehen würde. Es sah nun nach einer Einigung aus, aber der Niederländer warnte: Noch habe der Aufsichtsrat der Vereinbarung nicht zugestimmt. Sie könne wegen ihrer »extreme conditions« scheitern. (Alle Beträge in

Pfund müssen fortan mit dem Faktor 45 bis 50 multipliziert werden, um auf den heutigen Betrag in Euro zu kommen.)

Die Spannung nahm nun zu, Ende April 1906 verließ Marcus den Verhandlungstisch unter Billigung seines Vorstandes. Deterding hatte seine Forderungen heraufgeschraubt. Aber wenige Tage später sprach man wieder miteinander. Der Niederländer ließ den zappelnden Gegner ein wenig vom Haken, er gestattete ihm eine Gesichtswahrung, indem er sich bereit erklärte, 25 Prozent der Shell-Aktien zu erwerben und sie ohne Genehmigung nicht zu verkaufen. Deterding kehrte von den Verhandlungen nach Den Haag zurück. Es gab keinen neuen Verhandlungsstand. Beim Showdown entfuhr Deterding ein Satz großer Strenge und Unerbittlichkeit: »Ich bin momentan in generöser Stimmung. Ich habe Ihnen dieses Angebot gemacht. Sollten Sie den Raum verlassen, ohne es anzunehmen, ist die Offerte vom Tisch.« Marcus akzeptierte, der Gang zurück zum Tisch war der schwerste seines Lebens. Der mittlerweile 40-jährige Deterding, soviel lässt sich sagen, hatte in den Jahren, in denen er in Penang und anderswo mit Chinesen und Indern verhandelte, viel gelernt.

In der englischsprachigen Literatur wird man Mühe haben, einen Hinweis auf die britisch-niederländische Fusion im Verhältnis von 60:40 zu finden. Das stolze Empire muss den Coup von Deterding als Schmach empfunden haben. Die einzige »Strafe« für Deterding bestand darin, dass als gemeinsamer Firmensitz London festgelegt wurde und er am Vorabend des Ersten Weltkriegs ein Büro an der Adresse St. Helen's Court bezog. Die Wand hinter dem Schreibtisch des Niederländers schmückte das Gemälde über eine große Seeschlacht, bei der die Niederländer über die Briten siegten.

Royal Dutch/Shell

1907 entstanden somit zwei getrennt voneinander operierende Holding-Gesellschaften, in denen das Vermögen beider Firmen eingebracht wurde: die Bataafsche Petroleum Maatschappij mit dem Firmensitz Den Haag – zuständig für die Ölfelder – und die Anglo-Saxon Petroleum Company mit Sitz in London. Sie hatte die Verantwortung für Transport, Lagerung, Verteilung und Ähnliches. Man operierte also getrennt voneinander, verfolgte jedoch gemeinsame Interessen, teilte das Risiko zu den von Deterding erzwungenen Bedingungen. Marcus nahm sich eine Auszeit, erwarb eine Segeljacht und kehrte erst nach einigen Monaten an den Schreibtisch zurück. Bei der Zusammenarbeit fanden beide Sportsmänner einen Modus Vivendi. Sie verhielten sich loyal zueinander. Auch nach außen hin verschoben sich die Gewichte zwischen Deterding und Marcus nun erkennbar: Marcus blieb Vorstandsvorsitzender der »Gruppe« (group), wie sie schon bald darauf hieß, und Deterding behielt den Rang des Managing Director bei Royal Dutch, wurde aber auch einer der Direktoren von Shell. Der wichtigste Mann hinter ihm war Hugo Loudon, ein niederländischer Ingenieur, der Deterding den Kopf gerettet hatte, als in Sumatra die wichtigste Ölquelle versiegte. Von dem neuen Führunsgquartett war er der Einzige, der im Haag blieb. Dritter Managing Director wurde der Rechtsanwalt Arnold Jacob Cohen Stewart, der vierte war Robert Waley Cohen. Cohen entstammte einer alten britisch-jüdischen Familie und hatte an der Universität Cambridge sein Diplom im Fach Chemie gemacht. Bei der Verflechtung der einzelnen Unternehmensteile spielte er nun eine wichtige Rolle. Das vereinigte Kapital betrug knapp 21,4 Millionen englische Pfund. Entgegen den Annahmen von Marcus entschieden sich die Aktienbesitzer mit überwältigender Mehrheit für den

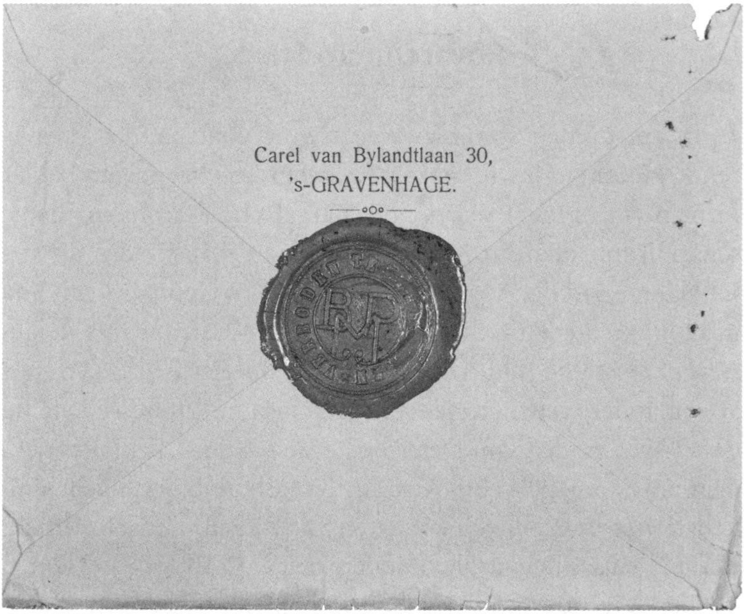

Siegel Gründungsdokument Royal Dutch/Shell

Deal, sodass der Beschluss der Vorstände perfekt war. Noch im gleichen Jahr trat Deterding seine erste USA-Reise an.

Aus den dramatischen Verhandlungen mit Marcus Samuel zog Deterding zwei Schlüsse, die ihm sein väterlicher Freund Vanderbyll bereits vermittelt hatte: Der Faktor Mensch (!) spiele bei Geschäften immer eine wichtige Rolle. Man dürfe daher den Konkurrenten nicht an die Wand quetschen. Zweitens spiele der Geldwert die entscheidende Rolle. Man müsse genau wissen, wie es um ihn im eigenen wie im zu fusionierenden Unternehmen bestellt sei. Genau dies hatte Deterding beim Konkurrenten getan. Er wusste genau, wo Shell Geld verloren und wo er mit seinem Angebot anzusetzen hatte. Verlustbringende Teile von Marcus Samuels' Imperium schloss es nicht ein. Am 1. Januar 1907 kam es zum Zusammenschluss.

Mit einem klugen Schachzug sorgte Deterding, der den Ruf eines gelegentlichen Cholerikers hatte, für einen guten Team Spirit im Führungsteam. Die Bezüge wurden gepoolt, Deterding bekam 33 ⅓ Drittel Prozent, zwei Kollegen 20 Prozent, der vierte den Rest. Noch schrieb er Entschuldigungsbriefe, wenn er zu weit gegangen war. Zu diesem Zeitpunkt kann man von einer geradezu modernen Unternehmensführung sprechen. Es gab wenig Hierarchie, weil der Apparat mit der Dynamik des Wachstums nicht Schritt halten konnte. Stattdessen zählten persönliche Autorität und Argumente, die zugelassen und respektiert wurden. Die Unternehmenskultur, die Kessler geschaffen hatte, wirkte weiter.

Anfang 1907 stand das Leben von Deterding, der gerade zum großen Sprung ansetzte, unter einem doppelt glücklichen Stern. Am 21. Februar sank das Passagierschiff *Berlin* in rauer See auf dem Weg von England nach Hoek van Holland. 128 Menschen ertranken. Zu denen, die ursprünglich auf der Passagierliste gestanden hatten, gehörte Deterding. Sein Gepäck befand sich bereits auf dem Weg zu einem Londoner Bahnhof, von wo es weiter befördert werden sollte. Plötzlich klingelte das Telefon, am Apparat Deterdings Frau. Von einer bösen Ahnung geplagt, beschwor sie ihren Mann, nicht zu fahren. Ein wenig widerwillig folgte Deterding ihrem Rat und trat seine Reise erst am folgenden Tag an. Auch er war kein durchgängig rational agierender, aufgrund von präzisen Informationen handelnder Mensch. Auch Deterding folgte Instinkten, interessanterweise gerade im Ölgeschäft. Mitunter beharrte er auf Zahlen, die nicht stimmten, aber ein Herrschaftsmittel waren. Sein Umfeld lernte mit der Zeit, wie er am besten zu behandeln war.

Vielleicht hatte es mit dem rettenden Telefonat mit seiner Frau zu tun, dass er im gleichen Jahr eine Farm in England erwarb. Zu den weiteren Besitzungen in Großbritannien gehörten ein Jagdhaus, ein Apartment in der Londoner Park

Lane, Kelling Hall, ein eindrucksvoller Besitz in der Marschlandschaft von Norfolk, sowie der Landsitz Buckhurst Park in Berkshire in der Nähe von Windsor und Ascot, also in königlicher Nachbarschaft. Der Niederländer schloss damit zu Marcus Samuel auf, den er hinsichtlich seines Drangs zu gesellschaftlichem Aufstieg und Akzeptanz in der britischen Oberschicht bis dahin belächelt hatte. Auch Deterdings privates Leben nahm nun binnen weniger Jahre geradezu rauschhafte Züge an, aber sein Reichtum hatte vorläufig noch europäische Dimensionen und Ausmaße. Er wurde ein englischer Landedelmann.

Schon im gleichen Jahr war die Twin-Unternehmung schuldenfrei und es setzten Dividenden-Zahlungen ein, welche die Aktienbesitzer begeisterten: 1907: 15 Prozent, 1908: 20 Prozent – und damit auf einem Level, auf dem sie auch in den folgenden Jahren verblieben. Innerhalb von vier Jahren hatte sich das Royal Dutch Investment bei Shell mehr als ausgezahlt, der Wert hatte sich mehr als verdreifacht. Die sprudelnden Gewinne hingen auf das Engste mit einer Entwicklung im Ölgeschäft zusammen, die weg vom Kerosin zum Benzin führte. Denn nun setzte der Siegeszug des Automobils und vieler anderer Maschinen und Produkte ein, die mit Ölderivaten betrieben wurden. Die Zeiten, in denen relativ überschaubare Mengen von Öl, oft in sehr schlechter Qualität, als Lichtquelle für trübe Lampen und als Heizung gedient hatten, waren vorbei.

Standard Oil begriff den Zusammenschluss der Europäer als eine Kriegserklärung. Deterding nahm sie an und entschied sich für die Kampfstätte China. Rockefeller hatte diesen Markt mit 400 Millionen potenziellen Verbrauchern lange Zeit beherrscht, nachdem er die russischen Lieferanten verdrängt hatte. Um die Chinesen an sich zu binden und den Konsum zu steigern, hatten die Amerikaner Millionen von Petroleumlampen verschenkt oder zu Billigpreisen verkauft. Royal Dutch/Shell ging nun in diesen Markt hinein, war günstiger, weil besser aufgestellt als der Konkurrent, und konnte den geografischen Vorteil nutzen. Denn die eigenen Ölfelder lagen nahe am riesigen chinesischen Markt. Die Amerikaner reagierten mit Dumpingpreisen, verkauften das Öl weiter unter Wert, aber Deterding zog mit.

Auf einer mehrmonatigen Weltreise in Begleitung seiner Frau im Jahre 1908 kamen Vergangenheit und Zukunft des großen Mannes zusammen. Deterding kehrte an die Schauplätze seiner Jugend zurück, hielt sich auf Sumatra und auf Borneo auf. Er traf dort mit einem niederländischen General zusammen, der den Aufstand in der Provinz Aceh endgültig niedergeschlagen hatte. Über Hongkong, Shanghai und Japan reiste die kleine Reisegesellschaft, zu der auch die beiden Söhne von Kessler gehörten, nach San Francisco. Im Privatabteil eines Zuges durchquerte Deterding auf einer einwöchigen Tour die USA, erfasste mehr denn je die Möglichkeiten, die sich seinem Unternehmen in diesem riesigen Land der westlichen Hemisphäre boten. Den Abschluss der Reise bildete New York. Diese Weltreise ist optisch durch den Kessler-Sohn Dolph sehr gut dokumentiert. Der begabte Fotograf und Sekretär Deterdings verließ das Unternehmen im Jahre 1915. Für den am Thema »Öl« besonders Interessierten empfiehlt es sich, den ersten Band der vierbändigen Shell-Geschichte durchzublättern, die mit eindrucksvollen Fotos, Karten, Statistiken und Dokumenten aller Art das Zeitalter Deterdings optisch begleitet. Auf der *Lusitania* kehrte Deterding nach Europa zurück. 1915 wurde das Schiff von einem deutschen U-Boot versenkt. Über 1000 Menschen kamen ums Leben.

25-jähriges Unternehmens-Jubiläum
Von links nach rechts: Johannes Luden, August Philips, Josef Theodor Erb, Hugo Loudon, Bonifacius Cornelis de Jonge, Abraham Capadose, Henri Deterding, Jan Willem IJzerman, Cornelis Johannes Carel van Aalst, Johan Egbert Frederik de Kok, Hendrikus Colijn

Aliens

Die Erfolgsgeschichte des patriotisch gesinnten britisch-jüdischen Unternehmers Marcus Samuel und des »Alien« Deterding wurde in britischen Wirtschaftskreisen misstrauisch verfolgt. Ähnlich wie in Deutschland nach dem Börsen-Crash des Jahres 1875 gab es in Großbritannien einen tief sitzenden Antisemitismus. Auch in politischen Kreisen galten die Samuel-Brüder nicht als »true Englishmen«. War es nicht gefährlich, so hieß es in der City und in Westminster, ein Weltunternehmen mit wachsender strategischer Bedeutung in »ausländischen Händen« zu belassen, zumal die französische Rothschild-Bank nun den Expansionskurs von Royal Dutch/Shell mitfinanzierte? Musste nicht alles versucht werden, es zu einem britischen Weltunternehmen zu machen? Deterding dürften diese Bedenken bei den Banketten und Dinners, zu denen er in London nun eingeladen wurde, nicht entgangen sein. Auch aus diesem Grund hatte er die Londoner Geschäftsstelle als politisches Liaison-Office eingerichtet. Royal Dutch/Shell sollte »englisch« aussehen. Er begann, an seiner »Britishness« zu arbeiten, kleidete sich wie ein englischer Gentleman, sprach ausgezeichnetes Englisch mit leichtem niederländischen Akzent und jagte Moorhühner.

Seit 1906 begann sich auch die politische Wetterlage allmählich umzustellen. Im Zuge der *Daily-Telegraph*-Affäre schlug im gleichen Jahr das bis dahin deutschlandfreundliche Klima um. Berlin wurde als potenziell gefährlicher Gegner ausgemacht, aus den Deutschen wurden »Hunnen«. Es schien sich nun zu bewahrheiten, was der britische Premier Disraeli 1871 nach der deutschen Reichsgründung konstatiert hatte: dass dieser Vorgang größer und bedeutender sei als die Französische Revolution. Auch auf diesen Umschlag in der öffentlichen Meinung hatten Marcus und Deterding

Rücksicht zu nehmen. Ihre Söhne dienten in der britischen Armee. Ein bis dahin unbekannter »Jingoismus«, ein »Großbritannien, Großbritannien über alles«, breitete sich im Lande aus.

Mit einem schwindelerregenden Tempo ging Deterding in diesen Jahren in neue Märkte hinein. 1906 begann die Erdöl-Produktion in Rumänien, 1908 in Ägypten, ein Jahr später in Sarawak auf Borneo. Nach dem Erfolg auf dem chinesischen Markt wagte es Deterding sogar, den großen Konkurrenten Standard Oil auf seinem Heimatmarkt zu stellen. Im Rückblick meinte er 1910: »Hätte die Standard vor drei Jahren versucht, uns auszulöschen, es wäre ihnen gelungen. Jetzt sieht die Sache anders aus.« Im gleichen Jahr kam es zu einem Treffen mit dem Konkurrenten mit dem Ziel, sich auszusöhnen. Stattdessen legten die Amerikaner das Angebot auf den Tisch, die »Royal Dutch« für 100 Millionen US-Dollar zu kaufen. Deterding lehnte mit klaren Worten ab, ein neuer Preiskrieg begann. Er wurde sowohl in Fernost, also in Borneo und in Sumatra, als auch in den USA ausgetragen. Deterding richtete eine Vertriebsorganisation an der amerikanischen Westküste ein, wo das Unternehmen Benzin aus Sumatra anlandete. Auf der anderen Seite des Kontinents, in Kalifornien, investierte Deterding in die dortige Ölförderung. Bohren war ein kostspieliges Geschäft. Fündig wurde man erst bei einer Tiefe ab 1000 Metern. Oklahoma kam bald darauf hinzu, wo gerade ein Ölboom ausgebrochen war. Als ein von Royal Dutch entsandter Mitarbeiter nach vollendetem Werk nach London zurückkehrte, schrieb Deterding an seinen niederländischen Vize: »Endlich sind wir in Amerika.« In Ostasien kam es erst im Jahre 1911 zu einer Einigung mit Standard Oil, als die chinesischen und japanischen Märkte unter den Konkurrenten aufgeteilt wurden. In den ersten Jahren nach dem Zusammenschluss war der Level der Ölförderung relativ konstant, aber nun ging es nach oben. Zwischen 1909 und 1913 verdreifachte Royal Dutch/Shell die geförderte Ölmenge.

Die sich in der Weltpolitik abzeichnenden neuen Allianzen, die beginnende Isolierung und Selbstisolierung des Deutschen Kaiserreiches hatten zur Folge, dass sich Standard Oil auf dem eigenen Doppelkontinent und Royal Dutch/Shell global orientierten und weiter in teils bekannte, teils neu zu erschließende Fördergebiete vorstießen. In Europa betraf dies die Region um Baku sowie die Erdölfelder in Rumänien. Hier trafen die Standard Oil, die Royal Dutch/Shell und die Deutsche Bank aufeinander und kontrollierten schon bald darauf große Teile der dortigen Ölindustrie. Im Russland-Geschäft waren neben den Nobels vor allem die Rothschilds engagiert. Hier kam eine Persönlichkeit ins Spiel, die für Deterding als Mittler besonders wichtig werden sollte, auch in seinem Privatleben: Calouste Gulbenkian. Ein Insider urteilte Jahre später: »Entweder war Deterding ein Werkzeug Gulbenkians. Oder Gulbenkian ein Werkzeug Deterdings. Man wird es nie richtig erfahren.« Die in Lissabon residierende Gulbenkian-Stiftung hat die Anfrage, ob sie die Korrespondenz der beiden Schwergewichte aufbewahrt, ausweichend beantwortet. Was man weiß, ist, dass die beiden mitunter im täglichen Kontakt miteinander standen. Das Ölgeschäft, so lässt sich an dieser Stelle sagen, war enorm personenbezogen und damit auch ein hervorragendes Pflaster für Intrigen und für Spionage, wie sich im Falle Gulbenkian noch herausstellen wird. Es ähnelte dem Dschungel, in dem Deterding nach Öl gesucht hatte.

Auch in anderen Fällen zeigte sich Deterdings besondere Gabe, Kontakte zu Menschen aufzunehmen, die im Laufe der Zeit immer wichtiger wurden. Passte ihm jemand jedoch nicht, verbarg er seine Antipathie nicht. Als die gesamte russische Ölorganisation von Rothschild zum Verkauf stand, griff Deterding zu. Bis zur letzten Minute war unklar, ob es zu dem Deal kommen würde. Fred Lange, der »Go-between«

zwischen der Pariser Rothschild-Bank und Deterding, schrieb: »Es ist eine Gewohnheit von ihm, die Dinge so offen wie möglich zu lassen. Er sitzt darauf wie eine Eule und denkt nach, um herauszufinden, ob er schlecht abgeschnitten hat oder nicht so gut, wie er es sich vorgestellt hat, oder ob er nicht mehr herausholen kann, sodass keiner weiß, wo er steht, bis die Dinge definitiv unterschrieben sind.« Eine Mischung von »simplicity« und »hej wet alles«. Das blieb nicht ohne Konsequenzen für die Zusammenarbeit auf der Topebene. Die interne Abstimmung hielt mit dem Wachstumstempo der Gruppe nicht mit. Deterding ähnelte einem Panzeroffizier, der mit seinem Führungsfahrzeug weit vor den eigenen Spitzen operiert. Auch die cholerischen Ausbrüche wurden ab 1912 zu einem echten Problem, sodass sich Cohen Stewart und Loudon allmählich aus der Leitungsebene zurückzogen.

Je mehr die Spannungen zwischen den europäischen Großmächten zunahmen, umso deutlicher muss für Deterding geworden sein, dass er sich zu entscheiden hatte. Die heimatlichen Niederlande fielen in diesem Pokerspiel aus, sie verhielten sich politisch neutral und bauten an einer Vermittlerrolle ähnlich wie die Schweiz. Schon 1877 hatte es eine Friedenskonferenz im Haag gegeben, auf die eine weitere im Jahre 1907 folgte. Im Sommer 1913 – ein Jahr vor Beginn des Ersten Weltkriegs – nahm der Friedenspalast im Haag, heute ein internationales Strafgericht, seine Arbeit auf. Da hatte sich Deterding längst für die britische Sache entschieden. Im Herzen noch immer ein niederländischer Junge, der er zeitlebens blieb, war er nach außen ein Brite geworden. Differenzierungen waren nicht länger erlaubt. Längst war sein Unternehmen ein »big player«, der zwischen 1910 und 1914 seinen Anteil an der weltweiten Ölförderung von 3,3 Prozent auf 9,1 Prozent steigerte.

Deterding am Schreibtisch um 1914

Das große Flottenwettrüsten

Großbritannien hatte lange Zeit hingenommen, dass sich das Deutsche Kaiserreich nach dem für die Fachwelt überraschenden Sieg gegen Frankreich zur wichtigsten Territorialmacht in Europa entwickelte. Als der Kaiser und sein Admiral Tirpitz jedoch mit einem großen Flottenrüsten begannen, das tendenziell die führende Seemacht bedrohte, schlug Großbritannien zurück und baute ab 1905 größere Kriegsschiffe als der Konkurrent, die sogenannten »Dreadnoughts«. Royal Dutch/Shell wurden zur Partei, als John Fisher im Oktober zum Ersten Seelord der britischen Admiralität berufen wurde, ein Mann mit auffallenden Ähnlichkeiten zu Deterding. Beide hatten prägende Jugendjahre in Asien zugebracht. Beide erlebten eine harte Kindheit. Mit dem bald darauf einsetzenden britisch-deutschen Marine-Wettrüsten gingen beide Länder auch unterschiedliche Wege beim Schlachtschiffbau. Die Engländer bevorzugten eine leichtere Panzerung und setzten auf Schnelligkeit. Ihre Admiralität machte sich die Anregung von Deterdings Unternehmen zu eigen, beim Schiffsantrieb statt auf Kohle auf Öl zu setzen oder die Befeuerung mit Kohle in der Spitze mit Öl zu kombinieren. Als Deterding 1913 von einer »Royal Commission« in der Sache befragt wurde, war dies Indiz für den Stellenwert, den er in der politischen Klasse Großbritanniens mittlerweile besaß. Öl, so die Argumentation seines Partners Marcus, sei deutlich billiger als Kohle und hätte einen 50-prozentig höheren Energiewert. Die englische Kohle-Lobby hörte ein solches Argument nur ungern, denn in den Revieren des Landes, vor allem in Wales, gab es seit Langem soziale Spannungen. Ein Rückgang der Fördermengen und neue innenpolitische Konflikte waren das Letzte, was das Empire am Vorabend des Ersten Weltkriegs brauchte.

Das Vertrauensverhältnis, das zwischen Marcus, Deterding und Fisher entstanden war, ohne dass Fisher seine Kollegen von der Bedeutung des neuen Antriebs überzeugt hatte, zahlte sich am Vorabend des Ersten Weltkriegs aus. Kurz nach der Krise um Agadir, welche die Deutschen noch weiter isolierte, wurde Winston Churchill zum Ersten Lord der Admiralität berufen. Einer der ersten Schritte, die er unternahm, war, den mittlerweile pensionierten Fisher als Berater zu engagieren. Spätestens jetzt war Deterding wieder im Spiel, den Churchill nach anfänglicher Skepsis zu schätzen lernte. Typenmäßig passten auch diese beiden zueinander. Irgendwie traute der Instinktpolitiker dem Niederländer zu, im Kriegsfall für ausreichende Mengen von Öl auf der Insel zu sorgen. Fisher schrieb Churchill geradezu euphorisch, Deterding sei »Napoleon und Cromwell in einem. Er ist der größte Mann, dem ich je begegnet bin ... napoleonisch in seinem Wagemut; cromwellianisch in seiner Kompromisslosigkeit ... Umwerben Sie ihn, drohen Sie ihm nicht! Machen Sie für den Kriegsfall mit ihm einen Vertrag ...« Deterding sollte Wort halten wie Samuel auch, der das Zusammenspiel mit der Navy eingeleitet hatte. Großbritannien überstand den deutschen U-Boot-Krieg und ging aus der einzigen großen Seeschlacht mit dem Kaiserreich mit einem Remis hervor.

Wenige Wochen vor Kriegsbeginn zog Deterding mit seinem Unternehmen an die Adresse St. Helen's Court um. Das benachbarte Gebäude war der Büroturm von Standard Oil, ein Zufall. Im Juli 1914 glaubte niemand an den großen Krieg, auch Deterding nicht. Gegen Deutschland und Österreich in den Krieg zu ziehen, sei in der City »sehr, sehr unpopulär«, schrieb er. Sollte es zu einer militärischen Auseinandersetzung kommen, werde sie so »erbittert sein, dass die ganze Geschichte in einem Monat vorüber ist«[4]. In den Schicksalstagen des Kontinents reiste Deterding nach Berlin, um Verhandlungen mit Emanuel Nobel zu führen, dem schwedischen Ölmagnaten. Deterding hatte sich schon seit Jahren darum bemüht, einen persönlichen Kontakt zu den Nobels herzustellen, die das größte europäische Ölunternehmen aufgebaut hatten und nun an die nächste Generation weitergaben. Direkt nach dem Weihnachtsfest 1912 war Deterding mit seiner Familie nach Stockholm gereist, um Kooperationsmöglichkeiten zu erkunden. Fred Lane, sein Freund, half ihm dabei.

Deterding war nun ein Sterling-Millionär. Passte auf ihn die Definition von Andrew Carnegie, wonach ein Millionär selten lache? Marcus Samuels beide Söhne Walter und Gerald wurden Soldaten, Gerald fiel, Walter wurde mit dem »Military Cross« dekoriert, der dritthöchsten militärischen Auszeichnung Großbritanniens. Als 2. Viscount Bearsted übernahm er später eine Führungsrolle im Konzern und war bei der Trauerfeier für Deterding in London im Februar 1939 zugegen. Auch Deterdings ältester Sohn Henry diente gegen Kriegsende in der Armee. Der tief sitzende Antisemitismus in der britischen Elite zeigte sich, als Waley Cohen mitten im Krieg vorübergehend ein Besuchsverbot für das Foreign Office erhielt. Wenige Monate später, als es lichterloh brannte, war er der Liebling des War Office.

Privat traf Deterding im Frühjahr 1916 ein schwerer Schlag. Catherine, seine Ehefrau, starb im Alter von nur 44 Jahren, kaum dass das Paar den prächtigen Besitz in Norfolk mit Blick auf die Nordsee bezogen hatte.

Anmerkungen

1 Zu diesem Kapitel vgl. Jost Jonker/Jan Luiten van Zanden (Hg.): From Challenge to Joint Industry Leader, 1890–1939. A History of Royal Dutch Shell. Oxford 2007, fortan Shell-Geschichte; Hendrix, passim; Yergin, passim, Howarth, A Century in Oil, passim.
2 Upton Sinclair: Petroleum. Ein Roman. Berlin 1927, S. 513 f.
3 Vgl. Volker R. Berghahn: Der Tirpitz-Plan. Düsseldorf 1971.
4 Zitiert nach Hendrix, S. 140.

6
Öl und Weltpolitik

Das Machtvakuum

Die Welt war eine andere geworden, als sich zu Beginn der 1920er-Jahre der Staub über den Gräben des Ersten Weltkriegs lichtete und die Folgen eines Epochenbruchs sichtbar wurden. Von den fünf Mitgliedern der Pentarchie, also des Machtsystems, das sich nach dem Krimkrieg ein Dreivierteljahrhundert zuvor herausgebildet hatte, existierten mit Österreich-Ungarn und dem Osmanischen Reich zwei nicht mehr. Die Zukunft Russlands war offen, die Deutschlands ebenso. Mehr als 10 Jahre wartete die Staatengemeinschaft ab, bis feststand, dass der große Unruheherd Sowjetunion fortbestehen würde.

Die westlichen Demokratien arrangierten sich nach einigem Hin und Her mit der neuen Lage, Deutschland vorübergehend auch. Aber es war ein permanenter Systemkonflikt ausgebrochen, ähnlich dem revolutionären Frankreich im 19. Jahrhundert, jedoch dieses Mal weitaus gefährlicher. Große Teile Afrikas, Asiens und Australiens verharrten weiterhin, immer deutlicher murrend, in ihrem Kolonialstatus. Der amerikanische Doppelkontinent war ungeachtet der Deterding'schen Erfolge gegen den Konkurrenten Standard Oil«eine »chasse gardée« der USA.

Das vielerorts entstandene Machtvakuum wurde noch einmal zur Stunde der Strategen – weniger von Militärs als von Unternehmern wie Deterding, welche die Situation schwach entwickelter »Staatlichkeit« zu nutzen wussten. Sie hatten im Krieg erkannt, dass fortan ein riesiger Bedarf an Öl herrschen würde, denn die beteiligten Armeen waren vom Pferd auf das Fahrzeug mit mobilem Verbrennungsmotor umgestiegen.

Binnen kürzester Zeit waren ein »Wilder Osten« und ein neu zu bewertender Naher Osten mit seinen sprudelnden Ölfontänen entstanden, in dem die Förderrechte verteilt wurden. Deutschland als Kriegsverlierer war weitgehend aus dem Spiel. Übertragen auf heutige Verhältnisse saß Deterding ab 1919 in einem riesigen »Emergency Room« in London, umgeben von ca. 2000 Mitarbeitern. Vor sich eine Batterie von Telefonapparaten, im Minutentakt quasi auf eine elektronische Tafel schauend, dirigierte er das Unternehmen bei seinem Tagesgeschäft. Er sah bildlich gesprochen die fünf Erdteile, wo viele Lämpchen blinkten und rot markierte Ströme Lieferwege anzeigten, die hierhin wanderten, sich zu Knotenpunkten vereinigten und dort versiegten. Deterdings Biograf Glyn Roberts zufolge erhielt der Niederländer an jedem Tag Nachrichten von den wichtigsten Außenposten, Produktionszahlen, Informationen über Tankerbewegungen, Entwicklungen bei den Preisen, Neuigkeiten über die Aktivitäten der wichtigsten Rivalen, Bewegungen an den Börsenplätzen und Hintergrundinformationen zur politischen Lage, zu den allgemeinen Trends. Ganz wichtig waren Gerüchte, auch für ihn.[1]

In Deterdings Büro

Zeitzeugen, die Deterding bei der Arbeit antrafen, berichteten von der Modernität seiner Räumlichkeiten. Sie waren von den anderen Teilen des Verwaltungsgebäudes of Bishop's gate nicht abgeschottet. Sein Büro wies lediglich ein einziges persönliches Signet des Nutzers auf, ein großes Gemälde über eine Seeschlacht. Es zeigte das Eindringen der Armada von

Admiral de Ruyter in die Themsemündung, den Triumph des Außenseiters über den Giganten in der Viertageschlacht vom Juni 1666. Die im Vordergrund dahinsegelnde niederländische Galeone trug mit Orange, Weiß und Blau die Farben des Vaterlandes und – Sinnbild für die Umsicht des hier Arbeitenden – das Londoner Stadtwappen. Deterdings Modernität zeigte sich auch an anderer Stelle, bei den Bürobauten von Shell, die um 1930 z.B. mit dem Shell Mex House in London, in Berlin und in San Francisco entstanden. Tragen sie die Handschrift des Niederländers? Vermutlich ja!

Also Reduktion auf das Wesentliche, Entscheidende, zum Kern einer Fragestellung vorstoßen – Simplicity und Tempo. Wie lange hält man eine solche Höchstbelastung aus – 30 Jahre? Welche Folgen hat das Leben in Äquatornähe? Warnzeichen, wie einen Kuraufenthalt in Vichy im August 1919 aufgrund von Erschöpfung, schien der robuste Mann wegzuschieben. In Europa war Deterding nun häufig unterwegs, hinzu kamen gelegentliche Reisen nach New York. Wo immer er ankam, ob in Europa oder in den USA, immer wartete ein Rudel von Reportern auf ihn. Nahe ließ Deterding sie nicht an sich heran. Er bestimmte das Menu, er kontrollierte bis zum Beginn der 1930er-Jahre so gut wie alles, was über ihn geschrieben wurde. Anders als heute äußerte man sich nicht, gestattete nicht einmal Homestorys, sondern allenfalls royale Szenen. Besonders sehnsüchtig scheint Deterding auf den Monat Mai gewartet zu haben, den er in der niederländischen Heimat verbrachte, um in Ruhe den Jahresbericht für Royal Dutch/Shell zu schreiben.

Die Modernität im Denken des »Öl-Napoleons« zeigte sich auch in der Ausstattung und Gestaltung seines Büros, kein Halbdunkel, keine schweren Ledersofas, sondern Helligkeit in einem Raum, der von einem halbkreisförmig angeordneten Schreibtisch dominiert wurde. Er sei für jedermann zugänglich, berichtete Deterding einmal einer Besuchergruppe. Ver-

Marmorrelief in der Londoner Zentrale (heute im Besitz von Enkel Henri)

schlüsselte, geheime Telefonapparate gebe es bei ihm nicht, was der in der Regel kritische Biograf Roberts ihm abnahm, um jedoch ironisch hinzuzufügen: »He should not need any more.« In der Tat, echte Gegner im Konzern hatte Deterding nun nicht mehr zu befürchten. »Deterding war eine Herrschernatur«, lautet denn auch das Urteil eines Kenners. Gelang es Deterding, Günstlinge von sich fern zu halten, Menschen, die ihm nach dem Mund redeten oder sich Vorteile von ihm erhofften? Bemerkte er, dass es zunehmend um ihn einsam wurde, weil kaum jemand ihm widersprach? Wenn es geschah, reagierte Deterding mit wachsendem Jähzorn, in späteren Jahren mit der Drohung zurückzutreten.

Ein eindimensionaler Mensch, als der er mitunter beschrieben wurde, war Deterding nicht. Daher erstaunt das Urteil des niederländischen Historikers Carel Gerretson, dem hohe Glaubwürdigkeit attestiert wird, weil er der Chronist der Royal Dutch war und als »langjähriger Privatsekretär« von Deterding geführt wird. Gerretson wird mit den Worten zitiert: »Nun zielte Deterding nicht auf etwas Höheres und Großes ab: dem öffentlichen Wohl zu dienen, eine neue Wirtschaftsordnung zu schaffen, einen mächtigen Handelskonzern aufzubauen. Seine Absicht war die eines jeden Kaufmanns, groß oder klein – etwas extrem Nüchternes: Geld zu verdienen.«

Wer ist Henri Deterding?

Die Skizzierung des ehemaligen CEO von Royal Dutch/Shell ist erstaunlich flach, ohne Kenntnis der Person und erstaunlich wirtschaftsfern. Gerretson, 18 Jahre jünger als Deterding, war ein bekennender Nationalist und Professor für Kolonialgeschichte. Er war auch politisch aktiv und changierte zwischen konservativen und faschistischen Positionen. Wie der Franzose Bérenger kannte er sich in der Ölbranche aus, war wie er ein erfolgreicher Dichter und somit das ziemlich genaue Gegenteil von Deterding. Sein Job als Chronist bei der Royal Dutch/Shell war vermutlich eine mit der Politik zusammenhängende Sinekure. Ihn als Privatsekretär von Deterding zu bezeichnen ist schlichter Unfug. Dass Deterding ihm vertraute, dass er ihn nahe an sich herankommen ließ, ist unwahrscheinlich, auch wegen der sehr unterschiedlichen Charaktere. Der »Fall Gerretson« ist nur eines von vielen Beispielen für die ungeprüfte Übernahme von Einschätzungen zur Person Deterding, aber ein sehr wichtiges. Die meisten Autoren, die über Deterding geschrieben haben, übernahmen Gerretsons Version oder ließen seine Bewertung in die Beschreibung der Persönlichkeit einfließen.

Wenn es einen Privatsekretär von Deterding gab, dann war es der frühere Marineoffizier James Marnix de Booy, der ihm viele Jahre lang als persönlicher Referent diente, bevor er Managementaufgaben im Unternehmen in Rumänien und in Venezuela übernahm, später in den USA. Nach Deterdings Abschied rückte er auf in das neue Triumvirat, zu dem neben Johan Egbert Frederik »Frits« de Kok der USA-Fachmann Jan Carel van Panthaleon Baron van Eck gehörte. Van Eck hatte das Amerikageschäft des Unternehmens begründet. De Booy, nun für knapp vier Jahre Managing Director der Royal Dutch/Shell, erwies seinem Land und seinem Unternehmen die größte Ehre, als er nach der Besetzung der Niederlande durch Hitler-Deutschland ins Londoner Exil ging und von dort aus als Marineminister wirkte. Die USA ehrten ihn mit der selten vergebenen »Medal of Freedom«. Als die Bundesrepublik 1949 gegründet wurde, entsandten ihn die Niederlande als ersten Botschafter nach Bonn.

Deterding war in erster Linie ein Kaufmann, das trifft zu. Aber das Leben in und mit der britischen Oberschicht formte ihn, die Begegnungen mit den Großen seiner Zeit auch. Asiatische Potentaten hatte er bereits in seinen Formationsjahren kennengelernt. Nun verstärkte sich der Austausch mit den Amerikanern – auf der Business-Ebene. Die Briten haben eine unglaubliche Fähigkeit der Vereinnahmung, aber auch des Aussortierens, wenn der Mohr seine Schuldigkeit getan hat. Diese Entwicklung trat Mitte der 1920er-Jahre ein. Aber der Niederländer bemerkte sie noch nicht. Mit sichtbarem Stolz berichtete Deterding in seinen Memoiren von einer Begegnung mit dem Papst. Er traf Pius XI. auf Augenhöhe, er sah sich selbst auch als in ähnlicher Richtung Agierender – hier der »Oberhirte« der Katholiken, dort der »Oberhirte« eines globalen Unternehmens, das für Zehntausende von Mitarbeitern auf der Welt mit ihren Familien für Lohn und Beschäftigung sorgte, gewissermaßen Sozialpolitik betrieb. Deterding traf auf dieser Reise auch Mussolini, aber sie redeten aneinander vorbei, wie es den Anschein hat.

Deterding entwickelte sich zum »Sozialpolitiker«, er lancierte ein Förderprogramm für den Nachwuchs, für seine »Deterdinger«, er unterstützte sportliche Events und gab Geld, wenn ihm ein Vorhaben einleuchtete, das an ihn herangetragen wurde. Eine Anfrage der Universität Rostock beschied er kurz vor seinem Tod positiv. In ihrem Nachruf beschrieb die *Neue Zürcher Zeitung* Deterding als einen feinen, warmherzigen Mann, als einen Freund der schönen Künste. Aber auch in alltäglichen Dingen war er sich für den spontanen Einsatz nicht zu schade. Deterding hatte offensichtlich auch ein Herz für die sogenannten kleinen Leute. Er sprach ihre Sprache, er hatte das raue Leben seiner Heimatstadt vor Augen. So wird berichtet, dass er einmal im Anzug unter ein Auto kroch, um dem ratlosen Besitzer bei einer Panne zu helfen. Niemand erkannte ihn.

Für gute Arbeit war Deterding bereit, gute, auch überdurchschnittliche Löhne zu zahlen. Bei seinen Reden anlässlich seines 70. Geburtstages ist zu spüren, wie sehr ihm seine Mitarbeiter am Herzen lagen, wie stark er sich mittlerweile als »Pater familias« sah. Ständige Motivation der Mitarbeiter war ihm wichtig, er verstand zu begeistern und Menschen »mitzunehmen«. Er startete »incentive tours«, Jahrzehnte bevor es diesen Begriff im Wirtschaftsleben gab. 500 Mitarbeiter des Unternehmens wurden einmal in den 1930er-Jahren zusammen mit ihren Ehepartnern auf einen Europa-Urlaub geschickt. Die Reise ging bis nach Istanbul. Nicht das Unternehmen zahlte, sondern Deterding bestritt die Kosten der Reise aus der eigenen Tasche. Dieser Charakterzug ist bei ihm durchgängig festzustellen: Leistung belohnen, bürokratische und innerbetriebliche Hürden zur Not mit Geld aus der eigenen Tasche überwinden, Mäzenatentum für die schönen Dinge des Lebens – aber auch: in einer Notlage finanziell einzuspringen, wenn niemand hilft. Zusammengefasst: Entscheidungsfreude, Tempo!

Ritterschlag

Die Briten wussten, warum sie den mittlerweile 55-jährigen Henri Deterding 1920 zum Ritter schlugen. Er hatte sich während des Krieges wie ein umsichtiger Kapitän verhalten. 1920 wurde somit zum Jahr von zwei Amsterdamer Jungen, die Jahrzehnte zuvor gemeinsam nach Asien aufgebrochen waren. Denn C.J.K. van Aaalst, mittlerweile im Vorstand von Royal Dutch/Shell, wurde ebenfalls zum Ritter geschlagen. Fast erschrocken über diese britische »Vereinnahmung« stiftete Deterding ein Jahr später seinem Heimatland ein kostbares Gemälde von Vermeer, das er kurz zuvor erworben hatte. Die Botschaft war eindeutig: Ich bin und bleibe Niederländer!

Sir Henri Wilhelm August Deterding im Jahr 1920 in London

Royal Dutch/Shell war während des Ersten Weltkriegs faktisch ein Staatsunternehmen geworden. Es hatte der Nation gedient, nicht immer auf die Rendite geschaut. Das zahlte sich nun aus. Denn der Kapitalwert des Unternehmens hatte sich zwischen 1914 und 1918 verdoppelt. Nicht viel anders sah es für die Niederlande aus. Das Königshaus besaß Anteile an Royal Dutch/Shell, die Staatskasse profitierte davon und die Königin hatte einen freundschaftlich zu nennenden Draht zu ihrem prominenten Untertan. Die niederländische Neutralität hatte Deterding daher nicht daran gehindert, ein loyaler Diener seines Gastlandes zu sein und gleichzeitig das offiziell existierende holländische Exportverbot für Öl zu umgehen. Während sich der niederländische Teil des Unternehmens nach außen neutral verhielt, wurde der britische Shell-Teil somit der wichtigste Lieferant für die auf dem Kontinent und in Übersee kämpfende Armee.

Ein Husarenstück

Wirklich vorbereitet, was den Zugriff auf Öl bei britischen Unternehmen anging, war Großbritannien also nicht. Es musste improvisieren. Zu den Meisterleistungen von Deterding während des Krieges gehörte die »Operation TNT«, die Beschaffung und Bereitstellung von Sprengstoff. Dafür waren die Ölvorkommen von Borneo wichtig, weil sie einen hohen Anteil an Toluol aufwiesen, das dem Benzol ähnelt und entscheidend für die Herstellung von Patronen und Granaten war. Britische Sorglosigkeit trotz wachsender internationaler Spannungen führte dazu, dass die Deutschen sich des Vorprodukts annahmen und eine in Rotterdam ansässige Firma TNT für das kaiserliche Heer produzierte. Bei Kriegsausbruch wurde die Produktionsstätte stillgelegt und in einer

Nacht- und Nebelaktion im Januar 1915 Stück für Stück per Schiff nach London gebracht und von dort per Bahn nach Somerset. Neun Wochen später lief die Produktion wieder an, ein Bravourstück, denn die britischen Frontverbände litten bereits unter Munitionsmangel. Als eine baugleiche Fabrik im Laufe des Jahres hinzukam, war die Risikozone für Großbritannien passiert. Beide Produktionsstätten repräsentierten 80 Prozent des Bedarfs der Alliierten! Ein weiteres Husarenstück des Niederländers war die Empfehlung, die eigentlich zum Ballast vorgesehenen Tanks englischer Schiffe als Ölbehälter zu nutzen, eine lebenswichtige Idee des Praktikers für das im U-Boot-Krieg gegen Deutschland wankende Empire.

Im Jahre 1915 wurde der Panamakanal eröffnet – mit neuen Möglichkeiten für die Tankerflotte des Unternehmens. Gleichzeitig entwickelte sich Venezuela zu einem Standort mit enormen Perspektiven für Royal Dutch/Shell. Der Kriegseintritt der USA ließ schließlich alte Rivalitäten ruhen: Standard Oil und Royal Dutch/Shell arbeiteten zusammen, um mit Öl aus Borneo, aus Sumatra und Nordamerika die in Frankreich kämpfenden Divisionen zu beliefern. Der britische Politiker Lord Curzon hat dafür das eindringliche Bild geprägt, dass die Alliierten dank Deterding dem Sieg auf einem »Meer von Öl« entgegengesegelt seien.

Möglicherweise trifft die Bemerkung des französischen Hohen Kommissars für Öl, Henri Bérenger, zu, wonach die Entente-Mächte den Krieg ohne die Unterstützung durch Shell nicht gewonnen hätten. Aber richtig ist wohl auch, dass ohne die Transportkapazitäten von Shell der Krieg hätte verloren gehen können. Dabei gelang Deterding auch das Kunststück, sich gegenüber Standard Oil zu behaupten. Denn der Konkurrent lieferte bis zum Kriegseintritt der bis dahin neutralen USA Öl an das deutsche Kaiserreich. Am Ende entschied sich das große Ringen auf See. Der deutsche U-Boot-Krieg, der die Versorgungslinien des Empire gefährdete, zog die USA ins Kriegsgeschehen hinein. Ihr Erscheinen auf dem von Erschöpfung und Ausblutung gekennzeichneten europäischen Kriegsschauplatz brachte die Wende, führte zum Ende der Monarchie in Deutschland und damit zu einem weiteren Systemwechsel mit ungewissem Ausgang. Wie würden die Deutschen mit einem demokratischen System fertigwerden? Was würde aus den einst guten deutsch-russischen Beziehungen werden?

Für Royal Dutch/Shell wurden die 1920er-Jahre trotz der Rückschläge in Rumänien und Russland, die im Verlauf des Krieges eingetreten waren, eine Erfolgsgeschichte. Von Russland und von Mexiko wird noch später die Rede sein. Binnen kürzester Zeit verdoppelte das Unternehmen die Tonnage der eigenen Flotte, die Ölförderung in Asien wurde beträchtlich gesteigert und die Aussichten für Venezuela und für Mexiko standen gut. An den wichtigsten Standorten wurden rund 20 Millionen Barrel Öl pro Jahr gefördert. Immer tiefer gelangten die Bohrköpfe ins Erdreich, in Kalifornien auf rekordverdächtige 2100 Meter unter der Erdoberfläche. Immer weiter verfeinert wurde die Suche nach Öl mithilfe großer Laboratorien. 1919 erzielte das Unternehmen einen Gewinn von 5,8 Millionen Pfund. 100 Pfund hatten damals eine Kaufkraft von heute 4700 Euro. Royal Dutch/Shell begann nun, sich als Mäzen im Automobilsektor und im Wissenschaftsbereich zu betätigen. Die Universität von Cambridge erhielt eine zweckgebundene Spende für Forschungen über Benzin.

1921 sah es so aus, als wolle die britische Regierung unter David Lloyd George aus der mangelhaften Vorbereitung auf einen Krieg Konsequenzen ziehen und Shell unter britische Kontrolle bringen. Deterding war für diesen Fall bereit, seinen Posten aufzugeben. Aber dann änderte er zur großen Überraschung seiner Kollegen seine Haltung und blieb. Zu denen, die sich Hoffnung auf die Nachfolge gemacht hatten, gehörte Hendrikus Colijn, ein ehemaliger Offizier, der in Niederländisch-Indien gedient hatte. Nach der Rückkehr in die Niederlande ging der ehrgeizige Mann in die Politik und wurde 1912 Kriegsminister. Deterding bot ihm ein Jahr später eine hoch dotierte Position im Unternehmen an, obwohl Colijn keinerlei ökonomische Kompetenz besaß. Er bezahlte ihn vorübergehend aus eigener Tasche, zweigte vom eigenen Gehalt ein Fünftel ab! Colijn wurde ein sehr guter Netzwerker und unterhielt besonders enge Kontakte nach Berlin. Deterding hielt ihn für deutschfreundlich. Das sollte sich als Irrtum herausstellen. Es gelang Deterding nicht, den hoch intriganten Direktor loszuwerden. Im Gegenteil, Colijn wurde 1933 Premierminister, profilierte sich als der Mann, der Hitler-Deutschland die Stirn bot, und blieb Regierungschef bis zum August 1939. Auch andere niederländische Politiker drängten in hoch bezahlte Ämter im Konzern.

Globales Handeln

Mitte der 1920er-Jahre war Royal Dutch/Shell ein global operierendes Unternehmen mit der weltweit größten Tankerflotte und einem Anteil von 11 Prozent an der weltweiten Ölförderung. Es operierte nun auf allen Erdteilen. Die USA entwickelten sich zwischen 1922 und 1928 zur wichtigsten Produktionsstätte, was Deterding 1923 durch einen ausgedehnten USA-Trip unterstrich. Eine neue Generation von Managern sammelte in Amerika Fronterfahrung, nicht länger in Ostasien. Australien war hinzugekommen, in Afrika der Sudan, in Asien die Türkei und Aden an der Südspitze der Arabischen Halbinsel. Ausgerechnet in Niederländisch-Indien wurde die Lage instabil, 1926/27 wurde ein Aufstand in Java nach erbitterten Kämpfen niedergeschlagen.

Im Jahre 1926 bezeichnete der *Economist* das Unternehmen als eines der weltweit erfolgreichsten Firmen. Das Concilium quattuor, bestehend aus Deterding, Marcus Samuel, Loudon und Cohen, fiel auseinander, als Marcus 1927 starb. Da existierte der Konkurrent Standard Oil schon nicht mehr, zahlreiche Firmenteile waren nach der staatlich verordneten Zerschlagung unterschiedliche Wege gegangen. Standard Oil of New Jersey firmierte nun unter dem Namen Esso. An der weltweiten Führungsrolle von Deterdings Unternehmen änderte sich bis zu seinem Tod nichts. Erst im Jahre 1939 übernahm Esso die »pole position«.

Deterding wurde in den 1920er-Jahren Mitglied eines Clubs, dem man nicht beitreten kann. Er wurde einer der reichsten Männer der Welt, möglicherweise der am besten bezahlte Manager weltweit, wie Paul Hendrix schreibt. Von einem, der ihm nahestand, wird ein Jahresgehalt von 250 000 Pfund genannt. 100 Pfund hatten 1920 eine Kaufkraft von knapp 4700 Euro.

Als es Mitte der 1920er-Jahre zu einem größeren Personalwechsel kam, fühlte sich Deterding an alte Verabredungen nicht mehr gebunden. 1929 kassierte er dadurch Bonuszahlungen in Höhe von 2,3 Millionen Gulden, zwei seiner Direktorenkollegen bekamen ganze 3000 bzw. 3700 Gulden. Waley Cohen, über 20 Jahre lang mit Deterding durch dick und dünn gegangen, traute dem Niederländer nicht mehr, man schrie sich gegenseitig an.

Dank eines geheimen Zusatzprotokolls konnte Deterding in der Direktorenrunde nicht länger überstimmt werden. Noch gravierender waren die Veränderungen, die im Bereich der Vorzugsaktien eintraten. Zu Lebzeiten von Kessler hatte es 1500 Stück gegeben. Seine Witwe verkaufte 250 Papiere an Deterding und zwei weitere Direktoren unter der Bedingung, dass ihren zwei Söhnen Karrieren im Unternehmen offenstünden. Doch es kam anders, wie noch zu berichten

Shell-Tankstelle im Sauerland um 1929

sein wird. 1924 steigerte Deterding seinen Anteil von 50 auf 500 Vorzugsaktien. Keine Personalie im Unternehmen war fortan ohne seine Zustimmung durchzusetzen. Loudon besaß nun 300 Papiere, den Rest bis auf 50 Aktien besaßen andere Direktoren der Gruppe, darunter der Weggefährte aus Ostasienzeiten van Aalst. Alle Anteilseigner unterzeichneten ein Dokument, in dem sie sich verpflichteten, ihre Vorzugsaktien mit dem Eintritt in den Ruhestand zurückzugeben (Shell Archiv Den Haag: board minutes vom 14. Februar 1924 und 19. September 1929). Um diese Vereinbarung war schon zu Lebzeiten von Kessler gerungen worden, der Vorzugsaktien ablehnte.

Das war der sichtbare Teil des Eisbergs, also der offiziellen Einkünfte Deterdings. Das, was er in Amsterdam und in Ostasien in jungen Jahren erlernt und gewinnbringend für die Niederländische Handelsgesellschaft eingesetzt hatte, später für sich selbst, vergaß er nie. Die Härte im Geschäft, die er dort erlernt hatte, wandte er nun im eigenen Unternehmen an, spät und für den Beobachter etwas überraschend. Für den Korpsgeist im Unternehmen sollte dies nicht ohne Folgen bleiben. Die neue russische Ehepartnerin schied als Korrektiv vermutlich aus.

Die Deterding-Familien-Saga berichtet von hochriskanten Spekulationsgeschäften, vom Einsatz hoher Beträge auf zu erwartende Gewinne auf türkischen Ölfeldern. Manches Investment scheiterte, eine Spekulation mit Silber brachte Deterding zu Beginn der 1930er-Jahre in erhebliche Schwierigkeiten, aber er hatte die Risikobereiche längst hinter sich gelassen. In der Kombination ergab sich daraus ein geradezu märchenhafter Reichtum. Die Fahrt im Fahrstuhl, der in schwindelerregendem Tempo nach oben preschte, immer neue Sichten auf die Welt produzierte, hatte eine »Kernzeit« von weniger als einem Jahrzehnt.

In dieser Phase ähnelte Deterding einem genialen Spekulanten des 18. Jahrhunderts, über den der deutsche Stahlindustrielle Otto Wolff wohl fasziniert von der Figur, ein Buch geschrieben hat. Der deutsche Wirtschaftsführer – Vater des weitaus bekannteren Sohnes Otto Wolf von Amerongen – sieht seinen Protagonisten Gabriel Julien Ouvrard als Kind der Französischen Revolution. Seine Entwicklung wird durch die Erhebungen und Abstiege seines Zeitalters getragen. »Obwohl er zunächst nur seinen eigenen Vorteil und Aufstieg will, wird er Diener der großen wirtschaftlichen Aufgaben seiner Zeit«, so Wolff, ein Experte für Osthandel, über Ouvrard. An anderer Stelle heißt es: »Dieser Mann ist von seinen Zeitgenossen so leidenschaftlich verschieden beurteilt worden, dass der Versuch, sein Leben und seine Geschäfte objektiv darzustellen, außerordentlich schwierig ist.«[2]

Wenn »Achnacarry« – ein Deal der Ölgiganten im Jahre 1928 – der berufliche Höhepunkt in der Karriere Deterdings war, so unterstrich die Einladung ein Jahr später, beim Jahrestreffen des »American Petroleum Institute« die »Keynote Speech« zu halten, seinen Platz in der weltweiten Führungsgruppe. Unberührt lässt eine solche kometenhafte Entwicklung keinen Menschen, er wächst und wächst und beginnt eines Tages unbemerkt mit dem Abstieg. Unter den Zeitgenossen des Niederländers dürfte es nur wenige Menschen gegeben haben, die Ähnliches erlebten: gekrönte Häupter, US-Präsidenten, Zaren und indische Moguln – ein Leben in Palästen. Niemand auf der Welt versagte einen Termin, wenn Deterding ihn sprechen wollte. Gibt es einen Überdruss, ein Zuviel, das den Menschen verändert bei gleichzeitigem Kippen des Urteils über den vom Schicksal Begünstigten? Hat Deterding rechtzeitig mit ausgleichenden Maßnahmen begonnen? Nahm er sich die dafür erforderliche Zeit und – kommunizierte er dies? Einer der reichsten Männer im Deutschland der Gegenwart, der SAP-Mitbegründer Hasso Plattner, hat dazu unlängst gesagt: »Eigentlich spielt es keine Rolle, wie viele Milliarden man hat. Es hat nur Einfluss auf das Ego.«

Ausdruck des Superreichtums, der eigentlich nur in den USA anzutreffen war, waren zwei große Anwesen, englische Landhäuser, die Anspielungen an französische Schlösser und italienische Palladio-Paläste hatten, üppig ausgestattet mit Kunstschätzen. Im Falle Deterdings waren es neben Schmuck und wertvollem Interieur die niederländischen Maler der Zeit, in der das kleine Land für ein halbes Jahrhundert Weltführungsmacht war. Nur mit Öl, mit dem Bau von Eisenbahnen und der Produktion von Stahl konnten solche Reichtümer zusammengetragen werden. Wie reich Deterding tatsächlich war, lässt sich kaum ermitteln, denn er lebte vermutlich in zwei Welten. Er übte die Spitzentätigkeit als Manager aus und betrieb gleichzeitig das Spiel mit dem Risiko an der Börse. Keiner besaß seine Erfahrung, keiner dachte global wie er und keiner hatte Zugriff auf einen vergleichbaren Apparat. Einen Anhaltspunkt für seinen Platz in der globalen Wirtschaftselite – ein Dutzend Personen, nicht mehr – bieten John D. Rockefeller, Henry Ford und Andrew W. Mellon, deren Vermögen auf über eine halbe Milliarde Dollar geschätzt wurde.

Calouste Gulbenkian

In Großbritannien spielte landwirtschaftlicher Besitz jetzt keine große Rolle mehr, um reich zu sein oder zu werden. Die größten Vermögen entstanden im Finanzwesen, bei der Presse, im Gold- und Diamantenhandel. Deterding wurde nun – ob gewollt oder unabsichtlich – eine Medienfigur als Mitglied einer eigentlich nur in New York anzutreffenden Eliteklasse. Maßgeblichen Anteil daran hatte seine zweite Frau, die der Witwer acht Jahre nach dem Tod seiner ersten Frau im Jahre 1924 heiratete. Es wurde eine »politische Ehe«. Zur Russland-Phobie Deterdings gesellten sich nun die breiten Aktivitäten der Offizierstochter, deren Vater als weißrussischer General die Kommunisten bekämpfte. Madame Lydia Pavlovna war eine treibende Kraft der Konterrevolution im russischen Exil, mit Schwerpunkt in Paris. Ende 1925 kam es zum Bruch zwischen Deterding und Gulbenkian, als der Niederländer entdeckte, dass der Armenier ein Spion war und für die Russen arbeitete. Sachliche Differenzen, Streit wegen der Ausbeutung der Ölfelder in Maracaibo, scheiden als alleinige Ursache für den Bruch zwischen den beiden aus. Deterding hat Gulbenkians Weg als Verrat einer Freundschaft angesehen, eine der wenigen, die er eingegangen war. Umso größer war die Enttäuschung. Vielleicht kam ein persönliches Motiv hinzu: Lydia Pavlovna war offenbar die Geliebte von Gulbenkian, bevor Deterding sie kennenlernte.

Calouste Gulbenkian (1869–1955)

Deterdings Jagdleidenschaft nahm nun immer ausschweifendere Formen an. Vielleicht wählte er die Abgeschiedenheit des Landlebens auch, weil seine Sicherheit in London zunehmend gefährdet war. Die Russen stießen sogar Morddrohungen gegen ihn aus. Im Winter nahm er mehrere Monate Urlaub, um sich nach Melton Mowbray zurückzuziehen, einem Städtchen nordöstlich von Leicester. Dort unterhielt er ein großes Jagdhaus und eine Pferdekoppel. In der Zentrale stieß dies auf ein geteiltes Echo. Die einen meinten, ein Topmanager könne nicht so lange und so oft wie Deterding dem Schreibtisch fernbleiben, die anderen begriffen das Verhalten als Aufforderung und begannen selbst zu jagen. Das führte dazu, dass am Samstag geschossen und am Sonntag

Geschäftliches besprochen wurde. Deterding, der mehrere schwere Reitunfälle hinter sich hatte, darunter einen Beckenbruch Anfang 1923, war also ständig erreichbar.

Noch einmal konnte sich der Niederländer auf der richtigen Seite der Geschichte wähnen, als Großbritannien im Mai 1927 aufgrund von Spionage- und Zersetzungsvorwürfen die diplomatischen Beziehungen zur Sowjetunion abbrach. Sie ruhten mehr als zwei Jahre. Die attraktive Lydia Pavlovna Koudoyarova drängte den eher Schüchternen, wie manches schmuck- und ordensüberladene Foto zeigt, auf die Illustriertenseiten und in die Welt des Glamour, in der es im Fahrstuhl der Prominenz schnell aufwärts geht. Deterding hatte maßgeblichen Anteil daran, dass sich St. Moritz zum Treffpunkt der Reichen und Schönen entwickelte. Seine russische Gattin trug wesentlich dazu bei, dass sich die Luxusläden auf der Hauptstraße des Gebirgsortes wie auf einer Perlenkette aneinanderreihten. Allerdings lag bei ihm der Akzent auf sportlicher Betätigung, nicht auf der Teilnahme an einem der vielen Bankette und Cocktail-Partys.

Die Annahme, dass sich unter dem Sand der Arabischen Halbinsel die größten bislang unentdeckten Ölreserven befänden, sollte sich nach dem Untergang des Osmanischen Reiches bestätigen. Am 27. Oktober 1927 schoss bei Bohrungen in der Nähe von Kirkuk im heutigen Irak eine riesige Ölfontäne aus dem Boden. Es dauerte eine Woche, um sie unter Kontrolle zu bringen. Sie war noch in einer Entfernung von 20 Kilometern zu sehen. Längere Verhandlungen führten zu dem Ergebnis, dass sich Royal Dutch/Shell die Anglo-Persian Company, die Franzosen und ein amerikanisches Syndikat den Kuchen zu jeweils 23,75 Prozent teilten. Aber da waren noch 5 Prozent übrig. Sie standen Calouste Gulbenkian zu, der als Mr. 5 Prozent in die Geschichte des Öls eingehen sollte. Die Verhandlungspartner der westlichen Ölgesellschaften waren schwach, Anführer von Beduinenstämmen.

Die Briten hatten nach dem Ersten Weltkrieg dafür gesorgt, dass aus dem ölverdächtigen Teil des Osmanischen Reiches der instabile Staat Irak gebildet wurde, der bis heute unter der damaligen Fehlkonstruktion leidet.

Calouste Gulbenkian, 1869 in Istanbul geboren, Sohn eines armenischen Ölmagnaten, mittlerweile britischer Staatsbürger, war immer mit von der Partie, wenn es zu neuen Konstellationen und Formationen im weltweiten Ölgeschäft kam. Nach einem türkischen Massaker an den Armeniern floh er 1896 über Ägypten nach London und lernte dort die Samuel-Brüder und Deterding kennen. Rasch baute er seine Kontakte aus. Der bald darauf in Paris lebende Kunstsammler und Mäzen wechselte geschickt die Positionen und die Herren. Nachdem er russische und türkische Akteure beraten hatte, war er maßgeblich an der Gründung der Turkish Petroleum Company beteiligt, der späteren Iraq Petroleum Company. Die Anteile der Deutschen Bank waren mit dem Ausgang der Konferenz von San Remo 1920 an die Franzosen übergegangen, deren Interessen Henri Bérenger vertrat. Gulbenkian sorgte geschickt dafür, dass sein Mann Bérenger Vorsitzender in dem in Paris ansässigen »Comité Général du Pétrol« wurde, einem Vorläufer der heutigen OPEC.

Henri Bérenger war ein französischer Senator, Schriftsteller und Schöngeist. Er vertrat die Karibikinsel Guadeloupe und entwickelte sich im Laufe seiner politischen Karriere zu einem Ölexperten. Er machte Deterding zum Mitglied der Ehrenlegion und wurde nach dem Ersten Weltkrieg französischer Generalkommissar für Benzin und Treibstoffe. Bérenger handelte die Reparationszahlungen mit aus, die Deutschland zu leisten hatte, und wurde Botschafter seines Landes in den USA. Der Hitler-Gegner war Gastgeber der Flüchtlingskonferenz in Evian im Sommer 1938.

Preisverfall

Obwohl Deterdings Unternehmen seinen Anteil an der weltweiten Ölproduktion hielt, obwohl riesige neue Ölfelder erschlossen wurden und die Jahresproduktion zwischen 1925 und 1929 um 80 Prozent (!) von 273 000 Barrel auf 486 000 Barrel gesteigert wurde, verschlechterten sich die Rahmenbedingungen. Zu viel Öl war nun auf den Märkten, hinzu kamen die Kampfpreise der Sowjetunion, die ihre Produktion mittlerweile wieder in Gang gebracht hatte. Die Gewinne hielten mit der Steigerung der Ölförderung nicht länger Schritt. Einen gewissen Anteil an dieser Entwicklung hatte Deterding persönlich, weil er 1927 ganz gegen seine Gewohnheit einen Preiskampf ausgelöst hatte. Der Konflikt führte dazu, dass ein Barrel Öl, das vier Jahre zuvor noch 1,85 Dollar gekostet hatte, im Jahre 1930 für rund einen Dollar zu haben war. Anders gesagt: Es wurde verdammt schwierig, mit Öl Geld zu verdienen. Deterdings Aufmerksamkeit wurde 1927 auch durch Ereignisse anderer Art in Ostasien absorbiert. In West-Sumatra kam es zu einem erneuten Aufbegehren der einheimischen Bevölkerung gegen die Kolonialmacht, bei dem Repräsentanten des Staates ermordet wurden. Die Reaktion der Niederländer war hart. Mehrere Anführer des Aufstandes, der von den Kommunisten initiiert worden war, wurden gehängt, eine vierstellige Zahl inhaftiert. Royal Dutch/Shell ging infolge des Preisverfalls für Öl neue Wege. Es stieg 1928 in das Geschäft mit Petrochemie ein. Den Ausschlag dafür gab einer der Kessler-Söhne, der mittlerweile in der Holding ganz nach vorn gerückt war.

Im August 1928 unternahm Deterding den Versuch, den Preiskrieg zu beenden. Er lud die Kontrahenten in ein schottisches Resort zum Jagen, Fischen und Golfspielen ein, in Wahrheit zu geheimen Absprachen, die erst ein Jahr später

Sitzung der Royal Dutch Petroleum Company im Hauptverwaltungsgebäude im Haag im Jahr 1932 mit den Direktoren der wichtigsten Tochtergesellschaften. Von links nach rechts.: Andrew Agnew, Hugo Loudon, Sir Robert Waley-Cohen (verdeckt), G. C. D. Dunlop, August Philips (halb verdeckt), Johan Egbert Frederik de Kok, Sir Henri Deterding, Jean Baptiste August Kessler, Josef Theodor Erb, Cornelis Johannes Carel van Aalst, Johannes Luden, Nicolaas Pieter Cornelis van Wijk hinsichtlich ihrer Folgen bekannt wurden. Sie gingen in die Geschichte als das »Achnacarry Agreement« ein. Die Beteiligten einigten sich auf den Status quo, auf den aktuellen Ölpreis am Golf von Mexiko, ergänzt um die Frachtrate von dort zu den jeweiligen Märkten. Kessler jr. war skeptisch, ob die Vereinbarung funktionieren könne. Er hatte eine Welt im Blick, die sich dramatisch verändert hatte und nicht mehr die des mittlerweile 62-jährigen Deterding war. Selbst ein Verbund der Großen war zu klein, um das gewinnbringende Geschäft in die gewünschte Richtung zu lenken. Kessler sollte recht behalten. Er war übrigens wie sein Bruder nicht ohne Druck zu einer Spitzenposition im Unternehmen gekommen. Die Mutter der beiden Kessler-Söhne hatte kurz nach dem Tod ihres Mannes damit gedroht, Vorzugsaktien an den Konkurrenten Standard Oil zu verkaufen. Daraufhin hatten Deterding und sein Vize Loudon die beiden Personalien akzeptiert, die mittlerweile wirksam geworden waren.

1930 wurden im Osten von Texas, nicht weit von Dallas, durch Zufall Ölquellen in Größenordnungen entdeckt, die alle bisherigen Funde in den Schatten stellten. Innerhalb von vier Monaten wurden 25 000 Barrel gefördert, zwei Monate später 340 000 Barrel und weitere vier Monate darauf 1 Million Barrel Öl! Um die Größenordnung der Entdeckung noch deutlicher zu machen: Es handelte sich um ein Drittel (!) der damaligen US-Jahresproduktion und um ein Viertel (!) der Weltförderung an Öl. Die Konsequenz war ein totaler Preisverfall: 2 Cent pro Barrel, der Wert des Kanisters war höher als sein Inhalt.

Dennoch kam Royal Dutch/Shell glimpflich durch die Weltwirtschaftskrise und zahlte weiter Dividenden. 1931 gab Großbritannien den Goldstandard auf. Das Pfund wurde um ein Drittel abgewertet. Sichtbar für jedermann, erfolgte nun die große Wachablösung, die faktisch schon 1919 eingetreten war. Die USA lösten das Empire als Führungsmacht ab. Vier

Wochen nach der sogenannten »Machtergreifung« Hitlers wurde Präsident Roosevelt in sein Amt eingeführt.

Die Schlange derer, die Deterding etwas »verkaufen« wollten, wurde in diesem Jahrzehnt fortlaufend länger: »Russlandexperten«, Militärexperten, Doppelagenten, Exilgruppen, Generalvertreter von Automobilmarken, Verkäufer von wertvollen Einrichtungsgegenständen, Juweliere, Kunstexperten. Die einen gaben ihren Rat unentgeltlich aus Prestigegründen, diesen Mann zu beraten. Andere waren jedoch auf Honorare aus. Der Prominenteste in dieser Kategorie war Winston Churchill, über den Beverly Baxter einmal gesagt hat, er habe alle Ereignisse der Weltgeschichte als »Episoden in seinem Leben« angesehen.

Anmerkungen

1 Vgl. Roberts, Most powerful man, S. 391 ff.; Shell-Geschichte, passim; Howarth, Oil, passim; Yergin, passim; Hendrix, passim.

2 Vgl. dazu: Jochen Thies: Otto Wolff von Amerongen. Kundschafter der Marktwirtschaft, in: P. Danylow/Ulrich S. Soénius (Hrsg.): Otto Wolff. Ein Unternehmen zwischen Wirtschaft und Politik. München 2005, S. 385–436.

7
Leben auf der Überholspur, automobile Revolution und technischer Fortschritt

Das Land der Sportwagenfahrer

Der Frühling hält in Großbritannien früher Einzug als im Rest Europas – jedenfalls bildet sich eine besondere Spezies von Automobilisten dies ein. Für sie herrschen im Grunde genommen auf der Insel immer so angenehme Temperaturen, dass man im Cabriolet durchs Land fahren kann. Diese Gewohnheit muss etwas mit dem Ideal der Briten zu tun haben, auf dem Lande zu leben, in London gelegentlich Geschäften nachzugehen, Reparaturarbeiten am Cottage auszuführen, die nicht von Dauer sind, und den Garten zu pflegen. Auch die nicht existierende oder elektrisch betriebene Heizung gehört dazu.

In den 1920er-Jahren, als Deterdings Leben auch im Privaten beinahe märchenhafte Züge annahm, wurde Großbritannien das Autoland Nr. 1 Europas.[1] Ein Teil der damals gebauten Fahrzeuge läuft noch heute und entzückt jene, die es sich nicht nehmen lassen, entweder selbst ein solches Auto zu fahren oder an den Rändern der Chausseen auf die Ankunft des Trosses zu warten: lederne Pilotenkappen, Staubbrillen, wehende Schals, quäkendes Gehupe – es muss eine besondere Zeit gewesen sein.

Das galt für alle Autos in dieser Zeit, denn noch gab es keinen Massenverkehr. Nicht nur die Sportwagen und Luxus-Limousinen waren für den Normalbürger unerschwinglich, auch die Kleinwagen waren teuer. In London fuhren sie die leitenden Angestellten, die Rechtsanwälte und andere kleine

Gruppen von Freiberuflern. Nur die USA waren da weiter: Das lediglich in schwarzer Lackierung lieferbare T-Modell von Ford repräsentierte 1920 die Hälfte des weltweiten Fahrzeugbestandes. Gottfried Daimler und Carl Benz hatten 1885 mit ihren Erfindungen das neue Zeitalter eingeläutet. Der Siegeszug des Automobils machte im Ölgeschäft aus dem früher wertlosen Nebenprodukt Benzin das Hauptprodukt. Zehn Jahre später gab es in den USA 300 Automobile, 1910 459 000, 1914 über 1,7 Millionen. Die Entwicklung verlief wie die Vorwärtssprünge beim Öl! Schon während des Ersten Weltkriegs, der die private Nutzung des Autos verzögerte, hatte Deterding erkannt: »Dies ist ein Jahrhundert des Reisens. Und die Ruhelosigkeit, die der Krieg geschaffen hat, wird die Sehnsucht nach Reisen noch verstärken.«[2] Der Niederländer sollte recht behalten. Am Ende des Jahrzehnts gab es 23,1 Millionen Autos auf Amerikas Straßen. Und jedes Fahrzeug wurde mit Benzin angetrieben. 1929 machten Benzin sowie Antriebs- und Schmieröl 85 Prozent des gesamten Ölverbrauchs aus. In Europa verlief die Entwicklung nicht so rasant wie in den USA. Aber die Engländer führten die Statistik an. Dort kamen 30 Personen auf einen Wagen im Vergleich zu den fünf in Amerika, in Frankreich 33 und den 102 in Deutschland. Die Nationalsozialisten beendeten den Traum der Deutschen von der Mobilität, aber der Volkswagen überlebte.

Die meisten britischen Fabrikate sind längst verschwunden. Rolls Royce und der Mini von BMC befinden sich in ausländischen Händen, aber jeder Junge kennt auch heute noch Marken wie Bentley, Jaguar, Triumph, MG, Morgan oder Aston Martin. Deterding selbst wurde in einem Rolls Royce von Buckhurst Park bei Windsor in die Londoner City chauffiert. In dieser Welt der automobilen Neuigkeiten, der Rekorde – so hat es den Anschein – fühlte sich der Sportsmann Deterding wohl. Sein ganz besonderes Revier war St.

Moritz mit Sommer- und Wintersport. Auf Fotos sieht man ihn bei der Verleihung von Preisen für sportliche Leistungen, wozu auch die Fernfahrten gehörten, z. B. das berühmte Autorennen Peking–Paris mit seiner Länge von 16 000 Kilometern! Kurz nach dem Ende des Ersten Weltkriegs setzte gerade hier – bei Rekordfahrten mit dem Automobil, dem Flugzeug, der Segeljacht – die Emanzipation der Frauen ein. Weiß gekleidete Amazonen erklommen die Titelfotos der Weltpresse. Elly Beinhorn umrundete den Globus. Und noch immer hat die Suche nach Amelia Earhart nicht aufgehört, die bei ihrem Flug um die Welt irgendwo im Pazifik verschwand.

Mäzenatentum im Sport

Alle diese Ereignisse und Geschichten hatten aufs Engste mit dem Großthema Öl zu tun. Wann immer von Rekorden die Rede war, von Transatlantikflügen, von neuen Weltbestleistungen, spielte Benzin der Marke Shell eine Rolle. 1928 fanden die Olympischen Spiele in Deterdings Heimatland statt. Am Rande von Amsterdam entstand ein großer Sport-Campus des Unternehmens, auf dem sich die Firmenmitglieder, aber auch die Allgemeinheit sportlich betätigen konnten. In London kam es bereits 1920 auf Betreiben von Deterding zur Gründung des Lensbury Club, der noch heute existiert. Er liegt unweit des Flughafens Heathrow in dem Londoner Stadtteil Teddington und war dem in Großbritannien arbeitenden Personal von Shell vorbehalten. Lensbury umfasste nach kurzer Zeit Sektionen für Cricket, Rugby, Fußball, Damen-Hockey, Tennis und Schach. Bis zum Tod Deterdings wurde das Gelände mehrfach erweitert. Deterding sorgte für sportliche Großereignisse und stiftete Pokale, u. a. den »Deterding« Challenge Cup. Er war in vielen Sportarten zu

Vergabe des Deterding-Pokals im Sportclub »Te Werve« in Rijswijk bei Den Haag im Sommer 1936

Hause, pflegte den Reitsport und war selbst Hindernisreiter. Britische Weltreisende, Sportler und Bergsteiger suchten weltweit nach Herausforderungen, scheiterten jedoch wiederholt an der Besteigung des Mount Everest.

Nicht nur die Muschel von Shell wurde zu einem ganz besonderen Signet. Es entstand rund um das Auto eine neue Welt, gekennzeichnet durch Tankwagen, die mit Reklameaufschriften durch das Land fuhren, Flugzeugen, die Reklameschleppen hinter sich herzogen, Tankstellen und das dazugehörige Personal im blauen Monteuranzug mit Schriftzug auf der Brust und Mütze. Die »Comedian Harmonists« haben mit ihren pfiffigen Songs, die um die Welt gingen, und dem Film *Die drei von der Tankstelle* den Zwanzigern akustisch und optisch ein besonderes Gesicht gegeben.

Der passionierte 64-jährige Hindernisreiter in Ascot im Jahr 1930

Technische Revolutionen

Die lange oder kurze Lebenszeit von Henri Deterding – wie immer man es sehen möchte – hatte aber noch ganz andere Tiefenschichten und zeitliche Abschnitte, die er in einem kaum fassbaren Tempo passierte. Muße, Zeit zum Nachdenken hatte er in London nicht, vielleicht waren das intensive Jagen, das Leben auf dem Lande, die An- und Abfahrt im Automobil der Ausgleich. Wo er nicht aktiv war, war es seine zweite, aus der russischen Oberschicht stammende Frau. Sie war eine der auffälligsten Erscheinungen bei gesellschaftlichen Veranstaltungen in London und Paris, bei denen Smoking und lange Abendkleider im Gatsby-Stil die Abende prägten. Vor allem ihr Schmuck erregte Aufsehen, aber auch der lockige Kurzhaarschnitt. Der britische Dresscode mit unterschiedlicher Kleidung während des Tages, bei den Herren sogar mit dem Wechsel von Schuhen ab 17 Uhr, wurde europaweit nachgeahmt. Diese Mode war elegant, figurbetont und hat sich bis heute kaum verändert. Auch die Franzosen und Italiener lieben sie. So sah auch Deterding, mit Gattin und Kindern auf dem Eis, in seinem Dreiteiler, bestehend aus Knickerbockern, Westover und kariertem Jacket, sehr britisch aus.

Dieses erste Drittel des 20. Jahrhunderts war nicht nur durch Revolutionen in Politik und Gesellschaft gekennzeichnet, sondern auch durch technische Entwicklungen, die denen von heute kaum nachstehen. Als die Eisenbahn begann, ganze Kontinente zu öffnen und zu erschließen, bekreuzigten sich die Bauern, wenn das fauchende eiserne Ungetüm an ihnen vorbeidonnerte. Mancher Reisende stieg mit Existenzängsten ins Abteil. Es brauchte Zeit, bis Kopf und Seele das einholten, was ihnen optisch und manuell präsentiert wurde.

In die Lebenszeit von Deterding fielen gleich mehrere technische Revolutionen. Besonders intensiv erlebte er den Wechsel vom Segelschiff zum Dampfschiff, die gesamte Entwicklung im Schiffbau, die essenziell für Shell, später für das Gesamtunternehmen war. Auf dem Atlantik kämpften die hohe Reisegeschwindigkeit auszeichnenden Ozeandampfer um das »Blaue Band«. Louis Blériot überquerte per Flugzeug den Ärmelkanal. Bei all diesen Rekorden war Shell mit von der Partie. Da auch in der Alltagssprache das Gesetz der Ökonomie gilt, verschwand »Royal Dutch« zunehmend aus dem Sprachgebrauch. Schon zuvor war von der »Gruppe« die Rede gewesen. 1920 begann die KLM mit dem Passagierluftverkehr, vier Jahre später die britische Linie »Imperial Airways«. Die Überquerung des Atlantiks war zunächst ein Abenteuer. Nur wenige wie Charles Lindbergh im Jahre 1927 schafften sie. Die Deutschen erholten sich allmählich von den harten Auflagen des Versailler Vertrages, von dem sich die

Shell-Tankstelle in den 1930er-Jahren

USA distanziert hatten. 1929 eroberte die *Bremen* das Blaue Band und das Luftschiff *Graf Zeppelin* umflog unter seinem Kapitän Hugo Eckener die ganze Welt. In Berlin gab es die erste Fernsehübertragung. Ein Jahr später flog eine »Dornier« Wal in Ost-West-Richtung über den Atlantik.

Als langjähriger Bewohner einer Insel am Rand der damaligen Welt, irgendwo hinter Singapur, war das Thema Kommunikation für Deterding eine Schlüsselfrage. Im ersten Berufsabschnitt war er in Asien wochenlang unterwegs, um Außenposten der Firma aufzusuchen, Kontrollen vorzunehmen, Aufträge zu erteilen. Nun schrumpfte der Globus beinahe im Minutentakt. Lange Zeit funktionierte das 1858 in den Atlantik versenkte erste Unterseekabel nicht wirklich, auch sein Ersatz erwies sich als störanfällig. Erst Guglielmo Marconi schuf 1901 die erste brauchbare transatlantische Funkverbindung, die bis in die 1990er-Jahre den aktuellen Stand der Technik repräsentierte. Als sie stand, rechtzeitig für den nach vorn Stürmenden, besaß Deterding ein Kommunikationsmittel, das er, ergänzt um Telefon und Fernschreiber, ausgestattet mit einem Gefühl für Zeiten und Räume, meisterhaft zu nutzen wusste. Gerade in den 1920er-Jahren gab es auf diesem Gebiet beträchtliche Fortschritte. 1922 begann die BBC mit der Ausstrahlung eines Radioprogramms. Es war daher kein Zufall, dass das Postamt der mecklenburgischen Kleinstadt, in deren Nähe Deterding in den 1930er-Jahren einen Landsitz erwarb, technisch massiv aufgerüstet wurde, um ihm weiterhin den Zugang zur großen Welt zu ermöglichen.

Jede technische Neuigkeit, die für Royal Dutch/Shell verwertbar war, landete über kurz oder lang bei Deterding. Das dürfte seine ohnehin vorhandenen Machtgefühle verstärkt haben. In jedem Fall machte es etwas mit ihm, es gab ihm auch nahezu unbegrenzte finanzielle Möglichkeiten in die Hände. Womöglich verleitete es ihn am Ende dazu, es mit ganzen Staaten aufzunehmen. In der persönlichen Lage, in der er sich vor allem in den 1920er-Jahren befand, bedurfte es schon eines enormen Ausmaßes an Selbstkontrolle, um nicht dem Größenwahn zu verfallen. Am Ende ist Deterding – wie es den Anschein hat – damit im Großen und Ganzen fertiggeworden. Seine Aufenthalte in St. Moritz boten Möglichkeiten zur Rückkehr auf den Boden und zum Innehalten, zum Nachdenken. Während Deterding sich auf der Sonnenseite des Lebens befand, haben andere jedoch für ihre Loyalität bezahlt. Die Jahre in Äquatornähe, der beinharte Konkurrenzkampf, der Wunsch nach Ubiquität und politische Fehlentscheidungen haben Deterding Lebenszeit gekostet.

Er hat für das Leben auf der Überholspur einen Preis zahlen müssen, »ayant marché vivant dans le rêve argenté«, wie es in einer französischen Kulturzeitschrift über ihn hieß – Deterding habe den goldenen Traum zeitlebens träumen dürfen.[3]

Anmerkungen

1 Shell-Geschichte, passim.
2 Zitiert nach Yergin, Der Preis, S. 269.
3 Maurice Lewandowski: Sir Henri Detering, in: Revue des Deux Mondes (4) 1939, S. 680–693.

8 Fehleinschätzungen mit Folgen: Mexiko, Russland

Die Zwänge der Geografie

Dem mexikanischen Diktator Porfirio Diaz wird das Zitat zugeschrieben: »Armes Mexiko, so fern von Gott und so nahe an den Vereinigten Staaten.« Sicher ist, dass diese Aussage für die Zeit von Henri Deterding zutraf, dass er sie jedoch falsch deutete. Die mexikanische Revolution war nicht mit dem Ereignis vergleichbar, das ein knappes Jahrzehnt später die Zarenherrschaft hinwegfegte. Es gab keine Großmacht, die in der Nähe oder willens war, auf die Lage in St. Petersburg und in Moskau massiven Einfluss zu nehmen bzw. die Geschichte »rückgängig« zu machen. So gesehen, wurde das Jahr 1911 zum Schicksalsjahr für Deterding. Denn es sollte auch zu einer Fehlbewertung von Hitler und dem Nationalsozialismus führen.

In Mexiko wurde der greise Präsident Diaz im Jahre 1911 gestürzt, es war der Beginn der mexikanischen Revolution, die schon bald auf die Ölfelder übergriff und die ausländischen Investoren verunsicherte. Banden zogen durch das Land, bedrohten Betriebsleiter, Ingenieure und Arbeiter. Die Niederlande entsandten demonstrativ im Jahre 1914 ein Kanonenboot nach Tampico. Im Zehnjahresabstand sollten sich diese Bilder in Russland wiederholen. Die USA griffen ein, entsandten Truppen, die Mexiko erst 1917 verließen. Die Deutschen versuchten, das neutrale Land auf ihre Seite zu ziehen und es damit gegen die USA zu positionieren. Das in diesem Zusammenhang bekannt gewordene »Zimmermann-

Telegramm« vom Januar 1917 trug wesentlich zum Kriegseintritt der USA bei. In der Depesche, die abgefangen wurde, hatte der Staatssekretär im deutschen Außenministerium die Mexikaner zu einem Militärbündnis ermuntert. Zwei Millionen Mexikaner verloren in dem Jahrzehnt zwischen 1911 und 1920, einer einzigen Abfolge von Aufständen, ihr Leben. Eine knappe Million floh in die USA.

Der Konflikt, der durch die Verstaatlichung der mexikanischen Ölfelder entstanden war, war von grundsätzlicher Natur.[1] Staatliche Souveränität und Eigentumsrechte standen gegen Vertragstreue. Wem gehörten die Einkünfte aus dem Ölgeschäft? Bis 1884 hatte die Rechtslage so ausgesehen, dass alle unter der Erdoberfläche befindlichen Bodenschätze der Nation gehörten. Diktator Diaz hatte diese Rechtslage so verändert, dass derjenige über Einnahmen jedweder Art verfügen konnte, dem der Boden gehörte. Die Folge davon war, dass ausländische Investoren 90 Prozent der mexikanischen Ölindustrie kontrollierten. In der 1918 in Kraft getretenen Verfassung wurden die Bodenschätze Mexikos zum nationalen Eigentum erklärt, was einer Verstaatlichung gleichkam. Die Ölgesellschaften liefen Sturm. Ohne ausländisches Kapital konnte Mexiko kein Öl fördern. Die Banken wiederum wollten den Mexikanern gern Kredite gewähren, aber nicht ohne staatliche Garantien. Das verursachte einen Konflikt mit den Ölkonzernen. 1920 war Mexiko der zweitgrößte Ölproduzent weltweit. Danach fiel die Produktion, die Konflikte mit den USA schwelten weiter, auch mit Deterding. Um sich ein Bild von der Lage zu verschaffen, hielt er sich Ende 1923 neun Tage in Mexiko auf. Es gab Ärger, als Deterding bei einem Firmenball in Mexiko City von »Eingeborenen« sprach. Ein Manager eines Konkurrenzunternehmens stellte fest: »Henri Deterding ist unfähig, in Mexiko etwas anderes zu sehen als eine Kolonialregierung, der man schlicht und einfach Befehle erteilt.« Er habe versucht, den Niederländer zu

»desillusionisieren«, sei damit gescheitert und habe sich noch den Vorwurf eingehandelt, »selbst ein halber Bolschewik zu sein«. »Die großen Ölkonzerne«, so der Manager, »müssten lernen, in der Welt von heute den Preis zu zahlen, der verlangt wird, wenn sie Öl haben wollten – gleichgültig wie unsinnig er ist, desto besser für sie und die Aktionäre.«[2] 1938 wurden die mexikanischen Ölfelder erneut verstaatlicht.

Aber bis dahin waren Amerikaner und Briten die Herren im Haus. Die britische Regierung garantierte die Sicherheit einer Raffinerie, als dort Kämpfe zwischen diversen revolutionären Gruppen ausgebrochen waren. Ein Kilometer von der Raffinerie flussaufwärts und ein Kilometer flussabwärts wurden unter den Schutz der Krone gestellt. Kam es dennoch zu Kämpfen, genügte ein Anruf bei Royal Dutch/Shell in London. Von dort ging ein weiterer Anruf an die britische Admiralität und ein Kanonenboot wurde in Marsch gesetzt.

Erst der Zweite Weltkrieg brachte eine Annäherung und Streitschlichtung zwischen den USA und Mexiko. Unterschiedliche Mentalitäten und unterschiedliche Kulturen haben dabei immer eine Rolle gespielt: hier die damals noch protestantisch geprägte Supermacht, dort der katholisch geprägte Staat, der sich von der Dominanz der Kirche zu befreien suchte. Dabei profitierte das mittelamerikanische Land von dem riesigen Bedarf an Arbeitskräften für die US-Rüstungsindustrie. Präsident Roosevelt besuchte Mexiko im Jahre 1943. Ein Jahr später erklärte sich Mexiko bereit, für enteignete Vermögenswerte der US-Ölgesellschaften eine Entschädigung zu zahlen.

Der neue Ölgigant

Kurz vor dem Ersten Weltkrieg war das zaristische Russland der zweitgrößte Erdölproduzent weltweit.[3] Es hatte einen Anteil von 16 Prozent an der Weltproduktion. Die Ölpolitik von Zar Nikolaus II. hatte sich ausgezahlt, der die Nobel-Brüder und eine Pariser Bank ins Land geholt hatte. Als sich die Rothschild-Bank aus dem Geschäft zurückzog und ihre Ölfelder zum Verkauf anbot, griff Deterding zu. Es sollte sich als der größte Fehler in seiner außerordentlichen Karriere erweisen. Er nahm die Schlappe als persönlichen Affront hin. Es spricht für ihn, dass er den Fehler später freimütig zugab.[4] Deterding hatte schon 1914 eine grundlegende Veränderung der politischen Verhältnisse in Russland vorausgesehen, aber nicht in der Richtung, in der sich der Prozess nun entwickelte.

Am 1. Juni 1918 wurde durch eine Verordnung des Rates der Volkskommissare die gesamte russische Erdölwirtschaft verstaatlicht. Baku wurde nun zum Schauplatz von Auseinandersetzungen, bei denen einmal die Mittelmächte, also Deutschland und die Türkei, ein anderes Mal die Entente-Mächte die Oberhand behielten. Staaten wurden am Kaukasus gegründet und verschwanden wieder. Eine Zeit lang konnte Deterding hoffen, dass sich die Verhältnisse in die gewünschte Richtung entwickeln würden. Als die Rote Armee 1920 nach längerem Hin und Her Baku eroberte, wurden die Ölfelder endgültig verstaatlicht. Für Royal Dutch/Shell bedeutete das den Verlust eines Drittels der Gesamtproduktion an Öl. Hinzu kamen über 8 Millionen Pfund eingesetztes Kapital in 15 russischen Unternehmen.

Henri Deterding im Zenit seiner Karriere im Jahr 1922

Bruthölle Baku

Im Gegensatz zu anderen Gebieten in Russland, die sich der kommunistischen Machtübernahme widersetzten, war die Situation in der Kaukasusregion eine andere. Sie war trotz ihres Reichtums an Bodenschätzen eine der am schlechtesten verwalteten und ärmsten Gebiete Russlands, da die Arbeiter auf den Ölfeldern unter unvorstellbaren Bedingungen schuften mussten. 1903 kam es in Russland zu einer riesigen Streikwelle, die von Baku aus ihren Anfang nahm. Als Propagandisten der Revolution erlernten Lenin und Stalin hier ihr Handwerk. Die Vertriebswege für Öl, das Verteilungssystem in dem riesigen Land erleichterten ironischerweise die Verbreitung revolutionärer Schriften. Stalin gehörte als junger Mann zu denen, die Arbeitsniederlegungen bei den Unternehmen der Rothschilds organisierten. »Dort leistete ich mein

Gesellenstück für die Revolution«, bekannte er später. Als Deterding die Nachfolge der Rothschilds antrat, mussten die russischen Agitatoren, erprobt im Geschäft, praktisch nur das Namensschild auswechseln. Bezeichnenderweise ist später versucht worden, Deterding zu einem Antisemiten zu machen, der er nie war. 1905 drohte die Lage am Kaukasus vollends umzukippen, zusätzlich brachen ethnische Konflikte zwischen muslimischen Tataren und christlichen Armeniern aus. Die Nobels, seit 300 Jahren in Russland ansässig, hatten nur noch einen Gedanken: »Raus aus dem Land!« Ihre zweite Generation, mit der Deterding mittlerweile gute Kontakte entwickelt hatte, war auch der antisemitischen Angriffe wegen müde geworden. Deterding wurde mit ihnen am Ende nicht handelseinig, dafür mit den Rothschilds. 1912 war der Deal nach langen Verhandlungen perfekt. Royal Dutch/Shell erwarb eine gewaltige Förder-, Raffinerie- und Verteilerorgansiation, die 20 Prozent der russischen Ölförderung kontrollierte. Das Ziel von Royal Dutch/Shell war, durch den Kauf die Basis des Unternehmens zwischen den Engagements in West und Ost besser auszutarieren. Optimistisch antwortete Deterding auf die Frage, warum er nach Russland gehe, er habe die Absicht, »Geld zu verdienen«.

Genau dies war seit 1920 nun infrage gestellt, Deterding hatte die Entwicklungen in Russland, die seit 1917 eingetreten waren, falsch eingeschätzt, obwohl sie zum Teil vorhersehbar waren. Eine Warnung für ihn hätte auch sein müssen, dass das Osmanische Reich vor 1914 breite Gebietsstreifen entlang der von den Deutschen erbauten Bagdad-Bahn verstaatlicht hatte, als diese sich als ölträchtig herausstellten. Berlin protestierte vergeblich. Gulbenkian war dabei der Drahtzieher. Zusammen mit anderen Ölfirmen verlangte Deterding nun Entschädigung für den von den Sowjets verstaatlichen Besitz. 60 Prozent der beschlagnahmtem Ölfelder gehörten »rein juristisch betrachtet« ihm, sagte er. Lenin entsandte

Die Sowjetunion verstaatlicht die Ölquellen von Royal Dutch/Shell im Jahr 1927 endgültig

einen der besten Köpfe, die es in den eigenen Reihen gab, nach Westen, den für Außenhandel zuständigen Kommissar Leonid Krassin. Er sollte zum großen Gegenspieler von Deterding werden. Geschickt spielte Krassin unterschiedliche Interessengruppen im Westen gegeneinander aus. Die am Boden liegende sowjetische Ölindustrie erholte sich unterdessen rasch, wurde mithilfe westlicher Technik repariert und modernisiert und setzte den Weltmarkt mit Billigangeboten unter Druck. Deterding zeigte sich davon nicht allzu sehr beeindruckt. In seinen Memoiren behauptete er, dass mit einem Viertel der von den Sowjets getätigten Investitionen bessere Resultate zu erreichen gewesen wären. Die Russen hätten nie verstanden, dass es neben Zeit und Geld auch auf Erfahrung ankomme. Eine klare Linie bei Deterdings Verhalten gegenüber Russland lässt sich allerdings nicht erkennen. Er deutete die britische Russlandpolitik als eine prinzipielle, sah sich in einem Boot mit 10 Downing Street, und kaufte gleichzeitig Erdölkonzessionen von russischen Emigranten auf, um den Verhandlungsdruck seines Unternehmens zu erhöhen. Er begab sich damit immer tiefer in den politischen Sumpf.

Pokerspiel mit den Sowjets

Als Krassin bei einem seiner häufigen London-Trips Deterding sprechen wollte, lehnte der Niederländer dies ab. Zunächst müsse es ein Regierungsabkommen zwischen London und Moskau geben. Vergeblich übte der britische Premier Lloyd George Druck auf Deterding aus, der schließlich Coljin als Vertreter schickte. Die Taktik der Sowjets zeigte bereits Erfolge, die Anglo-Persian Oil Company (APOC) schloss ein Abkommen mit den Russen ab, das Bohrungen auf Flächen erlaubte, die Royal Dutch/Shell gehörten!

Aber noch war der Konflikt zwischen Deterding und der Sowjetunion kein prinzipieller, noch gab es Spielräume für Verhandlungen. Im Gespräch war vorübergehend ein Syndikat, gebildet von Shell, Mexican Eagle und der APOC, in dem Deterding den Vorsitz haben sollte. Der Vorstandsvorsitzende von Royal Dutch/Shell schickte 1922 einen Vertrauten nach Moskau, der monatelang mit den Russen verhandelte. Die staatliche russische Ölgesellschaft NAFTA bot Deterding schließlich eine Konzession für den Großraum Grosny an. Die sowjetischen Machthaber waren gespalten, Lenin dafür, eine radikale, mit der Geheimpolizei verbundene Gruppe dagegen. Als eine Einigung bevorstand, wurde die unterschriftsreife Vereinbarung zwischen NAFTA und Royal Dutch/Shell am Vorabend der Konferenz von Genua an die französische Zeitung *Le Monde* durchgestochen. Deterding, der sich in

Leonid Borissowitsch Krassin (1870–1926)

Kalifornien aufhielt, konnte nicht rechtzeitig kommen, um die Lage zu bereinigen. Die beiden Have-nots Deutschland und Russland waren in Genua bei einer Konferenz der Siegermächte von 1918 erstmals vertreten und schlossen ihrerseits am Rande des Treffens den Vertrag von Rapallo ab. Royal Dutch/Shell blieb mit den Russen im Gespräch, bei einer Konferenz im Haag scheiterte Deterding jedoch mit dem Versuch, eine westliche Einheitsfront gegenüber Russland zu bilden. Franzosen, Belgier und Amerikaner waren dagegen. In Paris kam es schließlich zu einer Verabredung, die Deterding wenige Monate später torpedierte, indem er zur Irritation seiner Partner den Russen erhebliche Ölmengen abkaufte. Zwei Jahre lang führte Deterding mit Krassin Geheimverhandlungen. Die Bruchstellen in der westlichen Front gegenüber Russland waren nicht mehr zu schließen, Rapallo hatte den Anfang gemacht. Das Auf und Ab in Deterdings Verhandlungspositionen gegenüber den Sowjets bezeichnen die Autoren der Shell-Geschichte zu Recht als »kommerziellen Opportunismus«. Plötzliche Positionswechsel machten über die Jahre auch seinen Mit-Direktoren bei Royal Dutch/Shell zu schaffen.

Eine politische Ehe

Ein erster Radikalisierungsschub trat bei Deterding offensichtlich ein, als er die Weißrussin Lydia Pavlovna heiratete, eine erbitterte Gegnerin des Regimes. Sie zog ihren Ehemann Zug um Zug in die Gedankenwelt des russischen Exils hinein, das in Paris sein neues Zentrum hatte: mit Schnurrbart bewehrten Ex-Generalen, Rechtsradikalen und Menschewiken, Abenteurern, Fanatikern, käuflichen Politikern und ökonomischen Visionären, Messias-Typen und kleinen Napoleons. Jeder hatte seine Lösungsidee und fast alle wollten Geld. Wem sollte man zuhören? Wer war der geeignete Berater, um Schneisen in diesen Urwald zu schlagen?

Andere Probleme kamen hinzu. Ein Aufstand in Georgien wurde 1924 von den Kommunisten brutal niedergeschlagen, Deterding der Beteiligung und Finanzierung verdächtigt. Deterding dementierte vergeblich, wie Jahre später, als der Spanische Bürgerkrieg ausbrach. Als es Mitte der 1920er-Jahre zu einer kurzen »Tauwetterperiode« zwischen der Sowjetunion und Frankreich kam und Entschädigungszahlungen für französische Unternehmen im Raum standen, suchte Deterding seine Chance. Er bat die Rothschildts darum, ein Treffen mit Staatspräsident Poincaré zu arrangieren. Aber die Pariser Banker winkten ab, ein Gespräch zwischen diesen beiden Napoleons sei sinnlos. Deterding musste mit ansehen, wie die russische NAFTA, die nicht einmal die Inlandsnachfrage bedienen konnte, Öl zu Dumpingpreisen exportierte. Sie hatte dazu in Westeuropa ein Verteilernetz aufgebaut, mit dessen Einnahmen die Komintern finanziert wurde. Deterding sorgte im Hintergrund dafür, dass die Regierung unter Premier Baldwin die Dimension der sowjetischen Wühlarbeit und gezielten Unterwanderung begriff. Sie ließ in einer spektakulären Aktion das Hauptquartier von Arcos in London stürmen und unterbrach die diplomatischen Beziehungen zu Moskau. Seinem Freund Walter Teagle, der zur zweiten Generation einer US-Öldynastie gehörte, schrieb Deterding Anfang 1927: »Ich habe das Gefühl, dass jeder eines Tages bedauern wird, dass er es mit diesen Räubern zu tun hatte.« Immer schwerer fiel es dem Niederländer, Contenance zu bewahren. Seine eruptiven Ausbrüche bei Empfängen und Dinners wurden zum Gesprächsthema in den europäischen Hauptstädten.

Im gleichen Jahr erschütterte der sogenannte »Tscherwonzen«-Skandal die Weltpresse. Exil-Georgier, Gegner des kommunistischen Russlands, hatten versucht, mit gefälschten Banknoten die Sowjetunion zu überschwemmen und damit das Land wirtschaftlich und politisch zu destabilisieren. Das Regime könne dann mithilfe einer militärischen Intervention von außen leicht gestürzt werden und Georgien seine Unabhängigkeit zurückerlangen, die es 1920 für kurze Zeit hatte. Die Fälschertruppe flog rechtzeitig auf, sie hatte nur 12 000 Geldscheine in Umlauf gebracht. Deterding und ein deutscher Ex-General wurden verdächtigt, hinter der Operation zu stehen, was nie bewiesen wurde. Der Niederländer dementierte jede Beteiligung. Deutsche Gerichte beschäftigten sich mit Unterbrechungen über Jahre hinweg mit dem Fall, ohne ihn aufklären zu können.

Der Propagandakrieg

Gegen Ende der 1920er-Jahre begannen die Kommunisten in Moskau und ihre Helfer im Westen, sich auf Deterding einzuschießen. Das Band zwischen den bisherigen Verhandlungspartnern war nun endgültig zerschnitten. Und wenn eines zutraf, dann dies: Deterding wollte den Regime-Wechsel in Moskau. Weil er dies unverblümt aussprach, fiel es Stalin nicht schwer, Gegenkräfte zu mobilisieren. Prominente russische Journalisten und Literaten ließen sich für den im großen Stil einsetzenden Propaganda-Feldzug gegen den Niederländer einspannen, unter ihnen Wladimir Majakowski, Karl Radek, Michael Koltsoff und Ilja Ehrenburg, der 1944/45 die Rote Armee dazu aufrief: »Tötet den Deutschen!«

In weiteren Kampagnen wurde behauptet, dass Deterding Hitler finanziere. Diese »Doppelung« von Vorwürfen ist vermutlich die Hauptursache für das Negativ-Image, das Deterding bis heute anhaftet. Ein ähnlicher Vorwurf traf den schwedischen Unternehmer Ivar Kreuger, der ein Streichholzmonopol (match monopoly) besaß. Sein einziger Konkurrent war ein russisches Staatsunternehmen. Als die Komintern von finanziellen Schwierigkeiten Kreugers erfuhr, organisierte sie mithilfe von Helfershelfern im Bankwesen ein Kartell, das den Schweden wirtschaftlich ruinierte. Kreuger beging im April 1932 Selbstmord.

Es spricht viel dafür, dass die bei Kreuger angewandte Methode auch bei Deterding zum Erfolg führen sollte. Unter der Anleitung des in Deutschland operierenden Propagandisten Willi Münzenberg lief eine Kampagne an, bei der Deterding beschuldigt wurde, Hitler zu finanzieren. Ähnliches passierte in Russland, dort wurden sogar Bilder des Niederländers verbrannt, der sich phänotypisch so gut für die Inkarnation des bösen Kapitalisten eignete. Die Dinge spitzten sich zu, als es

Sowjetisches Propaganda-Poster, auf dem Deterding (rechts oben mit Zylinder) als einer der Köpfe der Konterrevolution bezichtigt wird. Er sei mit seinen Komplizen bereits »vernichtet«.

einem Kommando des sowjetischen Geheimdienstes GPU im März 1930 gelang, den weißrussischen General Koutepoff in Paris zu kidnappen. Koutepoff war Kopf einer antisowjetischen Militärallianz. Bei Verhören in Moskau sagte der Entführte aus, dass Deterding einer seiner wichtigsten Finanziers sei. Mithilfe von Gulbenkian gestartete Spekulationen an den Börsen gegen Shell-Aktien liefen ins Leere, Deterding hatte rechtzeitig präventive Maßnahmen ergriffen, die Gegenseite erlitt massive Verluste. Eine von der Münzenberg-Presse initiierte Artikelserie nach dem Motto: »Ölkönig Deterding vor der Pleite« blieb wirkungslos. Gulbenkian, der zu dieser Zeit in Paris lebte, floh. Mithilfe seines Investigativteams gelang es Deterding, die Hintermänner der Börsenmanipulation aufzudecken. Er gab seine Kenntnisse an die Franzosen weiter, die einen weiblichen Komintern-Kurier mit einer Menge Bargeld auf frischer Tat verhafteten. Die Frau, eine polnische Emigrantin, die schon im Falle Kreuger eine verhängnisvolle Rolle gespielt hatte, beging Selbstmord. Deterding erhielt einen Drohbrief: »Denke an das Schicksal von General Koutepoff.« Der weißrussische General war im Mai 1930 nach wochenlangen Verhören unter ungeklärten Umständen in einem Moskauer Gefängnis gestorben.

Während die Welt sich darauf einstellte, es auf Dauer mit einem kommunistischen Russland zu tun zu haben, setzte Deterding seinen persönlichen Krieg gegen Russland fort. Er hatte dabei auch seinen amerikanischen Konkurrenten Standard Oil im Auge, er fürchtete ein Zusammenspiel der Amerikaner mit den Russen. Auch aus diesem Grund hielt er sich zu dieser Zeit regelmäßig in den USA auf und eröffnete im April 1930 das architektonisch eindrucksvolle Shell-Building in San Francisco. Unterdessen wuchs die russische Ölproduktion: von 60 000 000 Barrel im Jahre 1926 auf 156 000 000 im Jahre 1931. Warum fürchten mich die Russen?, fragte Deterding in seinen Memoiren. »Weil sie wissen, dass ich sie durchschaue – als ein Haufen bluffender Tyrannen.« Ganz stimmte das nicht. Mittels eines ungeheuren Kraftaktes, der Millionen Menschen das Leben kostete, kehrte die Sowjetunion als Ölproduzent in die Weltpolitik zurück. Dabei half ihr der Westen.

Anmerkungen

1 Shell-Geschichte, passim.
2 Zitiert nach Yergin, S. 356.
3 Hendrix, passim; Howarth, Oil, passim; Yergin, passim.
4 Memoiren Deterding, S. 123.

9
Fake News

Ratio gegen Emotion

Deterding werden faustische Absichten und Kräfte unterstellt. Er wird verdächtigt, Umsturzversuche von der Größenordnung eines Regimewechsels in der Sowjetunion und zahllose Komplotte unternommen zu haben, in innerstaatliche Konflikte wie in Georgien und in den Spanischen Bürgerkrieg auf der Seite Francos eingegriffen zu haben, am Ende auch Hitler und den Nationalsozialisten unter Einsatz astronomischer Geldsummen den Weg zur Macht geebnet zu haben. Noch heute gibt es Menschen, die dies glauben. Aber selbst ein Deterding hatte nicht die Mittel, um es mit ganzen Staaten aufzunehmen, und er hatte auch nicht das Wissen, die Netzwerke und Soldaten, die öffentliche Meinung, die erforderlich sind, um ein Regime wirklich in Gefahr zu bringen. Er konnte allenfalls der Beifahrer der damaligen beiden Großmächte sein, Britisches Empire und USA, und hoffen, diese in seinem Sinn zu steuern. Sicher ist, dass er seinen ganz eigenen Kopf, seine ganz eigenen Theorien hatte. Aber diese zerstoben in der Frühphase des Dritten Reiches. Am Ende ist Deterding bis zum Gegenbeweis rationales Handeln zuzubilligen. Er war Vorstandsvorsitzender eines Weltunternehmens, das sich rational zu verhalten hatte und sich rational verhielt.

Henri Bérenger, eine der interessantesten Figuren im Politikbetrieb der Zwischenkriegszeit, ein Spezialist für Energiefragen, jubelte im Jahre 1919: »Wer über das Petroleum verfügt, wird über die Welt verfügen; denn er wird die hohe See mit den schweren, das feste Land mit den leichteren und die Luft mit den flüchtigsten Ölen beherrschen. Und mit dem fantastischen Reichtum, der ihm aus dem Öl zufließt, wird er die Menschheit in seiner Macht halten.«

So oder ähnlich dürfte Henri Deterding zu dieser Zeit gedacht haben. Aber er stand mit derartigen Überlegungen über die strategische Bedeutung des begehrten Rohstoffes und vor allem, was den Zugang zu dieser Energiequelle betrifft, nicht allein. Im Gegenteil, die Besten der Besten zerbrachen sich die Köpfe. Überall wurde gegen Ende des Ersten Weltkriegs aufgrund der gesammelten Erfahrungen, der Niederlagen, über das Energieproblem nachgedacht. Deutschland, das vor allem mit Großbritannien konkurriert hatte, war fürs Erste aus dem Spiel, es war im Nahen und Mittleren Osten nicht länger vertreten. Das sollte Folgen haben.

Auf dem gesellschaftlichen Gipfel

Das erste Jahrzehnt nach dem Ersten Weltkrieg bescherte Deterding nicht nur maximalen wirtschaftlichen Erfolg, sondern auch gesellschaftliche Anerkennung in höchstem Maß. 1920 wurde er vom britischen König zum Ritter geschlagen. Ob er sie suchte, ob sie ihm mit ihrem zeitlichen Aufwand, mit der Dauerberieselung und unvermeidlich eintretenden Monotonie gefiel, ist eine durchaus offene Frage. Der andauernde persönliche Höhenflug als CEO von Royal Dutch/Shell war jedoch ohne die gesellschaftliche Begleitmusik nicht zu haben. Diese schwoll nun an: mit Champagner-Empfängen, Staatsdinners, Soireen in europäischen Hauptstädten und Jagdeinladungen. Deterding selbst hat sich zu seinem Leben im Überfluss ein paar Jahre später so geäußert: »Geld im großen Stil aus egoistischen Motiven zu verdienen ist ein wenig inspirierendes Spiel. Üblicherweise gelangt derjenige, der es betreibt, an ein unbefriedigendes Ende, das er verdient. Niemand, der zu einem großen Vermögen kommt, kann eine Erfolgsgeschichte für sich reklamieren, es sei denn, er setzt diesen Reichtum im Dienste der Gesellschaft ein.[1]

Bald darauf gesellte sich neben London auch Paris zu einem großen, viel beachteten Schauplatz für seine Auftritte, von 1924 an in Begleitung einer Russin. Boulogne-Billancourt, ein Pariser Nobelviertel, wurde zum Zentrum der Deterding'schen Aktivitäten. Das Paar wurde weltweit beobachtet und beschäftigte die Fantasie vieler Menschen. Zu keinem Zeitpunkt kam Berlin hinzu. Wenn Deterding in die deutsche Hauptstadt kam, stieg er im Hotel *Bristol* ab. Die Atmosphäre in dem Luxushotel »Unter den Linden« war britisch/amerikanisch. Es galt als die internationalste Adresse Berlins.

In Zeitungen und Illustrierten wimmelte es von Beiträgen über den »Oil Man«, über den angeblich reichsten Mann der Welt. Allein dies bot eine gewaltige Projektionsfläche für Spekulation, Neid und Missgunst, die vor allem von der britischen Boulevardpresse befeuert wurde. Deterding versuchte, die Kontrolle über Text und Bild zu behalten. Als einer der berühmtesten Fotographen der Zeit darum bat, ein Foto bei einem Board-Meeting im Haag zu schießen, ließ sich Deterding drei Monate Zeit mit der Genehmigung. Er verlangte im Gegenzug von dem Reporter ein Foto von einer Sitzung des niederländischen Kabinetts. Politiker, die er nicht für wichtig befand, ließ er abblitzen. Auf ein Buch angesprochen, das über ihn erschienen war, räumte Deterding ein, es gelesen zu haben. »Wie viel stimmt davon«, fragte der Reporter, »Etwa ein Prozent«, antwortete Deterding.[2]

Deterdings PR-Politik war nicht ohne Widersprüche. Denn seine Russlandpolitik hatte zur Folge, dass er die Diskretion des Unternehmers aufgeben musste, der am liebsten insgeheim, in deutlicher Distanz zur nervösen Öffentlichkeit operiert. In der Kombination von »Kampf gegen Moskau« und

Wahl der zweiten Frau war diese Zurückhaltung nicht länger möglich. Deterding nahm darüber hinaus nun auch zu den großen Fragen der Zeit konsequent und äußerst exponiert Stellung. Die Folgen waren unvermeidlich. In einer ganzen Reihe von Ländern – im Grunde genommen in ganz Europa – beschwor er eine Spaltung zwischen Menschen, die ihm seinen persönlichen Erfolg gönnten, und erbitterten Gegnern. Als Gegenstand für Karikaturen bestens geeignet – mit seinem Schnurrbart und im Anzug mit Weste der böse Kapitalist schlechthin – bot Deterding mannigfache Reibungsflächen. Viele seiner Geldflüsse und Zuweisungen in dieser Zeit waren geheimnisumwittert. Dokumente waren und sind rar und bilden damit ein weites Feld für Unterstellungen und Spekulationen. Leicht werden Plausibilitäten zu Mutmaßungen und dann zu Fakten, wird aus 1 Million Mark ein Riesenbetrag in englischen Pfund. Deterding war offensichtlich zeitlebens ratlos gegenüber dem Hass, der ihm entgegenschlug. Die bislang eingesetzten Gegenmittel – zumeist hatte ein Anruf beim Verleger genügt – wirkten nicht mehr. Die neue Wut war besonders leicht zu mobilisieren, weil der Systemkonflikt zwischen Ost und West immer erbitterter ausgetragen wurde, die Propagandamethoden sich verfeinerten und Deterding die ideale Pars pro toto-Gestalt in dieser Auseinandersetzung wurde. Unverdrossen glaubte der Kaufmann, nicht nur recht zu haben, sondern es auch bekommen zu können – notfalls mit dem Einsatz von Geld für eine gute Sache. Unter vier Augen waren die Aussagen der Politiker vermutlich auch andere, ihn ermunternde, als in der Öffentlichkeit. Es wurde politisch einsam um ihn. Seit dem 16. Jahrhundert gibt es das Sprichwort: »Hannemann, geh Du voran.«

Deterding legte in diesen Jahren die letzte Etappe auf dem Weg zum Weltbürger zurück, der in Europa und in den USA in gleicher Weise zu Hause war. Weder den Niederlanden noch Großbritannien und am Ende Deutschland gehörte er wirklich, vom Kopf her vermutlich am ehesten den USA. Amerikareisen nahmen ab 1928 deutlich zu. Weltberühmte Museen, die auf seine Schenkungen verweisen, geben London als Heimatort an, aber dies stimmt nur zur Hälfte. Deterding konnte daher leicht als frei flottierender Repräsentant des internationalen Finanzkapitals diffamiert werden. Über die Person war erstaunlich wenig bekannt, wie die wenigen zeitgenössischen Publikationen über ihn zeigen. Sie lassen sich mühelos in einer Aktentasche verstauen. Wenige kannten ihn wirklich, kaum einen Journalisten ließ er an sich heran. Die detaillierteste Auskunft über sich selbst gab er einem großen US-Magazin. Schon die Publizisten in den 1920er-Jahren ergingen sich in Spekulationen über ihn, voran die Autoren der »Weltbühne«, also prominente Namen. »Wenn Geld ins Spiel kommt«, so hat es der Historiker Thomas Trumpp einmal formuliert, werden Untersuchungen über das Verhältnis der Industrie zum Nationalsozialismus »besonders konjektural,« d.h, sie basieren auf Vermutungen.[3] Das macht es schwer, ein präzises Bild über das Leben von Henri Deterding nach 1918/19 zu gewinnen. Aber es ist möglich und es verändert den Blick auf ihn.

Reizfigur Deterding

Das große Reizthema neben Russland ist Deterdings Haltung zum Nationalsozialismus. Das hat viele Berufene und Unberufene auf den Plan gerufen, wie schon ein Kurzdurchgang durch das Internet zeigt. Auch die öffentliche Meinung der Niederlande scheint davon beeindruckt zu sein, die sich mitunter etwas unfair an ihrem verlorenen Sohn abarbeitet. In Wirklichkeit ist Deutschland und damit die eigene Vergangenheit gemeint, die »verdammten« Jahre von 1940 bis

1944, in denen es wie in anderen besetzten Ländern auch in den Niederlanden Mutige, Mitläufer und Täter gab.

Denn es begann nun ein Jahrzehnt der »fake news«, des ideologisch geführten Kampfes unter Einsatz aller Mittel, auch des Mordes. Es folgten die letzten knapp zehn Jahre im Leben Deterdings, in denen der Kampf um die Deutungshoheit, die Einordnung von Ereignissen, die Deutung von Personen noch brutaler wurde. Er wurde offen und verdeckt geführt und hält bis zum heutigen Tage an. In Frankreich ist unlängst ein wirres Buch mit abenteuerlichen Aussagen und Spekulationen über Deterding und seine Familie erschienen.[4] Die Schnüffeleien und Nachforschungen machen nicht einmal vor seinen Enkeln Halt. Man fragt sich zu Recht, welche Motive hinter der französischen Publikation stehen, die sehr aufwendig und zeitintensiv betrieben worden ist. Eine Tochter des mittlerweile verstorbenen Autors Georges Bornes berichtet von einer Recherche, die 15 Jahre gedauert haben soll. Bornes, Journalist, gab einen Informationsdienst für Themen der Ölwirtschaft heraus. Sollte es zutreffen, dass der Verfasser des Buches an allen Plätzen war, die für das Leben von Deterding relevant waren – also in Europa, dem amerikanischen Doppelkontinent und großen Teilen Asiens –, sind die Kosten der Recherche nicht zu unterschätzen. Veröffentlicht wurde das Buch in einem viertklassigen Verlag, die verkaufte Auflage dürfte sich im dreistelligen Bereich bewegen.

Gibt es einen Geldgeber, gibt es Kreise, die ein Interesse haben, das Leben von Henri Deterding periodisch buchstäblich in den Dreck zu ziehen? Gibt es Verbindungslinien – sachlich wie personell –, die von den 1920er-Jahren bis heute reichen? Spielt der Name Münzenberg hier eine Rolle? Gibt es einen »Stationsweg«, der vom Berlin der 1930er-Jahre ins Paris der Gegenwart führt? Der kürzlich erstmals ins Deutsche übersetzte Roman des Exilrussen Mark Aldanow »Der Anfang vom Ende« bietet dafür einige Hinweise. Entscheidend bleibt, dass Deterding als Pars pro toto Gegenstand einer viel größeren, ideologisch bedingten Auseinandersetzung geworden ist.

Blickt man zurück auf das Schicksalsjahr 1918, in dem die Welt zerbrach, die Deterding kannte, sieht es ganz danach aus, als wenn es zu einer Aufspaltung in seinem Weltbild kam. Auf der einen Seite war seine Unterstützung für den Krieg der Entente-Mächte ungebrochen, das moralische und emotionale Bekenntnis zu Großbritannien stabil, auch vermittelt durch seine Söhne, die Briten geworden waren oder es bald wurden. Auf der anderen Seite begann eine Annäherung an den Kriegsverlierer Deutschland, begleitet von einer für Deterding neuen Sicht auf den Osten des Kontinents.

Ukraine 1917/18

Sie hatte viel mit den Ereignissen zu tun, die sich vom Sommer 1917 an in demselben Raum abspielten, der gut 100 Jahre später durch den russischen Angriffskrieg gegen die Ukraine seit Februar 2022 eine neue brutale Aktualität erhalten hat – soll man sagen, eine Neuauflage? Wie im 21. Jahrhundert und wie wiederholt in ihrer Geschichte begann die Ukraine im Sommer 1917 damit, sich aus dem zaristischen Riesenreich zu lösen und ihre staatliche Unabhängigkeit anzustreben.[5] Überall in Russland rumorte es nun, es gab Absetzbewegungen in Finnland und im Baltikum, in der Ukraine, im Dongebiet, auf der Krim und im Kaukasus. Sie wurden von Berlin aus gefördert, wo die Macht in der Schlussphase des Ersten Weltkriegs faktisch in den Händen von Militärs lag. Die 3. Oberste Heeresleitung (OHL) unter Hindenburg und Ludendorff verfolgte vor allem im Krieg gegen Russland Ziele, an welche die Nationalsozialisten später anknüpften. Für einige Monate sah es 1918 so aus, als wenn der Versuch des Kaiserreiches erfolgreich sein könnte, eine deutsche Hegemonialstellung in Osteuropa zu errichten und damit auch eine indirekte Herrschaft über die gewaltigen Räume im Süden Russlands bis zum Kaukasusgebiet zu erlangen. Die deutschen Erfolgschancen stiegen, als die russischen Kommunisten unter Lenin bereit waren, zum Erhalt ihrer Machtbasis eine »Atempause« einzulegen, um die Revolution zu retten. Sie gaben ihr Vorfeld auf, um das Zentrum, sprich St. Petersburg und Moskau, zu stabilisieren, wo die Entscheidung über die Zukunft des Landes fallen würde. Im Dezember 1917 kam es in Brest-Litowsk zu Verhandlungen zwischen Deutschen und Russen. Mit am Verhandlungstisch saß ein kaiserlicher General, der einige Jahre später zu den wichtigsten Beratern von Henri Deterding zählen sollte.

In das riesige Machtvakuum, das im Laufe des Jahres 1918 entstand, stießen auch andere Mächte hinein, voran die Truppen der russischen Gegenrevolution, zu denen auch der neue Schwiegervater von Deterding gehörte. Östlich des Asowschen Meeres versammelte sich eine Armee unter dem russischen General Alexejew, die von der Entente unterstützt wurde.

Die Westmächte, also die Koalition, die seit dem 6. April 1917 von den USA angeführt wurde und das deutsche Kaiserreich zur Aufgabe gezwungen hatte, waren ebenfalls nicht untätig. Sie begannen im März 1918 damit, aus allen Himmelsrichtungen von der Peripherie her in Russland einzudringen. Britische Soldaten landeten in Murmansk, von wo aus die Interventionsmacht, fortlaufend verstärkt, sich auf den Weg nach Süden machte. Es gibt Hinweise, dass Deterding dieses Unternehmen – eine »Staatsaktion«! – finanziell unterstützt hat. Briten und Franzosen landeten auch in Archangelsk, dem Eismeerhafen. Amerikaner und Japaner gingen in Wladiwostok an Land, um Sibirien weiter zu destabilisieren, wo tschechische Korps bereits gegen die Roten kämpften. Obwohl sich die Hauptstoßrichtung der Alliierten gegen das kaiserliche Deutschland richtete, gegen seinen Ausbruchsversuch nach Osten, wurde das Auftauchen westlicher Streitkräfte in Russland von den Sowjets als Bedrohung der eigenen Position verstanden. Man konnte den alliierten Versuch, nach dem Ausfall des Zarenreiches eine neue Ostfront zu schaffen, auch so deuten.

Kiew fiel am 1. März 1918 an die Deutschen, zwei Tage später unterschrieben die Sowjets den Vertrag von Brest-Litowsk. Es war ein Diktatfrieden, der nur wenige Monate Bestand hatte, jedoch die Illusion einer deutschen Hegemonialstellung über Osteuropa schuf, die nicht aus den Köpfen verschwand. Denn die dahinterliegende Idee war, einen großen autarken Wirtschaftsraum in Osteuropa zu schaffen. Nur dieser könne sich, gestützt auf die Ölfelder am Kaspischen Meer, gegen die die Weltmeere beherrschenden Westmächte mit unbegrenztem Zugang zu Energiequellen behaupten.

Ganz Russland befand sich nun in Auflösung. Die Deutschen nutzten die Gunst der Stunde, brachen ihre Zusagen und stießen im Süden Russlands per Eisenbahn weit nach Osten vor. Die ukrainische Bahnverwaltung unterstützte sie dabei. Konflikte mit dem Bündnispartner Österreich-Ungarn konnten nicht ausbleiben. Berlin und Wien einigten sich daher auf die Teilung der Ukraine in zwei Besatzungszonen. Die Österreicher erhielten den Süden und damit Odessa. Die deutschen Truppen stießen weiter nach Osten vor und erreichten das Donezbecken mit seinen riesigen Kohlevorkommen. Und es ging weiter. Ende April 1918 befand sich die Krim mit dem wichtigen Kriegshafen Sewastopol in deutschen Händen, Anfang Mai wurde Charkiv erreicht. Vorübergehend kamen Pläne auf, die Krim zu germanisieren und einen »völkischen Kern« in der Nähe großer Ölvorkommen zu schaffen. Aber die optimistischen Annahmen über den weiteren Kriegsverlauf hielten nicht lange. Der deutsche Vormarsch nahm nun

Züge des Feldzuges von Alexander dem Großen an, der Kaukasus rückte ins Blickfeld. Unter dem Eindruck der neuen Verhältnisse erklärten Armenien, Georgien und Aserbaidschan ihre Unabhängigkeit von Russland. Mit den Türken begann nun ein Wettlauf um Baku, das die Briten zeitweilig besetzt hatten. Vorübergehend setzten sich die Türken gegen den bisherigen Bündnispartner durch. Doch am Ende erschien die Rote Armee an diesem Schlüsselort der Ölproduktion und der Verteilung des schwarzen Goldes. Die schier ungebrochene deutsche militärische Vorwärtsbewegung kam an ihr Ende, als sich die Kriegslage im Westen endgültig gegen die Deutschen wandte. Der Oberbefehlshaber der kaiserlichen Truppen, Generalfeldmarschall von Eichhorn, wurde im Juli 1918 in Kiew ermordet, der deutsche Gesandte in St. Petersburg von Mirbach vier Wochen später. Im September 1918 versiegte die deutsche Ostoffensive.

Konkursverwaltung

Am 11. November 1918 unterzeichnete das deutsche Kaiserreich einen Waffenstillstandsvertrag mit den Alliierten. Er kam einer Kapitulation gleich, beließ die Deutschen im Osten jedoch im Spiel. Denn die dort noch stehenden deutschen Truppen übernahmen eine Rolle im Kampf gegen den Bolschewismus und sicherten bis Anfang 1919 die Schwarzmeerküste als Vorposten der Entente. Mit dem Abzug der Deutschen entschwand für den Westen die Möglichkeit, auf die neue Lage in Russland militärisch Einfluss zu nehmen. Die Entscheidung fiel zu einem Zeitpunkt, als London und Paris noch nicht zu einer endgültigen politischen Bewertung der Lage gekommen waren. Die Briten entzogen dem Anführer der weißrussischen Armee, Admiral Koltschak, ihre Unterstützung und erkannten die Sowjetunion 1924 diplomatisch an. Deterding konnte sich also lange Zeit politisch im Einklang mit seiner Wahlheimat wähnen, in einem »Krieg« zwischen Großbritannien und der UdSSR, der auf den Feldern Fälschen, Intrige, Sabotage und Propaganda ausgetragen wurde.

Die amerikanische Linie war hingegen, nicht in die innerrussischen Verhältnisse einzugreifen. US-Präsident Wilson wurde mit dem Worten zitiert: »Ich setze darauf, dass sie an der Lösung ihrer Probleme selbst arbeiten, selbst wenn sie sich eine Zeit lang im Zustand der Anarchie suhlen. Bildlich gesprochen, ein unmöglicher Haufen, der sich gegenseitig bekriegt. Du kannst keine Geschäfte mit ihnen machen. Sperre sie daher alle in einem Raum ein und schließe die Tür ab. Sage ihnen, dass du die Tür wieder aufmachst, wenn sie ihre Probleme untereinander geregelt haben. Dann kann es um das Geschäft gehen.«

Der Ausgang des Ersten Weltkriegs führte nicht nur zu einer Aufspaltung Europas zwischen Siegermächten und Verlierern, einem Rückzug der USA, sondern auch zu einer Frontstellung zwischen politischer Rechten und politischer Linken, bei der die Mitte allmählich zerrieben wurde. Mitten durch die Gesellschaften ging ein Riss, denn die bisherigen tonangebenden Gesellschaften fühlten sich in ihrer Existenz bedroht. Sie hatten das Schicksal ihrer Freunde in Russland vor Augen, den Untergang der St. Petersburger Elite. Viele junge Intellektuelle fühlten sich hingegen durch die vermeintliche Modernität, die vom Kommunismus auszugehen schien, Sprache, Musik, Kampfsymbole, Architektur, angezogen. Nach turbulenten Anfangsjahren in Deutschland mäßigte sich die Linke mehrheitlich und beschritt den Weg sozialdemokratischer Reformen. Die alten Führungsgruppen, auch die relativ neue Wirtschaftselite, honorierten dies nicht. Denn ausgerechnet in Russland kam die radikalste Variante der Linken an die Macht, also in dem Land, in dem objektiv gesehen die Voraussetzungen für eine Revolution am wenigsten gegeben waren. Zufälle, keine historischen Notwendigkeiten, sorgten dafür, dass Lenin in Russland an die Macht kam und diese trotz der Rückschläge rund um Brest-Litowsk behielt. Ähnliches passierte 1933 in Deutschland.

Die ohnehin verworrene politische Landschaft Europas wurde noch komplizierter, als sich die beiden Kriegsverlierer Deutschland und die junge Sowjetunion als Nachfolger des zaristischen Reiches in Rapallo zusammentaten und den Weltkrieg hinter sich ließen. In Entstehung begriffene neue Feindbilder stimmten plötzlich nicht mehr. Berlin wurde zu einer wichtigen Stadt des russischen Exils. Aber auch in anderen europäischen Hauptstädten wurde das Schicksal der Russen ein großes Thema mit enormer publizistischer Durchschlagskraft – auf der einen Seite die ins Exil getriebene Elite, auf der anderen der von vielen Intellektuellen geträumte Traum einer Egalité, einer neuen, klassenlosen Gesellschaft, der die Zukunft gehört.

Das Heer der jungen Männer

Und noch etwas geschah, das nicht ohne Folgen für Deterding bleiben sollte und für das Bild, das die Zeiten überdauerte. Der Große Krieg (»The Great War«), wie der Erste Weltkrieg bis heute im Westen Europas genannt wird, brachte Zigtausende von jungen Männern aus der Bahn. Sie hingen den Jahren an der Front nach, dem existenziellen Gemeinschaftserlebnis, und fanden nicht ins zivile Leben zurück. Das Kaiserreich mobilisierte im Verlauf des Ersten Weltkriegs insgesamt 11 Millionen junge Männer, das britische Empire 7,4 Millionen, Frankreich mit seinen Kolonien 7,5 Millionen,

Russland 12 Millionen.[6] Viele, die den Krieg äußerlich unversehrt überstanden, lebten fortan mit Traumata, mit Hassgefühlen. Wer nahe der militärischen Welt bleiben wollte, ging in die Freikorps, die paramilitärischen Verbände, den Roten Frontkämpferbund und in die SA. Die Gerissensten und Cleversten von ihnen, nicht die Klügsten und Begabtesten, fanden einen Platz in der Zwischenwelt; im Niemandsland zwischen ehrlicher Arbeit und »große Kasse machen«. Dort, wo sie tätig waren, im Café, am Tresen oder am Telefon, entstand eine Scheinwelt der Gerüchte, des Prahlens über Beziehungen, utopischer Versprechen, des Spiels um das große Geld. Dabei stand mitunter viel auf dem Spiel, es konnte um Leben und Tod gehen, wie Beispiele aus dem weiteren Umfeld von Deterding zeigen werden. In seinem Kampf gegen die Sowjetunion bediente sich Deterding Helfer aus dieser Welt. Nicht nur er spielte mit hohen Einsätzen, seine Gegner ebenfalls. Wichtig ist, an dieser Stelle festzuhalten, dass in der Vorstellungswelt vieler Menschen die Sowjetunion keine Größe war, mit der man sich abzufinden hatte, im Gegenteil, man konnte sich offen dazu bekennen, ihr Gegner zu sein und sie aus diesem Grund zu bekämpfen.

Deterdings Berater

Deterdings Gegner erweckten den Eindruck, er habe mithilfe seines Privatvermögens ganze Armeen in Marsch gesetzt, um die Sowjets zu stürzen. Übrig davon bleibt bei sorgfältiger Nachprüfung ein kleines Häuflein von Ex-Generalen, Obristen, Nachrichtenhändlern und zwielichtigen Gestalten, die wie Figuren auf einer Bühne kommen und gehen. Auch der Spendenfluss der Industrie und einzelner Persönlichkeiten an die NSDAP in der Schlussphase der Weimarer Republik, wo

Deterding immer wieder genannt wird, ist überschaubar, wird schmaler und erreicht keine astronomischen Summen. Hilfreich sind an dieser Stelle ein paar Zahlen. Großbritannien gab für seine Interventionen in Russland einem Geständnis des Premiers Lloyd George zufolge mehr als 100 000 Pfund aus.[7] Das Jahressalär für einen militärischen Spitzenberater von Deterding betrug 4000 Pfund pro Jahr.[8]

Empfänger dieser Zuwendung, für welche die Anglo-Saxon Petroleum Company aufkam, war der britische Ex-General George Macdonogh. Macdonogh, ein Geheimdienstspezialist, am Vorabend des Ersten Weltkriegs zum Katholizismus konvertiert, hatte sich im Krieg als glänzender Analytiker der Feindlage erwiesen. Er war 1919 dazu ausersehen, die Verbindung zum Anführer der weißrussischen Truppen Admiral Koltschak zu halten. Zu der Abordnung kam es nicht mehr, weil sich die militärische Lage für die russische Opposition und für den Westen dramatisch verschlechterte. 1925 wurde der General deaktiviert und vermutlich mit Billigung der britischen Regierung für Deterding tätig. Lange scheint diese Zusammenarbeit nicht gedauert zu haben, denn bald darauf tauchte ein anderer Name im Umfeld von Deterding auf, der des deutschen Ex-Generals Max Hoffmann. Zahlreiche hohe deutsche Offziere verkauften damals ihr Wissen und arbeiteten als Militärberater im Ausland, eine größere Gruppe in China für Tschiang-Kai-Chek. Hoffman, ein Russland-Spezialist, hatte in der Schlussphase des Ersten Weltkriegs bei der Eroberung des Ostraumes eine wichtige Rolle gespielt. Nun tauchte er in europäischen Oppositionskreisen wieder auf und warb für sein Projekt, den sogenannten »Hoffmann-Plan«. Er sah vor, der Sowjetunion mithilfe französischer und britischer Streitkräfte den politischen Garaus zu machen. Es handelte sich um die Neuauflage dessen, was wenige Jahre zuvor unter günstigeren Rahmenbedingungen gescheitert war, und es blieb eine vage Idee einiger, weniger. Sicher ist, dass Hoffmann einige Male mit Deterding in London zusammenkam – aber ohne greifbare Ergebnisse. Vermutlich trifft daher Deterdings Einschätzung zu, dass Hoffmann »viele Ideen hatte. Aber die Wahrheit lautet, dass sie nicht umsetzbar waren. Viele der Vorschläge, so muss ich bedauerlicherweise sagen, waren verrückt. Ich kann daher nur sagen, dass ich ihnen keinen Glauben schenkte oder in Irgendetwas, das er mir vorstellte.«[9] Auch bei dieser »Zusammenarbeit« dürften keine Millionen bewegt worden, allenfalls erhöhte Reisekosten angefallen sein. Deterding gab nur Geld, wenn er das Sagen hatte. Das mussten auch die Nationalsozialisten in Deutschland begreifen, als es um die Finanzierung einer Nahrungsmittelhilfe ging. Hoffmann starb 1927, also deutlich vor den dramatischen Zuwächsen der Nationalsozialisten bei Wahlen.

Der Dritte im Bunde der wohl ernst zu nehmenden »Berater« von Deterding war Georg Bell, ein junger Deutscher mit einem englisch klingenden Namen. Er war eher der Gruppe derjenigen zuzurechnen, die in der »Zwischenwelt« lebten, aber für Deterding aus mehreren Gründen wichtig waren, ein Seiltänzer, der eines Tages vom Seil fiel. Er brachte den Niederländer von 1930 an mit Repräsentanten der NS-Elite zusammen. Bell konnte dabei auf frühere Verbindungen zurückgreifen, die um 1921 herum entstanden waren, als er als Student in München lebte und die Anfänge Hitlers aus nächster Nähe verfolgte. Er bewegte sich damals in rechtsgerichteten, paramilitärischen Kreisen. Bell brachte aber auch noch andere Erfahrungen ein, die im weitesten Sinn mit Öl, mit den erschlossenen oder noch zu erschließenden Ölquellen des Nahen Ostens zu tun hatten. Diesen Teil der Welt hatte Bell im Ersten Weltkrieg kennengelernt, als er als Soldat des Deutschen Kaiserreiches am Suez-Kanal kämpfte. Er trug zeitlebens ein Abenteurer-Gen in sich und berief sich dabei auf Gertrude Bell, eine entfernte englische Verwandte und

Archäologin, die als Geheimdienstmitarbeiterin und weibliche »Lawrence of Arabia« in die Geschichte eingegangen ist. Von Georg Bell wird später wieder die Rede sein.

Schaut man auf die beiden letzten Jahrzehnte im Leben Deterdings, lassen sich zwei große Konstanten ausmachen: ein relativ darwinistisches Weltbild sowie eine Frontstellung gegenüber dem Bolschewismus. Dass es dabei zu einer Berührungsphase mit dem Nationalsozialismus kam, hatte nichts mit Hitlers Rassenwahn und Antisemitismus zu tun, die Deterding völlig fremd waren, sondern mit einer generellen Fehleinschätzung über die Welt, die nach dem Ersten Weltkrieg entstanden war. Der Niederländer blieb dem 19. Jahrhundert verhaftet. Unter solchen Umständen war es fast unvermeidlich, dass er in seinem Kampf gegen Russland, zwischen Gut und Böse, an falsche Berater und falsche Freunde geriet. Deterding hatte kein Programm, der geniale Kaufmann wollte nur sein Recht.

Deterdings Feinde

Mit welcher Systematik er in seinem Kampf gegen die Sowjetunion vorging, wie er zu seinen Beratern kam, ob und wie er sie honorierte, ist im Einzelnen nicht zu ermitteln. Aber man kennt nun die Milieus. Fassbarer sind jene Kräfte, die für die Gegenposition standen, also die Sympathisanten und Verteidiger der Sowjetunion, die trotz ihrer Schwäche zu Beginn der 1920er-Jahre niemals zögerten, den revolutionären Brandbeschleuniger nach Deutschland zu schleudern. In Berlin herrschten 1919 vorübergehend bürgerkriegsähnliche Verhältnisse, in München bildete sich eine Räterepublik, in Hamburg scheiterte ein kommunistischer Aufstand. Aussichtslos war das Unterfangen von Lenin also nicht.

Georg Bell (1898–1933) um 1929, Foto: Stadtarchiv Rosenheim

Zu den wirkungsvollsten Instrumenten von Lenin, der vor dem Ersten Weltkrieg in Paris gelebt hatte, und von Stalin zählte die Kommunistische Internationale, auch Komintern genannt. Sie war eine der wichtigsten politischen Organisationen ihrer Zeit. 1922 gehörten zur Komintern nicht weniger als 66 Parteien. Die Kommunistische Partei Deutschlands war ihr verlängerter Arm. Mit regelmäßig veranstalteten Weltkongressen versuchte die Komintern, den Gedanken der Revolution am Leben zu erhalten. Wie kein Zweiter bot sich Deterding als der Feind schlechthin an. Zu denen, die an vorderster Front an diesem Feindbild arbeiteten, gehörte Willy Münzenberg, ein kommunistischer Jugendfunktionär, Gründungsmitglied der KPD und Akteur beim Spartakusaufstand in Berlin. Münzenberg, der von 1924 bis 1933 Reichstagsabgeordneter war, erhielt von Lenin den Auftrag, im großen Stil Medienpolitik zu betreiben. Binnen weniger Jahre entstand unter seiner Führung der zweitgrößte Medienkonzern der Weimarer Republik. Münzenberg, der den Spitznamen »Roter Millionär« hatte, fuhr damals in einem amerikanischen Straßenkreuzer durch Berlin.

Nach der Machtergreifung der Nationalsozialisten musste er nach Paris emigrieren, von wo aus er den publizistischen Kampf gegen das NS-Regime fortsetzte. Zu den wirkungsvollsten Mitteln, auf die öffentliche Meinung in Deutschland und in Europa Einfluss zu nehmen, gehörten das sogenannte »Braunbuch« und andere »Farbbücher«, die Otto Katz, sein Stellvertreter und Aufpasser, ins Englische übersetzen ließ. Die Bücher waren Materialsammlungen, bestanden aus Zeitungsartikeln, in denen die Verbrechen des Nationalsozialismus geschildert wurden. Die Inhalte erschienen dem Leser glaubhaft, da es im Vorwort hieß, es würden nur Tatsachen, keine Meinungen verbreitet. Die Farbbücher erschienen in Hunderttausenden von Exemplaren und waren Meisterwerke der Manipulation und Suggestion. Wenn in ihnen behauptet wurde, es handele sich um den Wortlaut einer Rede, traf das nicht zu. Die Aussage wurde bewusst verfälscht, entstellt oder absichtlich falsch übersetzt. Vieles, was bis zum heutigen Tag über Henri Deterding verbreitet wird, hat von dieser Agitprop-Zentrale in Paris aus seinen Weg genommen. Mancher Publizist von Rang hat sich auf den Quellenwert der Münzenberg'schen Erzeugnisse verlassen.

Münzenbergs Agitation, sein Aufruf, Widerstand gegen den Nationalsozialismus zu leisten, war in intellektuellen Milieus sehr erfolgreich. Vor allem in Paris existierten Gruppen, in denen es zu einer Verflechtung der europäischen Demokratien mit dem totalitären Russland kam. Desillusionierte

Russen, die dem Terror in der Heimat entkommen waren, trafen auf idealistisch gesinnte, naive westliche Intellektuelle. In der Zeitschrift *Die Zukunft* versammelte sich die Elite der im Exil befindlichen deutschen Schriftsteller: Thomas Mann, Lion Feuchtwanger, Alfred Döblin, Franz Werfel und viel andere. Unter nicht geklärten Umständen kam Münzenberg, von den Nationalsozialisten in Abwesenheit zum Tode verurteilt, im Juni 1940 auf der Flucht vor Gestapo und Wehrmacht in Frankreich ums Leben. Das intellektuelle Netzwerk, das er mit seinen Produkten schuf, entfaltete noch lange nach 1945 seine Wirkung. Zu seinen Autoren gehörten H. G. Wells und Aldous Huxley.

Der Niederländer und die NSDAP

Der Deterding-Biograf Glyn Roberts, der allem Anschein nach nie mit Deterding zusammentraf und das Buch gegen den Willen des großen Mannes schrieb, behauptet, dass Deterding die NSDAP von 1921 an (!) mit beträchtlichen finanziellen Mitteln unterstützt habe. Beweise werden nicht angeführt, stattdessen auf das Umfeld abgehoben, das Deterding in der Frage der Behandlung der Splitterpartei hätte beraten können. Bell und Rosenberg kämen aufgrund ihres Itinerars dafür infrage. Der außenpolitische Kurs, den die NSDAP dann einschlug, stand zu dieser Zeit aber noch nicht fest. Sie befand sich in der Inkubationsphase, war eine Splitterpartei, die außerhalb von Bayern kaum wahrgenommen wurde. Hitler wurde nach Richtungskämpfen im Juli 1921 zum Vorsitzenden gewählt. Wurde dies nahezu zeitgleich in der Weltstadt London registriert? Wohl kaum. Vergegenwärtigt man sich gleichzeitig die persönliche Lebenssituation von Deterding in Großbritannien – nahe ihrem Höhepunkt –, spricht wenig für Roberts' Behauptung. Und: Hitler hätte einen derartigen »Unterstützer« nie vergessen.

Bell, bis dahin Nachrichtenbeschaffer, wurde für Deterding wichtig, als die NSDAP aus den Septemberwahlen 1930 über Nacht als ernst zu nehmende politische Kraft hervorging und 107 Abgeordnete im Reichstag stellte. Denn wenige Monate später war Bell auf Drängen Hitlers Stabschef des SA-Chefs Ernst Röhm geworden. Röhm war kurz zuvor aus Südamerika in die Heimat zurückgekehrt. Bell erhielt 1931 den Auftrag, für Röhm einen Nachrichtendienst aufzubauen, also mit derselben Aufgabe betraut, die er für Deterding ausgeübt hatte. Ob er Deterding dazu überreden konnte, der SA einen Millionenbetrag zur Verfügung zu stellen, um sie organisatorisch unabhängig von der NSDAP zu machen, erscheint mehr als zweifelhaft. Gleiches gilt für Bells angebliche Rolle beim sogenannten »Tscherwonzen-Skandal«.

1932 begann Royal Dutch Shell damit, großformatige Anzeigen für Benzin und Motorenöle im *Völkischen Beobachter* zu platzieren – wie andere Mineralölkonzerne auch. Als es Proteste gab, schrieb Max Amann, der Direktor des Eher-Verlages, in dem das Blatt erschien: »Die Shellanzeigen nehmen wir deshalb auf, weil auch wir Nationalsozialisten nicht mit Wasser fahren können.« Der Pulitzer-Preisträger Edward Mowrer, kluger Beobachter des Berliner Politikbetriebes, schrieb – ohne sich die Vorwürfe zu eigen zu machen –, dass es Behauptungen von »unfriendly Germans« gebe, dass Deterding beträchtliche Summen zur Unterstützung der nationalsozialistischen Präsidentschaftskampagne bereitgestellt habe. Deterding hoffe bzw. setze auf das Versprechen der NS-Führung, ein Ölmonopol im Dritten Reich zu erhalten – eine absurde Behauptung![10] Mowrers Leben war von 1933 an bedroht, seine Zeitung drängte ihn, Deutschland zu verlassen. Als er im Sommer 1933 ging, wurde er bis zum Zugabteil von einem Mann beschattet, der ihn fragte, wann er nach Deutschland wiederkommen werde. Mowrers Antwort: »Warum fragen Sie mich? Ich werde mit zwei Millionen meiner Landsleute zurückkommen.«

Wohl vermittelt durch seinen Geschäftspartner und Jagdfreund Rüdeloff fasste Deterding auch persönlich in Deutschland Fuss. 1931 erwarb er bei Hagenow das Allodialgut Gösslow, also in dem Jahr, in dem die Weimarer Republik Devisenkontrollen einführte. In mehreren Schritten kaufte er ein großes Waldgebiet hinzu und legte testamentarisch fest, dass seine holländische Witwe dieses Landgut als Legat ohne Anrechnung auf das Erbe eines Tages erhalten sollte. War es ein bewusster Schritt oder musste ein weiteres Ereignis in seinem Leben hinzutreten, um ihn zu einem »Deutschen« zu machen?

Hitler blieb nach dem sensationellen Wahlerfolg am 14. September 1930 ein Getriebener, er sagte auch öffentlich, was er vorhatte, z.B. bei einem Auftritt im badischen Offenburg am 8. November 1930. Ausgehend davon, dass »das deutsche Volk in seinem Durchschnittswert jedem anderen überlegen« sei, sagte Hitler in Bezug auf die zurückliegenden Jahrhunderte, dass die Deutschen durch innere Auseinandersetzungen daran gehindert worden seien, an der Verteilung der Welt mitzuwirken. Das hätten Briten, Niederländer und Portugiesen unter sich ausgemacht. »Gehört hätte sie nur uns, denn keine Nation konnte sich mit dem deutschen Volk an Kraft und Bedeutung vergleichen. Heute ist es dasselbe.« Hitler zufolge befinde sich Deutschland in einer kritischen Lage, es stehe vor der Alternative, Exporthandel zu betreiben, um 62 Millionen Menschen zu ernähren, »oder wir schaffen uns einen neuen, eigenen Markt durch Erweiterung unseres Lebensraumes.« Wo dieser lag, hatte Hitler in *Mein Kampf* erläutert.

Im Frühjahr 1931 unternahm Deterding eine große Europa-Tour, die ihn nach Frankreich, Deutschland, die Niederlande,

Belgien, Polen und Rumänien brachte. Er traf dort mit den führenden Politikern und der Wirtschaftselite des jeweiligen Landes zusammen. In Warschau sah er General Pilsudski. Deterdings Message war klar: Die kritische Weltlage werde andauern, solange das Sowjetsystem existiere.

Deterding wurde wie ein Staatsmann behandelt, man kannte ihn mittlerweile weltweit, längst erhielt er Informationen aus erster Hand. Er war auf diplomatische Berater – vielleicht von Deutschland einmal abgesehen – nicht mehr angewiesen, denn er verfügte über einen eigenen Apparat. Der Höhenflug Bells, Deterdings privilegierte Quelle, währte nicht lange. Im Frühjahr 1931 kam es zum Bruch zwischen Bell und Röhm und der NSDAP. Bell wechselte die Seiten und wurde zum Informanten eines Münchner Chefredakteurs, der als Hitler-Gegner galt. Darüber hinaus bewegte er sich in Nachrichtenhändlerkreisen. Als die Nationalsozialisten an die Macht kamen, gehörte Bell zu den Meistgesuchten, wurde zum Gejagten und von einem Greifkommando der SA am 3. April 1933 in Österreich gefasst und ermordet. Offenbar wusste er zu viel über die Interna der Organisation.

Geldflüsse

Die Weimarer Republik war bis zum Schluss ein Rechtsstaat, der festhielt, was sich im Umfeld einer Partei tat, die weder im In- noch im Ausland vor dem Herbst 1930 bekannt war. Der Chef der Reichskanzlei, Staatssekretär Pünder, der so unterschiedlichen Persönlichkeiten wie den Reichskanzlern Müller und Brüning gedient hatte, hielt in einem Vermerk über die Finanzierung der NSDAP am 16. April 1932 fest, dass alle Geldbewegungen über die Bayerische Vereinsbank erfolgten. Verbindungsbank sei die Schweizerische Kredit-

Anstalt. Aus dem Ausland seien binnen eines Jahres 40 bis 45 Millionen Mark auf Konten der NSDAP eingegangen, aus Inlandsaktivitäten der NSDAP ca. 15 Millionen, dazu »allerhöchstens 5 Millionen aus der deutschen Industrie«. Die von dort kommenden Zahlen seien deutlich rückläufig. Als wichtigste deutsche Geldgeber nannte Pünder Thyssen und Kirdorf, als bedeutendste ausländische Spender das in Frankreich beheimatete »Comité des Forges«, den britischen Waffenhändler Sir Basil Zaharoff von Vickers sowie Henri Deterding. Der Einzahler sei allerdings nicht Deterding gewesen, sondern seine russische Frau während der zurückliegenden Wintermonate bei einem Aufenthalt in St. Moritz.

Zu denen, die der NSDAP zu dieser Zeit Geldbeträge zukommen ließen, gehörte als Sammler und Verteiler auch der schwedische Bankier Kreuger, der Selbstmord beging. In Skandinavien gab es weitere Sympathisanten, so die sogenannte Lappo-Bewegung in Finnland und den schwedischen Offiziers-Bund. Dieser unterhalte Beziehungen zum »Führer«. Hitler, so Pünder, »gilt in diesen und anderen Auslandskreisen vielfach als eine Art Landsknechtführer von Mittel- und Westeuropa gegen Rußland«.[11] Pünder, der nach dem 20. Juli 1944 verhaftet wurde und unter dramatischen Umständen dem Galgen entkam, veröffentlichte später seine Aufzeichnungen aus der Schlussphase der Republik. Deterding kommt in ihnen nicht vor.

Anmerkungen

1 Oil Man, S. 124 f.
2 Roberts, S. 420.
3 Thomas Trumpp: Zur Finanzierung der NSDAP durch die deutsche Großindustrie. Versuch einer Bilanz, in: K.D. Bracher/M. Funke/H.-A. Jacobsen (Hg.): Nationalsozialistische Diktatur 1933–1945. Düsseldorf 1983.
4 Georges Bornes: Henri Deterding. Le sulfureux fondateur de la Shell. Paris 2022.
5 Vgl. Zum Folgenden: Peter Graf Kielmannsegg: Deutschland und der Erste Weltkrieg. Frankfurt am Main 1968; Kurt Fischer: Deutsche Truppen und Entente-Intervention in Südrußland 1918/19. Boppard 1973.
6 Dazu: Volker Berghahn: Der Erste Weltkrieg. München 2. Auflage 2004.
7 Roberts, S. 188.
8 Roberts, S. 218.
9 Zitiert nach Roberts, S. 309.
10 Edward Mowrer: Germany puts the clock back. London 1933, S. 114.
11 Vermerk des Staatssekretärs Pünder über die Finanzierung der NSDAP, 16. April 1932. Bundesarchiv Nachlass Pünder, Nr. 154, Bl. 48–49.

Henri Deterding, 61-jährig, im Jahr 1927

10
Neustart in Mecklenburg

Die Fälschung

Im Herbst 1933 bot der Niederländer J. G. Schoup dem renommierten Amsterdamer Verlag Van Holkema & Warendorf N.V. ein Buchmanuskript an.[1] In ihm wurde behauptet, dass amerikanische Kapitalisten unter britischer und niederländischer Beteiligung mit großem finanziellen Aufwand Hitler an die Macht gebracht hätten. Schoup teilte mit, der Verfasser des Textes sei Sidney Warburg, ein persönlicher Bekannter und Sohn eines der großen amerikanischen Banker. Als Beweismittel für die Echtheit des Angebots legte Schoup einen Schriftwechsel mit Warburg vor. Der Briefbogen wies eine Warburg-Adresse in der Fourth Street in New York City aus. Das auf Englisch verfasste Manuskript hatte die gleiche Handschrift wie die Briefe, die mit »Sidney Warburg« unterzeichnet waren. In einem der Schreiben ermächtigte Warburg jr. Schoup damit, das Manuskript in holländischer Sprache unter seinem Namen zu veröffentlichen, da Warburg als Verfasser nicht genannt werden wolle. Das Original solle nach Drucklegung der Übersetzung vernichtet werden.

Van Holkema & Warendorf, der Amsterdamer Verlag, entschied sich, das Manuskript zu drucken. Der gesamte Schriftwechsel wanderte in das Verlagsarchiv. Als die Deutschen 1940 die Niederlande besetzten, verlangten sie, alles im Zusammenhang mit der Publikation entstandene Schriftgut zu vernichten.

Worum ging es in dem knapp 100 Seiten umfassenden Buch, das im Herbst 1933 unter dem Titel: *De Geldbronnen van het Nationaal-Socialisme. Drie Gesprekken met Hitler door Sidney Warburg. Vertaald door J. G. Schoup* erschien? – *Die Finanzquellen des Nationalsozialismus. Drei Gespräche zwischen Hitler und Sidney Warburg. Erzählt von J. G. Schoup*. Der Schrift zufolge war es im Sommer 1929 in New York City zu einem Treffen führender US-Banker mit einem Kollegen von Royal Dutch/Shell namens Glean gekommen. Bei der Unterredung sei die Sorge zum Ausdruck gebracht worden, dass Frankreich Interesse daran habe, Deutschland niederzuhalten, langfristig zu schwächen. Das beste Gegenmittel sei eine »nationale Revolution« in Deutschland, für die Hitler der geeignete Mann sei.

Sidney Warburg, der Deutsch spreche, solle sich bei Hitler erkundigen, wie viel Geld er benötige. Angeblich sei eine Summe von 100 Millionen Mark errechnet worden, die einer der Teilnehmer des Treffens von New York in 10 Millionen US-Dollar umrechnete. 10 Schecks einer in Amsterdam ansässigen Bank zu je einer Million US-Dollar seien schließlich auf zehn verschiedene Namen ausgestellt worden.

Infolge der Aufhebung des Goldstandards in Großbritannien im September 1931 sei die Geschäftsgrundlage für den Deal entfallen, Hitler habe bei dem amerikanischen Verhandlungsführer angefragt, ob er mit einem höheren Betrag für seine Bewegung rechnen könne. Erneut sei ein Treffen der Bankiers einberufen worden, bei dem ein Vorstandsmitglied der Bank of England und ein Manager der Asiatic Petroleum Company zusätzlich zugegen gewesen seien. Zwei der US-Banker, Rockefeller und Carter, sowie Glean von Royal Dutch/Shell hätten sich als Hitler-Anhänger präsentiert. Warburg sei nochmals auf eine Erkundungstour nach Deutschland geschickt worden. Er sei mit dem Ergebnis zurückgekommen, dass die NS-Bewegung sprunghaft an Gewicht zugenommen habe. Hitler sei der kommende starke Mann. In der Berliner Fasanenstraße Nr. 28 sei es zu einer zweiten Begegnung zwischen Warburg und Hitler gekommen. Es gebe nun die Alternative »Revolution« zum Preis von einer halben Milliarde Mark oder eine legale Machtübernahme für 200 Millionen Mark. Carter, der US-Banker, habe 15 Millionen US-Dollar bewilligt, die an Banken in Amsterdam, Rotterdam und Rom gegangen seien. Dorthin sei Warburg in Begleitung von Göring, Gregor Strasser und dem Bankier von der Heydt gereist.

Die abenteuerliche Geschichte von einem jüdischen Bankier, der einen Coup zugunsten von Hitler einfädelt und plötzlich alles bereut, geht in dem in Holland erschienenen Buch weiter. Sie ist ermüdend, aber in diesem Zusammenhang wichtig, weil sie für Deterding langfristige Folgen hatte. Auf Wunsch Carters sei Warburg im Februar 1933 nochmals nach Deutschland gereist. Aber er habe der NSDAP und Hitler nicht länger getraut und sehe nun auch seine Banker-Freunde auf falschem Weg. Angeblich habe Warburg in Berlin den Reichstagsbrand erlebt und einen rasenden Hitler inmitten seiner Getreuen in der Fasanenstraße. Die Kommunisten seien die Schuldigen, habe der Führer gebrüllt. Er brauche noch viel mehr Geld zur Sicherung seiner Position und zum Unterhalt der Arbeitslosen. Angeblich habe Carter nochmals 7 Millionen US-Dollar gewährt, von denen zwei an die Rhenania AG in Düsseldorf, die deutsche Filiale der Royal Dutch/Shell, gegangen seien, der Rest an die Banca d'Italia. Die Schlussworte in dem 1933 in den Niederlanden erschienenen Buch lauteten: »Ich (Sidney Warburg, Anm. des Vf.) habe meinen Auftrag strengstens ausgeführt. Hitlers … Taten werden beweisen, ob er schlecht ist, wofür ich ihn halte … Die Welt leidet weiterhin unter einem System, das sich eines Hitlers bedienen muss, um sich aufrechtzuerhalten. Arme Welt, arme Menschheit!«

Kurz nach Erscheinen des Buches erhielt der Verlag die Nachricht, dass es einen Bankier Sidney Warburg nicht gebe. Schoup hatte 1932 wegen finanzieller Unregelmäßigkeiten und Betrug vor Gericht gestanden. Der britische Geheimdienst stufte ihn als Lügner ein. Der Verlag versuchte nun, alle erreichbaren Exemplare des Buches einzusammeln, und vernichtete die gesamte Auflage. Die niederländische Regierung und Royal Dutch/Shell gingen juristisch gegen den Verlag vor. James P. Warburg, ein gebürtiger Hamburger und Banker, versicherte 1949 in einer eidesstattlichen Erklärung, dass er mit dem Text nichts zu tun habe.[2]

Um an dieser Stelle eines klarzumachen und zu unterstreichen: Finanzielle Transaktionen dieser Größenordnung aus Amsterdam an die Nationalsozialisten, so die zentrale Behauptung in dem kleinen Buch, sind nie erfolgt. Die Geschichte war rundherum erfunden. Aber sie passte in dieses Zeitalter der Ideologien, der Verschwörungstheorien und der Gerüchte. Schoup wurde 1944 von unbekannten Tätern ermordet.

Vieles in dem Buch schien plausibel, sodass niemand auf die Idee gekommen war, die Details zu überprüfen. So gut wie nichts davon stimmte, beginnend bei den Personen und bei den Adressen. Die Lektoren waren nicht einmal bei der Information stutzig geworden, dass mit Rockefeller und Montagu Norman zwei weltbekannte Persönlichkeiten mit Hitler in Verbindung gebracht wurden.

Etwas anders sah es für Deterding aus. Von ihm war bekannt, dass er aufgrund seines erbitterten Hasses auf die Bolschewiken die NSDAP finanziell hier und da direkt und indirekt unterstützt hatte. Aber auch damit stand er nicht allein, es gab eine Reihe von prominenten Einzelspendern in Deutschland, in Europa und in den USA gegeben. Einflussreiche Kreise in Großbritannien betrachteten Hitler weiterhin als mögliches Bollwerk gegen den Kommunismus. Wenn die britischen Schwarzhemden auf den Nürnberger Parteitagen der NSDAP erschienen, jubelte der Saal.

Hitlers Pläne

Am 3. Februar 1933, also nur vier Tage nach seiner Ernennung zum Reichskanzler, traf Hitler mit der Führung der Reichswehr zusammen. Außenminister von Neurath gehörte zu den Anwesenden. Mit brutaler Offenheit kündigte Hitler an, in Bälde Krieg zu führen, zunächst nach innen, später nach außen.[3] Wenige Monate später überraschte der Diktator bei einer Zusammenkunft mit der Berliner Stadtverwaltung die Anwesenden mit der Mitteilung, die deutsche Hauptstadt zur »erhabensten Metropole Europas zu machen«,[4] wie es im Dankesschreiben der Stadt am 19. September 1933 hieß. Sie sollte »Germania« heißen.

In der Londoner Zentrale von Royal Dutch/Shell wurden die Entwicklungen in Deutschland mit Spannung verfolgt.[5] Es hatte hier und da in der Schlussphase der Weimarer Republik Anschläge auf Einrichtungen des »jüdischen« Konzerns – wie es auf Täterschreiben hieß – gegeben. Aber insgesamt hatten sich solche Vorfälle in engen Grenzen gehalten. Das änderte sich nun. Bereits am 3. April 1933 forderte der Betriebsrat der Rhenania-Ossag, die 1930 inmitten der Weltwirtschaftskrise ein strahlend schönes neues Bürogebäude in Hamburg bezogen hatte, eine Entlassung der jüdischen Direktoren. Mit Versetzungen spielte die deutsche Tochter der Royal Dutch/Shell auf Zeit, folgte aber insgesamt dem allgemeinen Trend. Die jüdischen Manager resignierten, gingen leise, nur einige wenige lehnten sich vergeblich auf. Das Land schwieg. Ob Wilhelm Rudeloff, ein frühes NSDAP-Mitglied, die treibende Kraft war, ob er Deterding pushte oder ob der Niederländer es für geraten hielt, dem Kurs seines alten Weggefährten zu folgen, bleibt eine spannende Frage.

Deterding war – was seine Beziehungen zu Hitler und zum NS-Regime angeht – eine unglückliche Figur. Man findet in seiner »NS-Akte« alles: Opportunismus, Sympathie für die »Neue Ordnung«, aber auch Abstand, ja Courage. »A terrifying balance«, nennen es die Autoren der Shell-Studie, ein Erinnerungsposten, dass außergewöhnliche Fähigkeiten mitunter den Preis »entsetzlichen Versagens« haben. Dieses überaus harte Urteil mildern die Utrechter Professoren später deutlich ab. Aber warum werden hier Begriffe wie »terrifying« und »entsetzlich« verwandt? Warum findet keine Einordnung in der Weise statt, das Verhalten anderer Wirtschaftsführer, die Hitler zwischen 1933 und 1935 trafen, mit Deterdings Haltung zu vergleichen?

In der Frühphase des Dritten Reiches suchte Deterding erkennbar den Kontakt zu Hitler. Die Bitte um einen Termin im März 1933 –wenige Wochen nach der Machtübernahme Hitlers – lehnte die Reichskanzlei ab. Deterding hatte offensichtlich vor, dem Reichskanzler eine Reihe von Hörfunkbeiträgen mit antisowjetischem Inhalt vorzuschlagen. In Berlin deutete man den Vorstoß anders, es gehe dem Niederländer ums Geschäft, um nicht mehr und nicht weniger. Und: Deterding arbeite mit Juden zusammen, die er partout nicht entlasse! Daher sollte man auch die Kontroverse Deterdings mit der Rothschild-Bank im September 1933 nicht überinterpretieren. Die Briefwechsel des Niederländers mit Paris wirken irritierend, aber es fehlte vor allem der Mann, der vermittelnd hätte einspringen können, Fred Lane, Deterdings alter amerikanischer Weggefährte, der 1926 verstorben war.

Hätte Deterding die NSDAP seit ihren allerersten Anfängen unterstützt – also seit dem Jahr 1921 (!) –, wäre die Tür zum Diktator jederzeit offen gewesen. Aber wer kannte außerhalb von München und Oberbayern zu Beginn der 1920er-Jahre diese Splitterpartei? Und selbst wenn man der Theorie folgen würde, dass Georg Bell der Mittelsmann war, der für Deterding eine Verbindung zur Führungsgruppe der NSDAP herstellte, steht dem entgegen, dass dieser phasenweise wichtige Zuarbeiter in den ersten Tagen nach der Machtübernahme Hitlers ermordet wurde. Seitdem dürften die Kenntnisse Deterdings über die wahren Machtverhältnisse in Berlin äußerst gering gewesen sein, wie der beiderseitig überschätzte Kontakt zu Rosenberg beweist. Möglicherweise hat Deterding den schwindenden Einfluss des Chefideologen der NSDAP gespürt, denn er versuchte es nun auf anderen Wegen, an Hitler heranzukommen. Es scheint zweifelhaft, dass ihm dies im November 1933 gelang, wie er behauptete. Dass Deterding den Ausgang des sogenannten Röhm-Putsches Ende Juni, Anfang Juli 1934 begrüßte, kann nicht ohne Weiteres als Sympathie-Beweis für das Regime gewertet werden. Deterding machte sich zu diesem Zeitpunkt noch immer Hoffnungen, einen Termin beim Diktator zu erhalten, den er tatsächlich wenig später bekam.

Es ist daher so gut wie ausgeschlossen, dass sich Deterding in diesen Sommerwochen des Jahres 1934 vier Tage lang in Berchtesgaden aufgehalten und mit dem Diktator konferiert hat. Hitler hatte im März 1933 abgelehnt, den Niederländer zu sehen. Deterding selbst behauptete, im November 1933 Hitler getroffen zu haben. Der Itinerar Hitlers bietet dafür keine Hinweise. Und: Hitlers Machtposition war bis zum Tod von Reichspräsident Hindenburg im August 1934 keineswegs gesichert! Noch funktionierten – wie sich zeigen wird – die Dienstwege in den preußisch geprägten Reichsministerien!

Halbwegs gesichert ist, dass Deterding Hitler einmal gesehen hat, im Juli 1934. Es ging – wie nicht anders zu erwarten – um Energiefragen, um Öl, das Hitler für seine Vorhaben dringend benötigte. 1935 wurde die Berliner Firmenzentrale der Royal Dutch/Shell von der deutschen Marineleitung beschlagnahmt, eine erstaunlich robuste Maßnahme und nicht gerade ein Hinweis auf einen besonders engen Draht nach »oben«. Deterding wünschte offenbar weitere Begegnungen

Shell-Haus am Berliner Reichpietschufer, erbaut von Emil Fahrenkamp 1930–32, Fotopostkarte um 1932

mit dem Diktator, aber Hitler hatte kein Interesse mehr, weil die Ölproblematik für ihn vorübergehend an Brisanz verloren hatte. Als kleines Trostpflaster schickte die Reichskanzlei Deterding ein vom Diktator signiertes Porträtfoto.

Hitler war ein Getriebener, er kam mit einem Plan an die Macht. Er wollte die Weltherrschaft[6] und das große Vorbild sein, der Begleiter auf dem Weg dorthin war für ihn Großbritannien. Britische Journalisten waren in den 1930er-Jahren bevorzugte Gesprächspartner Hitlers, denn die Botschaft war klar. Man warb um Großbritannien, man wollte auf Augenhöhe mit dem Empire operieren, um es später in eine auf rassistischer Basis operierende Juniorpartnerschaft zu zwingen. So gesehen, gehörte Deterding vorübergehend zu den idealtypischen Gesprächspartnern des NS-Regimes, zumal die Initiative in Richtung Deutschland eine Zeit lang von ihm ausging. Es war ein beiderseitiges Missverständnis.

Hitler selbst hatte keine persönlichen Kenntnisse vom Empire, er kam nie nach Großbritannien, lebte von Stereotypen über das Inselreich, von prachtvoll ausgestatteten Kolonialfilmen, von »Experten«, die kamen und gingen wie Außenminister von Ribbentrop, und vom Austausch mit seiner ständigen Begleiterin Unity Mitford.[7]

Was den Deutschen entging, war, dass Deterding kein europazentrisches Bild von der Welt hatte, sondern global dachte. Es war kein Zufall, dass er einem amerikanischen Wochenmagazin ein langes Interview gewährte, aus dem seine Memoiren hervorgingen. Im Frühjahr 1933 kam es während eines USA-Aufenthaltes des Niederländers zu einer Begegnung mit dem frisch ins Amt gewählten US-Präsidenten Roosevelt. Es ging um Währungsfragen, die Abkehr vom Goldstandard und die energiepolitische Lage Japans. Nippon bereitete sich auf den großen Konflikt mit Amerika vor. Deterding war ein Bewunderer Roosevelts, ihre Wege hatten sich im Ersten Weltkrieg gekreuzt, als der Amerikaner Assistant Secretary of the Navy war. Aber eine Enttäuschung musste Deterding hinnehmen: Die USA erkannten die Sowjetunion im gleichen Jahr diplomatisch an.

Deterding und die Politik

In dieser Zeit ließ Deterding politische Ambitionen erkennen, die über das hinausgingen, was man bislang von ihm kannte. Er bot sich weltweit als »Politikberater« an. Auf dem Nationalkongress von Industrie und Handel seines Heimatlandes hielt er in Rotterdam im Juni 1933 eine Rede, bei der er sein Leib- und Magenthema ansprach: Silber als internationales Währungssystem neben Gold einzuführen. Deterding war diese Anbindung seit seiner Zeit in Asien vertraut. Der Silberstandard hatte ihn bereits nach dem Ersten Weltkrieg beschäftigt, aber wegen fehlender Resonanz hatte er den Gedanken fallen lassen. Mit Fug und Recht darf man Deterding daher als einen Vorläufer von John Maynard Keynes ansehen – mit dem feinen Unterschied, dass Keynes noch einige Zeit brauchte, ehe er vom Goldstandard Abschied nahm.[8] Immer häufiger äußerte sich Deterding in den nun folgenden Jahren zu Wirtschaftsthemen, sei es durch eigene Stellungnahmen, Leserbriefe wie an die *Times* am 26. Oktober 1931 oder durch Statements im konservativen Teil der britischen Presse, deren Verleger ihm geneigt waren und ihm Platz boten. Er isolierte sich damit unter seinen Kollegen und den Fachleuten. Im gleichen Jahr begann er, mit dem Rücktritt zu drohen. Er meinte dies nicht ernst, aber ein solches Signal bot die Möglichkeit, die Loyalitäten seiner Direktorenkollegen zu überprüfen. Deterding verlor nun nach und nach den Kontakt zur Leitungsebene des Konzerns. An großen Entscheidungen war er nicht mehr beteiligt.

Der Machtmensch, der er war, kam in diesem Zeitalter der Faschismen und Diktatoren mit den neuen Verhältnissen nicht zurecht. Die Utrechter Autoren der Shell-Geschichte glauben, dass seine Radikalisierung und Verengung, die sie schon in den 1920er-Jahren sehen, mit unerfüllten Hoffnungen und Erwartungen zu tun hatten. Hatte er aus diesem Grund die Jagd zu seinem Hauptbetätigungsfeld erkoren? Deterdings Tiraden, so die Autoren der Shell-Studie, seien in Wirklichkeit Bitten um Anerkennung, um Feststellung dessen gewesen, was der Konzern für die Menschheit geleistet hatte und in zweiter Hinsicht Forderungen nach Würdigung des Deterding'schen Anteils daran. Royal Dutch/Shell wurde in diesem Bild, das Deterding entwarf, zu einem altruistischen

Förderer des Massenwohlstands, umgeben von anonymen Kräften, die auf Raub aus waren. Die große einstige Begabung, Komplexität zu reduzieren und auf einen Punkt zu bringen – so die niederländischen Wirtschaftswissenschaftler – sei einem Schwarz-Weiß-Denken gewichen. Für Jonker und van Zanden sind dies deutliche Anzeichen für eine Persönlichkeitsveränderung, für einen raschen Alterungsprozess. Fotos, die Deterding in seinen letzten drei Lebensjahren zeigen, unterstreichen tatsächlich diesen Eindruck.

Für ein gutes Jahr konnte Deterding hoffen, dass sich seine sehr überschaubaren Kontakte zu Führungspersönlichkeiten des NS-Regimes wirtschaftlich auszahlen würden – zum hoch gehandelten Alfred Rosenberg, zu Röhm, der 1934 ermordet wurde, später zu Göring. Rosenberg und Göring gehörten 1945 beim Nürnberger Kriegsverbrecherprozess zu den Hauptangeklagten, wurden zum Tode verurteilt und hingerichtet.

Kontakt mit Rosenberg

Deterding war bereits 1931 mit dem NSDAP-Chefideologen Alfred Rosenberg zusammengetroffen, der als kommender deutscher Außenminister gehandelt wurde. Im Mai 1933, wenige Wochen nach seiner Ernennung zum Leiter des Außenpolitischen Amtes (APA) der NSDAP, kam Rosenberg erneut nach London.[9] Er führte eine Reihe von Gesprächen mit prominenten Vertretern in Politik und Gesellschaft und stattete auch Deterding einen Privatbesuch auf dessen Landsitz in Buckhurst ab. Der gebürtige Balte, als Student Zeitzeuge der Revolution in Russland, teilte mit dem Niederländer einen tief sitzenden Hass auf die Sowjetunion. Der Kontakt zu Deterding war für das APA von größtem Interesse, weil Rosenberg hoffte, den gemeinsamen Fokus von Südrussland stärker auf Deutschland zu konzentrieren. Das gelang nicht in dem gewünschten Umfang. Im April 1934 kam es zu einem weiteren Treffen. Einen Monat später fuhr Deterding anlässlich der Grundsteinlegung für ein neues Gebäude der deutschen Reichsbank erneut nach Berlin. Fotos zeigen ihn am 5. Mai 1934 unter den Ehrengästen, wenige Meter hinter Hitler. Er traf auf dieser Reise auch mit Reichsbankpräsident Hjalmar Schacht zusammen.

Die Gespräche mit Rosenberg fanden vor dem Hintergrund eines sich anbahnenden Konfliktes in Fernost statt. In Mandschukuo drohten die Sowjetunion und Japan militärisch aneinanderzugeraten, mit Konsequenzen für den Ölpreis. Es ging um die Errichtung eines Lagers für eine Million Tonnen Erdöl für Krisenfälle in Deutschland.[10] Die Royal Dutch/Shell war bereit, die nötigen Einrichtungen zu finanzieren und Kredite zu gewähren. Rosenberg und Deterding kamen aber auch in der Absicht zusammen, die Sowjetunion zu schwächen. Rosenberg glaubte, dass er mithilfe Deterdings Großbritannien zu gemeinsamen handelspolitischen Maßnahmen zum Nachteil der Sowjetunion bewegen könne. Deterding hingegen hatte andere Absichten. Als »Mr. Oil« wollte er das südrussische Öl der Konkurrenz wegschnappen.

Rosenbergs London-Reise geriet übrigens zu einem Fiasko. Kreidebleich registrierte er den massiven Straßenprotest, der sich gegen ihn erhob. Ausgerechnet am Cenotaph, dem Denkmal für die Gefallenen des Ersten Weltkriegs, beging er die Taktlosigkeit, einen Kranz mit schwarz-weiß-rotem Band und roter Hakenkreuzschärpe niederzulegen. Protestler entfernten ihn und warfen ihn in die Themse. Rosenberg, der in NSDAP-Kreisen als Englandexperte galt, führte seine Gespräche mithilfe eines Dolmetschers. Das Zusammentreffen mit dem britischen Außenminister Sir John Simon hinterließ bei diesem nicht den geringsten Eindruck. Gewisse »Einbrüche« erzielten die Nationalsozialisten dagegen in Kreisen der britischen Luftwaffe, die Sympathie für das Hitler-Regime zeigten.

Das Treffen mit Hitler

Nachdem sich das APA und Deterding am Auswärtigen Amt vorbei (!) geeinigt hatten, wurde die Angelegenheit Hitler zur Entscheidung vorgelegt. Es kam zu einer persönlichen Begegnung Deterdings mit Hitler am 11. Juli 1934, zehn Tage nach dem sogenannten Röhm-Putsch.[11] Bei der Mordaktion waren 150 bis 200 Menschen ums Leben gekommen, neben bisherigen Wegbegleitern Hitlers zahlreiche Mitglieder der politischen Klasse der Weimarer Republik, darunter der ehemalige Reichskanzler Kurt von Schleicher.

Hitler empfing Deterding nicht, um mit ihm über Russland und seine »Lebensraum«-Pläne zu reden, sondern in einer kritischen Ölversorgungslage für das devisenarme Land. Kurz vor Vertragsabschluss stellten sich die Beamten des Reichswirtschaftsministeriums quer, weil sie nicht beteiligt worden und gegen eine Monopolstellung von Shell waren. Sie verlangten, Standard Oil und die britische Anglo-Persian Gulf in das Abkommen einzubeziehen. Die Öleinkünfte sollten für fünf Jahre in Deutschland verbleiben. Am Ende sprang eine wesentlich bescheidenere Vereinbarung heraus, bei der sich die Shell und die Standard Oil zu gewissen Lieferungen an die IG Farben verpflichteten. Hitler tobte. In der Frühphase des Dritten Reiches war er an Grenzen gestoßen, noch funktionierten die preußischen Beamtenapparate. Diesen Vorgang vergaß er nie. Bei seinen Monologen in der Wolfsschanze sprach er viele Jahre später von den »Benzin-Halunken« des Jahres 1934. »Hinter Schacht stand Deterding«, sagte Hitler zurückblickend, »ich möchte wissen, wer da nicht bestochen war.«[12]

Rosenberg befürchtete nun, dass Deterding das Interesse an einer Zusammenarbeit mit Deutschland verlieren könnte. Aber das Gegenteil war der Fall. Ein Streitpunkt mit dem NS-Regime war mittlerweile beigelegt, man hatte sich auf einen Steuerkompromiss geeinigt, der den Niederländer befriedigte. Er setzte sich nun über den eigenen Aufsichtsrat hinweg und bestellte eine Reihe von Tankschiffen in Deutschland. Deterding organisierte für seine Mitarbeiter Informationsreisen nach Deutschland, machte Geschenke und sagte zu, die Anlagen der Tochterfirma in Hamburg auszubauen. Alle Deutschland-Initiativen dienten dem Ziel, erneut mit Hitler zusammenzukommen. Über Rudolf Hess, Hitlers Stellvertreter und England-Freund, erhielt er eine Zusage. Aber es kam zu keiner Begegnung, weil Hitler das Interesse an Ölvorratshaltung verloren hatte. Die Fernostkrise war abgezogen, der Ölpreis blieb stabil.

Aber so leicht ließ sich Deterding nicht abschütteln. Die Uhr tickte, das Ende als CEO in London war absehbar und Treffen mit dem deutschen Diktator waren für ihn auch eine Frage des persönlichen Prestiges. Deterding war von Mussolini und vom Papst empfangen worden, er hatte Roosevelt kurz nach dessen Dienstantritt als Präsident der USA gesehen. Für den Niederländer war es somit eine Selbstverständlichkeit, Regierungschefs auf Augenhöhe zu begegnen, weltweit, auch »Herrn Hitler«, wie die Engländer sagten und es noch immer tun. Deterding glaubte daher, weiterhin gute Karten zu haben, und teilte dem Außenpolitischen Amt der NSDAP am 23. Mai 1935 mit, dass er wieder in Deutschland sei. In einer Aktennotiz der Behörde hieß es, Deterding hoffe »noch immer auf eine Rücksprache mit dem Führer und Reichskanzler, dem er einfach nur seine Erfahrungen mitteilen will«. Aber auch jetzt zeigte Hitler keinerlei Interesse daran, den Niederländer zu treffen. Er vermutete zu Recht, dass der Vorstandsvorsitzende von Royal Dutch/Shell mit ihm über ein Ölabkommen sprechen wolle. Stattdessen gab Hitler an seinen persönlichen Referenten Willy Meerwald die Anweisung, den »ganzen Fall dilatorisch zu behandeln.«[13] Im Klartext hieß das: »Haltet mir den Niederländer vom Leib. Er weiß alles, er geht mir auf die Nerven!« Dabei blieb es bis zum Tode Deterdings.

Aber Deterding gab nicht auf. Über Rudeloff und Göring versuchte er immer wieder, dem neuen Gastland seine guten Dienste als eine Art Politikberater anzubieten. Erkennbar hielt ihn die deutsche Ministerialbürokratie hin. Im Frühjahr 1937 lehnte die Behörde von Göring, der zusätzlich zu seinen zahlreichen Posten auch Beauftragter für den Vierjahresplan geworden war, die Veröffentlichung eines Beitrags von Deterding mit der Begründung ab, dass Hitler die Anweisung gegeben habe, über Währungsfragen möglichst wenig zu schreiben.[14] In den gleichen Tagen kam es zu einem Briefwechsel zwischen Rudeloff und einem Ministerialdirigenten im Preußischen Staatsministerium. Deterding hatte seinen ehemaligen Untergebenen offenkundig mit einem Beitragsangebot vorgeschickt. Rudeloff hatte nun die unangenehme Aufgabe, Deterding bei Erich Gritzbach, der rechten Hand von Göring, wegen Arbeitsüberlastung zu entschuldigen. Deterding sei nicht dazu gekommen, einen Beitrag über Sojabohnen (sic!) zu verfassen, schrieb er. Den ersatzweise eingeschickten Beitrag in englischer Sprache – schon ein Jahr alt –, den Rudeloff hatte übersetzen lassen, schickte das Staatsministerium zurück. Gritzbach verfasste im gleichen Jahr eine Göring-Biografie, die sich hunderttausendfach verkaufte. Den Großteil der Tantiemen strich Göring ein – ein Schicksal, das auch dem Niederländer drohte, hätte er länger gelebt. Bei der Expropriation von Deterdings Witwe war Göring vermutlich an vorderster Front beteiligt.

Kurz vor seinem Tod wandte sich Detering mit seinem Leib- und Magenthema »Silberstandard« nochmals an Göring, der die Ausarbeitung seines Jagdfreundes an die Reichsbank weiterleiten ließ. Die Stellungnahme der volkswirtschaftlichen und statistischen Abteilung fiel weitaus weniger diplomatisch als die Reaktionen aus, die Deterding zu Beginn des Jahrzehnts in Großbritannien (»very interesting paper«) bekommen hatte. Die Reichsbank schrieb: »Die Forderungen Deterdings sind widerspruchsvoll in sich, sie sind unklar, mangelhaft durchdacht und mangelhaft begründet.« Weiter hieß es in der Stellungnahme vom 3. Januar 1939: »Deterding ist ein typischer Währungsdilettant. Nach den reichhaltigen Erfahrungen, die wir mit Projektmachern ähnlichen Schlages gesammelt haben, ist es gänzlich aussichtslos, ihn von der Abwegigkeit seiner Ideen überzeugen zu wollen.« Sollte es zu einem Gespräch kommen, so die Reichsbanker, müsse man dem Niederländer sagen, dass seine Vorschläge »keine praktischen Vorteile für Deutschland, sondern nur Nachteile erwarten« ließ.[15]

Rosenbergs Zeit als außenpolitischer Experte des Regimes war schon seit 1934 vorbei. Der spätere Außenminister von Ribbentrop hatte ihn als »Englandfachmann« beiseitegedrückt, ohne selber einer zu sein. Auch er endete am Galgen in Nürnberg. In der Bildergalerie der deutschen Botschafter in London fehlt sein Foto. Mit Entsetzen verfolgte die britische Öffentlichkeit die Ereignisse um den Röhm-Putsch. Der Zulauf zu den britischen Faschisten unter Oswald Mosley ließ danach deutlich nach. In einem Land, in dem Konsens darüber herrschte, dass nun patriotisches Denken gefragt war, in einer Metropole, die jede Form von Antisemitismus ablehnte, verringerte sich die Spielfläche für den Niederländer. Nahm er zur Kenntnis, dass sich die City in allen Fragen nationalen Interesses und außenpolitischer Positionierungen zurückhielt? Für einen antikommunistischen Feldzug war sie nicht

Wilhelm Rudeloff, der Aufsichtsratsvorsitzende der deutschen Tochter von Royal Dutch/Shell, trifft Deterding anlässlich dessen 40-jährigem Berufsjubiläum im Jahr 1936

zu haben. Deterdings Appell, ein Bollwerk gegen den Bolschewismus zu errichten, stieß in Großbritannien auf taube Ohren. Seine Warnung vor dem »bolschewistischen Chaos« verfing nicht. Publizistische Macht hat Deterding zu keinem Zeitpunkt besessen.[16] Als er im April 1936 seinen 70. Geburtstag feierte, wurde dies in der britischen Presse kaum zur Kenntnis genommen, stattdessen über den Zeitpunkt seines Abgangs spekuliert.

Irritationen

Er wurde zunehmend als eigensinniger, alternder Mann gesehen, auch im eigenen Unternehmen. Als Fachmann und strategischer Kopf von Royal Dutch/Shell war er nicht länger unumstritten, aber man respektierte bis zum Schluss seine außergewöhnliche Lebensbilanz. Man konnte ihn nicht daran hindern, mit politischen Führern im Ausland zu verhandeln. Man vertraute darauf, dass sich der Niederländer nicht gegen alle Geschäftsgewohnheiten zu unverhältnismäßigen Konzessionen an Deutschland bereit finden würde. Das ist zu keinem Zeitpunkt der Fall gewesen. Aber zur Sicherheit wurde die Britische Botschaft unter der Leitung von Sir Eric Phipps auf ihn angesetzt. Bei den Recherchen kam nichts Nachteiliges heraus.

Deterding können diese Veränderungen nicht entgangen sein. Er war ein sensibler Mensch, er hatte Vertraute und Zuträger. Die Verbindung zu dem Land, das ihm viel verdankte, so hat es den Anschein, ließ in ihrer Intensität nach, wurde brüchig. Wie er fand, hatte es ihn in der Frage der Behandlung der Sowjetunion im Stich gelassen. Die Neuorientierung in Richtung Deutschland kann jedenfalls nicht allein damit erklärt werden, dass er eine deutsche Frau heiratete. Im Gefühlshaushalt und in der Sicht auf die Welt war etwas in Bewegung geraten. Objektiv betrachtet, saß er zwischen den Stühlen. Die Autoren der vierbändigen Shell-Geschichte, ein Team der niederländischen Universität Utrecht, kommen zu einem gespaltenen Urteil. Einerseits bescheinigen sie Deterding, auf die Ereignisse in Deutschland während der 1930er-Jahre »in a heavily compromising way« reagiert zu haben, andererseits konstatieren sie: »Es wäre falsch, die Irrtümer seiner letzten Jahre seine früheren Leistungen überschatten zu lassen.« Es wird daher am Ende zu prüfen sein, ob es den

Verfassern des monumentalen Werkes gelungen ist, die »Balance wiederherzustellen« in der Bewertung des »visionary founder of the group«.

Deterding blieb ein Geschäftsmann, im Zweifelsfall aber auch jemand, der sich seiner alten Wahlheimat verpflichtet fühlte. Wichtige Informationen über die deutsche Aufrüstung leitete er nach London weiter und er hatte bis zu seinem Tod einen persönlichen Draht zu Churchill! Das im Ersten Weltkrieg geschmiedete persönliche Band hielt. Dagegen kommen Deutschland, die Nennung und Skizzierung einzelner Personen in Deterdings Memoiren nicht vor. Eine einzige Begegnung mit Hitler im Jahre 1934 – also im Erscheinungsjahr der Memoiren – hat wohl stattgefunden, aber auch hier fehlt letzte Sicherheit, weil der Tagebucheintrag von Rosenberg für diesen Tag seinen Namen nicht enthält. Aber sie ist wahrscheinlich.

Schwachstelle Energie

Als Chef des zweitgrößten Erdölkonzerns war Deterding für die Nationalsozialisten anfänglich von größtem Interesse, weil eine der großen Schwachstellen des Dritten Reiches die Energieversorgung war. Die heimische Erdölförderung deckte nur ein Drittel des Bedarfs in Friedenszeiten ab und konnte mit einem immensen Aufwand bis zum Vorabend des Zweiten Weltkriegs auf immerhin 50 Prozent gesteigert werden. Der hohe Gehalt an Schwer- und Schmieröl machte das deutsche Öl aber zur Herstellung von Leicht- und Flugbenzin weniger geeignet. Auch aus diesem Grund hatte die deutsche Tochter von Royal Dutch/Shell eine überragende Position im deutschen Markt. Sie stellte zwei Drittel der deutschen Raffineriekapazitäten, kontrollierte mit einem Anteil von 72 Prozent den Markt für Diesel, mit 55 Prozent den Markt für Benzin und mit 50 Prozent für Schmieröl. Von der Fahrzeugdichte pro Kopf her – nicht automobiltechnisch – waren die Deutschen in den 1930er-Jahren ein Fast-Entwicklungsland. Pro Kopf verbrauchten die Briten und Franzosen die dreifache Menge an Treibstoff.

Als Unternehmer stand Deterding bei den Gesprächen mit Hitler-Deutschland vor einem mehrfachen Dilemma. Wegen der Devisenbeschränkungen konnten die in Deutschland erzielten Gewinne nicht ins Ausland transferiert werden. Das traf auch ihn persönlich und war ein Hauptgrund, die eingefrorenen Einlagen zum Kauf eines Gutes in Mecklenburg einzusetzen. Die Autarkiebestrebungen des Regimes waren das genaue Gegenteil seiner Vorstellungen von großen, weltweiten Märkten. Sehr rasch begannen die Nationalsozialisten nach der Machtergreifung mit der Vorratshaltung wichtiger Rohstoffe. Großtanklager wurden gebaut. Gleichzeitig liefen die Maßnahmen zur Errichtung von riesigen Hydrierwerken an, in denen synthetischer Treibstoff produziert wurde. Als die Alliierten im Zweiten Weltkrieg damit begannen, diese Hydrierwerke systematisch zu bombardieren, war es nur noch eine Frage von Monaten, bis der Krieg zu Ende war. Den Deutschen ging buchstäblich der Treibstoff aus.

Die Energieproblematik hatte sich schon zu Beginn des Zweiten Weltkriegs angedeutet, als die Wehrmacht auf Befehl Hitlers den Italienern im Krieg gegen Griechenland im Frühjahr 1941 zur Hilfe kam. Bei einem Eingreifen Großbritanniens, das sich abzeichnete, wären die rumänischen Ölfelder gefährdet gewesen, die für die deutsche Kriegsmaschinerie von entscheidender Bedeutung waren. Zu den weitsichtigen Entscheidungen von Royal Dutch/Shell gehörte schließlich, Benzin mit höherer Oktanzahl zu produzieren. Dadurch hatten die Jäger der Alliierten Vorteile im Luftkampf gegen die deutsche Luftwaffe. Ein Amerikaner hatte dies angeregt und

1935 eine Anstellung in Deterdings Unternehmen erhalten. Es war James Harold Doolittle, der 1942 mit seiner Raid gegen Japan ein amerikanischer Kriegsheld wurde. Es war die erste Antwort der USA auf Pearl Harbor und sie hatte strategische Bedeutung.

Koinzidenzen im Jahre 1936

Es war wohl die Begegnung mit einer jungen Deutschen, die zum Schicksal für Deterding wurde, nicht allein, aber sicher ausschlaggebend. Der Niederländer war wurzellos geworden, seine beiden großen englischen Landsitze gehörten ihm nicht mehr. Im Januar 1936 verstarb König George V., der Monarch, der ihn zum Ritter geschlagen hatte. Als Deterding sich im gleichen Jahr entschloss, seinen Wohnsitz von Großbritannien nach Deutschland zu verlegen, war die Hitlerdiktatur fest etabliert. Die wichtigsten energiepolitischen Entscheidungen waren bereits gefallen – nicht in seinem Sinn. Entscheidender aus heutiger Sicht: Nach der ersten Flüchtlingswelle im Jahre 1933, der Bekämpfung und Verfolgung der Kommunisten und Sozialdemokraten, stand nun die vollständige Ausgrenzung der jüdischen Mitbürger aus dem gesellschaftlichen Leben an. Mecklenburg nahm hier einen traurigen Spitzenplatz ein.

Als der in Schwerin geborene, für die Schweiz zuständige NSDAP-Landesgruppenleiter für Auslandsdeutsche, Wilhelm Gustloff, am 4. Februar 1936 in Davos von dem jüdischen Medizinstudenten David Frankfurter erschossen wurde – nur einen Gebirgskamm von Deterding entfernt –, geriet das NS-Regime in eine schwierige Lage. Die geplante Rheinlandbesetzung und die bevorstehenden Olympischen Spiele geboten Zurückhaltung bei Vergeltungsmaßnahmen, aber die Sprache und die Symbolik waren deutlich genug. In einem Sonderzug ließ das Regime den Leichnam über mehrere Tage hinweg von Davos nach Schwerin überführen. Dort wurde Gustloff in Anwesenheit der NS-Führung mit einem Staatsakt beigesetzt. Hitler sagte in seiner Trauerrede, der »jüdische Feind« sei erstmals offen in Erscheinung getreten. Ein Gericht in Chur verurteilte Frankfurter zu 18 Jahren Haft und anschließender Ausweisung. Während des Prozesses war ein NS-Anwalt über eine telefonische Standleitung mit Hitler verbunden. Offenbar war Hitler klar, dass er mit David Frankfurter einen Gegner vom Kaliber eines Johann Georg Elser vor sich hatte. Außer Stauffenberg kam kein anderer dem Ziel so nah, den Diktator zu töten.

Ein nach dem Toten benanntes Passagierschiff ging im Januar 1945 mit über 9000 Flüchtlingen an Bord in der Ostsee unter, die größte Schiffskatastrophe der Geschichte. Als der Attentäter im Sommer 1945 das Gefängnis verließ, wartete er mit einem überraschenden Geständnis auf. Eigentlich habe er nicht Gustloff töten wollen, sondern Hitler. »Das war mein erster Plan, aber er blieb unerreichbar.« David Frankfurter wanderte nach Palästina aus und diente als Offizier in der israelischen Armee. In Tel Aviv erfuhr er, dass die Gestapo bei der Besetzung Jugoslawiens gezielt nach seinem Vater gesucht hatte, ihn verhaftete, folterte und ermordete.

Der Stifter

Quasi zum Einstand in Deutschland öffnete Deterding nochmals für das NS-Regime seine persönliche Schatulle. Aber viel kam dabei außer ein paar Reisen, Gefälligkeiten und gelegentlichen Spenden nicht zusammen. Reichspropagandaminister Joseph Goebbels hielt in einem Tagebucheintrag

Anfang Januar 1936 fest: »Hilgenfeldt berichtet, W.H.W. Deterding (sic!) hat 340 Millionen gestiftet. Wir werden etwa 100 Millionen zur freien Verfügung haben. Davon soll der Führer über 40 Millionen verfügen.«[17] Die Sache hatte nur einen Haken. Diese Meldung war falsch, eine Transaktion dieser Größenordnung kam nie zustande! Im gleichen Jahr verhandelte Deterding mit dem NS-Winterhilfswerk über einen großen Deal, holländische überschüssige Agrarprodukte und Lebensmittel mit blockierten Mark-Konten zu verrechnen. Auch dazu kam es nicht. Wenn Geld floss, handelte es sich um überschaubare Spenden Deterdings für Vorhaben in seiner neuen Wahlheimat. Denn erst jetzt interessierte er sich für Belange der deutschen Innenpolitik. Das musste in London auch Kessler jr. zur Kenntnis nehmen, der eigentlich für Deutschland zuständig war. Den Schiffsdeal setzte Deterding durch. Vielleicht war dies das letzte Tröpfchen, das zum Bruch führte. Kessler jr. war nun maßgeblich daran beteiligt, Deterding zur Aufgabe zu bewegen, er legte mit Unterstützung der Führungscrew ein Dossier über ihn an, das Deterdings Nähe zum NS-Regime dokumentieren sollte. Daraus entwickelte sich eine Intimfeindschaft, die »Guus« Kessler mehr als drei Jahrzehnte später mit ins Grab nahm.[18] Im Oktober 1934 verstarb Samuel Samuel, der Bruder von Marcus, der sich viele Jahre zuvor für eine politische Karriere bei den britischen Konservativen entschieden hatte.

Der Abschied vom Unternehmen fiel weder Royal Dutch/Shell noch Deterding leicht und wurde erstaunlich diskret, mit Verlegenheit auf beiden Seiten behandelt. Im Mai 1936 nahm Deterding zum letzten Mal an einer Sitzung des Direktoriums teil, im Juni galt er als faktisch zurückgetreten. Aber erst im September teilte Stellvertreter Hugo Loudon mit, dass Deterding zum Jahresende gehen werde. Richtig Bescheid wusste auf der Leitungsebene anscheinend niemand. Auch

Deterdings Signale waren unklar, er war anscheinend stark damit beschäftigt, seine neuen privaten Verhältnisse zu regeln. Die Öffentlichkeit erfuhr vom Abgang des Giganten erst in der letzten Oktoberwoche. Die Weltpresse berichtete am 26. Oktober 1936, dass Deterding den Vorstandsvorsitz bei Royal Dutch/Shell mit Wirkung zum Jahresende aufgeben werde. Sein letzter Bericht als Generaldirektor des Unternehmens fasste unternehmerischen Erfolg und Weltpolitik auf bemerkenswerte Weise zusammen und ließ erkennen, dass die unruhige internationale Lage zweifellos »einigen Einfluss auf die Entwicklung der Ölindustrie« gehabt habe.

Die Olympischen Sommerspiele in Berlin hatten die wirkliche Lage in Europa nur mühsam verdeckt. Die italienische Invasion in Äthiopien und der sich nun entwickelnde Spanische Bürgerkrieg drohten auch Auswirkungen auf die Bilanzen des Unternehmens zu haben. Die Vorzugsaktien, die Deterding in seiner Eigenschaft als CEO erhalten hatte, gingen an das Unternehmen zurück. Der niederländische Premier begegnete anderslautenden Gerüchten und informierte den britischen Gesandten über die Gesellschafterstruktur, die ausschließe, dass es zu einem ausländischen Takeover komme. Zwar fuhr Deterding weiterhin zu den Aufsichtsratssitzungen nach London. Aber das Interesse Großbritanniens, der niederländischen Heimat, der Royal Dutch/Shell und des NS-Regimes an ihm ließen erkennbar nach. Von den neuen Chefs wurde er deutlich auf Distanz gehalten. In einem Freiluftgefängnis, wie es Hitler-Deutschland darstellte, war Deterding nun ein Exot, der sich frei bewegen, frei reisen konnte, weil er im Gegensatz zu den allermeisten Deutschen über einen Pass und Devisen verfügte. Überraschenderweise war keiner der beiden Söhne von Jean Baptiste August Kessler sein Nachfolger geworden, sondern der Ex-Marineoffizier und passionierte Flieger J. E. F. de Kok. Es hieß, dass Deterding den ins Augen gefassten Kessler-Sohn verhindert und für de Kok plädiert habe.

Im Deutschland Hitlers

Wie muss diese Sonderstellung auf ihn und seine junge deutsche Frau gewirkt haben? Wie muss der ständige Vergleich zwischen seine Begegnungen mit den Führungspersönlichkeiten Großbritanniens und der Niederlande und der gespaltenen politischen Klasse in Berlin für ihn ausgefallen sein? Begegnete er überhaupt regimekritischen Persönlichkeiten? Mit welchen Gedanken verbrachte er die »Auszeiten« in St. Moritz, in der Höhenluft der Freiheit? Verglich er sie mit den dröhnend langweiligen Kameradschaftsabenden bei der regionalen NS-Parteielite von Mecklenburg, mit den peinlichen Anbiederungsversuchen des Gauleiters und seiner Entourage, aufgehellt durch ein paar Jagdausflüge mit Göring und Botschaftern wichtiger Länder? Was hörte er dort? Was flüsterte ihm Grundstücksnachbar von Stauss zu? Was machte Deterding aus der Zeit, die ihm noch blieb – zwischen dem Abschied vom Berufsleben und einem jähen Tod?

Sicher ist, dass er zunehmend in die Fänge seines niederländischen Privatsekretärs geriet, der ein Faschist war. Und sicher ist auch, dass Deterding von der NS-Propaganda, die nun fortlaufend auf ihn einwirkte, beeindruckt war. Wenn es zutreffen sollte, dass sich in seinen Texten und spontanen Einlassungen antisemitische Formulierungen einschlichen, muss die Frage lauten: Wer war der Urheber, wer schrieb solche Texte? Mit dem Deterding, den wir bis 1934 kennen, haben sie nichts gemein. Wurde er damit zu einem Antisemiten, der er sein ganzes Leben lang nicht war? Wohl kaum.[19] Es sind die langen Linien, die bei dem Niederländer dominant sind, sie stechen hervor und sind bis zu seinem Tod im Verkehr mit deutschen Behörden und Institutionen nachvollziehbar. Eine Treue zu sich selbst darf nie in Abrede gestellt werden. Möglich ist jedoch, dass das nun ein eineinhalb Jahrzehnte lang zu beobachtende Wüten gegen den Kommunismus in ein Schwarz-Weiß-Denken eines sehr alt gewordenen Mannes mündete.

Deterding hat kein Interesse am Nationalsozialismus als Ideologie. In seiner umfangreichen Korrespondenz kommen Begriffe wie Faschismus oder Nationalsozialismus kaum vor, ein weiterer Hinweis auf den letztlich Unpolitischen. Die Utrechter Verfasser der Shell-Studie, die antisemitische Tendenzen bei Deterding während der letzten Lebensjahre sehen wollen, bezweifeln daher, dass Deterding die politischen oder sozialen Konsequenzen der NS-Diktatur verstanden habe. Das hat er vermutlich nicht. Noch befand sich das Regime in der Entfaltungsphase und es war erst wenige Wochen her, dass es bei den Novemberpogromen sein wahres Gesicht gezeigt hatte. Bis dahin hatten viele Menschen, auch die mittlerweile in den Städten konzentrierten jüdischen Mitbürger, gehofft, dass sie im Land der Väter bleiben könnten, dass das Regime sich ungeachtet der Exzesse in den Jahren 1933/34 mäßigen werde.[20]

Die Sicht von Deterding auf dieses »neue« Land war daher eine vordergründige, aber mit der Auffassung, dass Deutschland unter Hitler besseren Zeiten entgegengehen werde, stand er nicht allein. Man wird nur wenige Zeitgenossen finden, die einigermaßen präzise vorhersagten, was dann tatsächlich geschah, unter ihnen Außenseiter wie der rumänische Außenminister Gafencu, Künstler wie Charlie Chaplin (»Der große Diktator«) und – nie zu unterschätzen – die Stimme des sogenannten »kleinen Mannes«.

Als frischgebackener Nachbar von prominenten Großgrundbesitzern wie von Stauss und Göring baute Deterding in der neuen Heimat rasch Kontakte auf.[21] Ob er in Deutschland wirklich ankam, muss jedoch offenbleiben. Sein Itinerar ist im Einzelnen nicht bekannt, wirkt aber rastlos. In Ostpreußen besuchte Deterding bereits im September 1934 Elisabeth Gräfin von Finckenstein, eine ehemalige Redakteurin der *Vossischen Zeitung*. Die Begegnung mit der Spezialistin für Außenpolitik, die 1994 in Santiago de Chile verstarb, hatte vermutlich private Gründe. Es ging um die Jagd. Göring, der dafür bekannt war, Spendengelder der deutschen Industrie in die eigene Tasche umzuleiten, berief Deterding in seiner Eigenschaft als Reichsjägermeister in den Deutschen Reichsjagdrat. Andere prominente Mitglieder waren der Industrielle Kurt Hermann, der Unternehmer Friedrich Flick, der Zigarrenfabrikant Philipp F. Reemtsma, der Bankier August von Finck, Reichswirtschaftsminister Hjalmar Schacht und der niederländische Landsmann van Vlissingen in seiner Eigenschaft als Präsident der Internationalen Handelskammer. Innerhalb eines kleinen, aber äußerst feinen Personenkreises jagte Deterding auch im ostpreußischen Rominten. Zu ihm gehörte König Boris von Bulgarien, Ministerpräsident Gömbös aus Ungarn, der britische Botschafter Sir Nevile Henderson, der polnische Botschafter Lipski, der ungarische Reichsverweser Horthy, der finnische Generalfeldmarschall Mannerheim und der italienische Luftmarschall Balbo.

Deterding wurde sogar zu einer Romanfigur, die Richard King heißt. Erfinder der Figur war Essad Bey, ein deutschsprachiger Schriftsteller russisch-jüdischer Abstammung, geboren in Baku. Er veröffentlichte im Jahre 1934 zwei Groschenromane *Manuela* und *Liebe und Erdöl*, für die Deterdings Biografie unzweifelhaft als Vorlage dienten. Essad Bey war ein begabter Schriftsteller, gefördert von Willy Haas, und ein Kenner des Orients. Daher gehen auch die beiden Heftchen über das Niveau hinaus, das Bahnhofsliteratur normalerweise erreicht. Lew Abramowitsch Nussibaum, wie er wirklich hieß, erlebte die Machtergreifung Hitlers in Deutschland, erhielt 1936 ein Publikationsverbot und ging ins Exil. Unter einem Pseudonym gelang es ihm, weiterhin spannende, sehr beliebte Bücher über Nahostthemen in Deutschland zu veröffentlichen.

Wachsender Realismus

Derweilen steuerte das Dritte Reich auf die Konflikte zu, die Hitler direkt nach der Machtübernahme skizziert hatte. In dem im Jahre 1936 verabschiedeten Vierjahresplan lauteten die beiden Kernsätze, die deutsche Armee müsse in vier Jahren einsatzfähig sein, die deutsche Wirtschaft müsse in vier Jahren kriegsfähig sein. 1937 starb John D. Rockefeller, Deterdings großer Rivale, ein Jahr später die Witwe von Auguste Kessler, dem Mann, der Deterding knapp vier Jahrzehnte zuvor die einzigartige Karriere ermöglicht hatte. Ein geheimes Shell-Memorandum kommentierte er im Sommer 1938 mit den Worten: »Autarkie heißt Krieg.« Als seine beiden Töchter aus der Ehe mit Lydia Pavlovna mit der Bitte auf ihn zukamen, in ihrem Internat in Dresden Uniformen der Hitlerjugend zu tragen wie ihre Klassenkameradinnen auch, lehnte Deterding dies ab. Es gab keine Begründung. Zu seinem ältesten Sohn, der bei großen Festlichkeiten für den Vater zugegen war, z. B. anlässlich seines 70. Geburtstages, hatte Deterding offenbar ständigen Kontakt. Wenige Monate nach dem Tod des Vaters entschied sich Henri, als Pilot für die britische Sache zu kämpfen. Die Briten retteten die zivilisierte Welt. Das Weltherrschaftsprogramm der Nationalsozialisten ließ sich nur mit Raubkriegen verwirklichen. Als die Wehrmacht Jahre später bis zu den einstigen Ölfeldern von Deterding im Südkaukasus vorstieß, hatte die Rote Armee diese kurz zuvor zerstört.

In seinen Ansichten gänzlich isoliert war Deterding ab 1937, als in Großbritannien die Hoffnung entschwand, zu einem Ausgleich mit Hitler-Deutschland zu kommen. Man hatte 1935 die Wiedererstehung der deutschen Luftwaffe zur Kenntnis genommen, die Großbritannien fünf Jahre später in größte Gefahr brachte. Man hatte im gleichen Jahr einem

Flottenabkommen mit Deutschland zugestimmt und man hatte ein Jahr später die widerrechtliche Besetzung des Rheinlands hingenommen. Es war wohl kein Zufall, dass die privat bedingte Hinwendung Deterdings zu Deutschland im Jahre 1936 mit seinem Bedeutungsverlust in der City und seiner Ablösung vom Vorstandsvorsitz von Royal Dutch/Shell zusammenfiel. Der im gleichen Jahr ausgebrochene Bürgerkrieg in Spanien beförderte Deterding – propagandistisch gesehen – erneut auf die falsche Seite. Wieder muss offenbleiben, ob und in welchem Umfang der Niederländer Generalissimo Franco unterstützte. Die Komintern-Propaganda erzielte vor allem in Großbritannien große Wirkung. Erhebliche Teile der britischen Intelligenz wurden von ihr erfasst. Die Faszination des Kommunismus hielt vor allem in den Public Schools Einzug. Der Faschismus in Italien, Hitler-Deutschland und nun in Spanien war für die jungen Menschen die Verkörperung des Bösen schlechthin. Einer, der Zwangskonformismus und ausufernde Gesinnungsschnüffelei verachtete, war George Orwell.

Klima-Umschwung

Auch die Niederlande, Deterdings Heimat, zeigten Wirkung. Faschistische Gruppierungen, voran die Mussert-Bewegung, befanden sich vorübergehend auf dem Vormarsch. In diesem Zusammenhang ist ein sehr hartes Urteil über Deterding zu sehen, das ein ehemaliger Kollege bei Royal Dutch 1937 über ihn fällte. Hendrikus Colijn, nun der Premierminister der Niederlande, sagte, er »könne nicht verstehen, wie ein Mann, der seinen Namen und sein Glück in England gemacht hat und der einiges an Unterstützung von seiner Wahlheimat erhalten hat, plötzlich nach Deutschland gehen und es sich zur Aufgabe machen kann, das Wohl dieses Landes zu fördern …«. Colijn spielte damit offenkundig darauf an, dass Deterding Anfang 1937 auf seinem neuen Landsitz das Kavaliershaus in Dobbin bezogen hatte. Der Premierminister fügte hinzu, Deterdings »Handlungsweise sei infantil und lässt keinen Zweifel hinsichtlich seiner Einstellung.« Colijn schloss seine Ausführungen mit der nahezu prophetischen Bemerkung ab, dass Detering es in seinen letzten Jahre schaffe, seinen beachtlichen Ruf als internationaler »Oil man« zu ruinieren. Spielte bei diesem Statement innenpolitischer Druck eine Rolle, sollte dies ein Befreiungsschlag gegenüber der mit Hitler-Deutschland sympathisierenden Mussert-Bewegung sein? Oder war dies eine Warnung an das Deterding-freundliche Königshaus, das ihm gerade den mecklenburgischen Landsitz verkauft hatte, auch an die politische Konkurrenz von rechts? Oder war es persönliche Rache an dem bis 1936 übermächtigen Chef? In einem Punkt lag Colijn jedoch besonders falsch: Deterding hat seinem Heimatland sehr viel mehr gegeben, als er von ihm bekommen hat. Den Haag und Amsterdam schweigen zu seinem patriotischen Beitrag beharrlich. Ein Minimum an Fairness lässt lediglich die Museumslandschaft der Niederlande walten.

Hitlers Luftwaffenadjutant Nicolaus von Below sah den Sommer 1938 durch Gegensätze gekennzeichnet. Er stellte eine Stimmung zwischen Besorgnis wegen der Gefahr eines drohenden Krieges und »froher Sorglosigkeit« in den Führungsgruppen von Staat und Partei fest. Wenige Tage später sollte eine wegweisende Entscheidung über das Kräfteverhältnis zwischen dem deutschen Diktator und der Wehrmachtsführung fallen, von der zu diesem Zeitpunkt niemand etwas ahnte. Sie führte direkt in die katastrophalen Führungsentscheidungen des Diktators im Russlandkrieg. Nicht verborgen bleiben konnte dem aufmerksamen Beobachter, dass Deutschland in diesen Wochen vom »Friedensmodus« in einen »kriegsvorbereitenden Aggregatszustand« wechselte. Arbeiter wurden zum Festungs- und Straßenbau aus Betrieben herausgeholt, Barackenlager gebaut und Omnibusse requiriert. Über Nacht entstanden Kriegsverhältnisse in einem zivilen Leben, das seit dem 30. Januar 1933 nicht mehr zivil war.

Die Expansionspolitik des Dritten Reiches hatte schon Ende 1937 eingesetzt, Hitler begann nun auch als Außenpolitiker, sein wahres Gesicht zu zeigen. Er legte der Generalität seine Expansionsabsichten bei einer Unterredung dar, komprimiert im sogenannten »Hoßbach-Protokoll«, das man als Fortsetzung des Gesprächs am 3. Februar 1933 ansehen kann.[22] Mit der Revision von Versailles hatten sie nichts zu tun. Hitler wollte mehr, zunächst die Vormachtrolle in Europa. Rücksichtnahmen waren nicht länger erforderlich und: Man benötigte das Geld der Juden.

Schoups Buch und die Folgen

Deterding konnte zu diesem Zeitpunkt nicht ahnen, dass die Entscheidung über die Würdigung seines Lebenswerkes längst gefallen war – zumindest in den Augen seiner Gegner. Es gelang ihnen, das Negativbild über ihn über den Zweiten Weltkrieg hinaus weiter zu transportieren. Von wenigen Ausnahmen abgesehen, kam niemand auf die Idee, die Hauptquellen zu prüfen, auf die sich die Vorbehalte und Vorwürfe gegen Deterding stützten.

Im Rückblick lässt sich somit feststellen, dass das deutsche und europäische Schicksalsjahr 1933 auch für Deterding zu einem persönlichen »annus horribilis« wurde. Er hatte fürs Erste die Kontrolle über seine Vita verloren. Die Ursache für die nachhaltige Beschädigung seines Namens, der heutige

Mantel des Vergessens um ihn herum, ist in diesem Jahr zu suchen. Er unterlag dem Phantom eines Buches. Es gelang seinen Gegnern, das Russland-Thema mit der Behauptung, Deterding und seine deutsche Frau seien Hitler-Unterstützer, ja Freunde des Verbrechers gewesen, zu koppeln. Alle bisherigen Diffamierungskampagnen waren ein Kinderspiel im Vergleich zu dem, was nun mithilfe einer Fälschung, eines Buches geschah. Sein Inhalt spielte in den 1950er-Jahren eine Rolle, auch noch 1968, als es zu den Studentenprotesten kam, und er wirkte in der DDR nach, die nun zur Hüterin der Sowjetpropaganda über den Niederländer wurde.

Denn trotz des massiven juristischen Vorgehens der Royal Dutch/Shell und der niederländischen Regierung war die Geschichte um die folgenreiche Fälschung des Niederländers Schoup, seine Behauptung, dass Deterding Hitler zur Macht verholfen habe, 1933/34 noch nicht zu Ende. In Groschenheften wie »Hakenkreuzjudas und seine Silberlinge« oder »Finanzielle Weltgeschichte. Das Dritte Reich im Dienste der Internationalen Hochfinanz« wurde der Inhalt des zurückgezogenen Buches wiederholt und um die Behauptung ergänzt, dass Deterding die NSDAP mit 50 bis 60 Millionen Mark gestützt habe.

Eine unbekannte Zahl von Exemplaren des Schoup'schen Machtwerkes waren in den Handel gelangt und wurden nun offenbar von Hand zu Hand weitergereicht. Der Geist war somit aus der Flasche. Obskure Schriften wie »Spanischer Sommer« oder der Privatdruck »Die letzte Frage« folgten. Sie stammten von einem gewissen Renée Sonderegger, einem schillernden Schweizer Verleger. 1933 sich zunächst als Hitler-Gegner gebend, entwickelte sich Sonderegger später zu einem Hitler-Bewunderer und wurde vorübergehend inhaftiert. Eines seiner Bücher erschien später in Buenos Aires, er selbst wanderte nach Spanien aus. Zeitlebens gelang es Deterding nicht, die abstrusen Unterstellungen über sich und seine dritte Frau, über seine angebliche Rolle als »Ermöglicher« Hitlers aus der Welt zu schaffen. Höchst unterschiedliche Gruppen hatten ein Interesse daran, dass es Fortsetzungen der »Deterding-Story« gab und weiterhin gibt. Das 2022 erschienene Buch eines französischen Autors könnte dazugehören.

Die Behauptungen über Deterdings Rolle als Financier Hitlers zogen schon in den 1930er-Jahren weite Kreise, sie waren ein Gesprächsthema in den Salons von Berlin. Einen kleinen Einblick gewähren die Memoiren von Martha Dodd, der Tochter des damaligen US-Botschafters William Dodd. Martha war eine Socialite, jeder kannte sie in den führenden Zirkeln der deutschen Hauptstadt. Martha verbreitete genau die Gerüchte, die das in den Niederlanden erschienene Buch in alle Welt hatte hinaustragen wollen. In ihren »Erinnerungen« heißt es: »Vor einigen Jahren wurde in einem ausgezeichneten Buch beschrieben, wie die wohlhabende Oberschicht Hitlers Aufstieg zur Macht unterstützte. Das Buch kam in Holland heraus und wurde sofort nach Erscheinen von der Regierung und von der Royal Dutch/Shell beschlagnahmt; eine der Hauptaktionärinnen der Royal Dutch/Shell ist nämlich die niederländische Königin, und ihr Präsident, Deterding, setzt sich lautstark für die Nazis ein. Das Buch, von dem noch ein paar Exemplare existieren, erzählt die tragische Geschichte der Juden, die nicht an ihre Selbsterhaltung dachten, sondern an ihre Position als ökonomische Elite, die sie mittlerweile eingebüßt haben. Diese Fakten beziehen sich nicht nur auf die deutschen Juden, sondern auch auf Juden im Ausland, besonders in Amerika.«[23] Soweit die US-Diplomaten-Tochter, deren Vater sich von einem Bewunderer der deutschen Kultur zu einem Hitler-Gegner entwickelte. Dodd sah wie seine Tochter Deterding kritisch, aber saß den Gerüchten und Vorurteilen um den Niederländer auf. Die besondere Infamie, die in dem Zitat der Dodd-Tochter erkennbar wird, war, Deterding zu einem Antisemiten zu stempeln.

Nach dem Zweiten Weltkrieg blühten die Gerüchte um Deterding weiter, es tauchte eine hektografierte deutsche Fassung des Buchinhalts auf. In einem in der Schweiz erschienenen Büchlein mit dem Titel: »Liebet Eure Feinde« wurde sie 1948 frisch arrangiert. Schon damals muss es ein Netzwerk von interessierten Kreisen gegeben haben, weiterhin Unwahrheiten über den Niederländer zu verbreiten. Die Texte und Buchinhalte spielten übrigens bei Spruchkammerverfahren der Besatzungsmächte eine Rolle. Die unter Anklage stehenden deutschen Täter, mitunter prominente Namen, argumentierten mit Verweis auf das Buch, dass die amerikanische und britische Hochfinanz Hitler an die Macht gebracht habe. Selbst der amerikanische Chefankläger Telford Taylor bediente sich dieser Argumentation beim Prozess gegen die Hauptkriegsverbrecher in Nürnberg.

Rüstungsminister Albert Speer, der in Nürnberg zu 20 Jahren Haft verurteilt wurde, kam Deterding bei seinen endlosen Wanderungen im Kriegsverbrechergefängnis von Spandau noch einmal in Erinnerung. Speer stellte sich im Mai 1952 eine kleine Wanderung mit Göring vor – natürlich war alles Fiktion –, bei der der einstige Jagdfreund von Deterding über seine Zukunftspläne erzählte. »Bei den Amerikanern«, so Göring, »könne er mit einigen Sympathien rechnen, die letzten Jahre sei er immer in der Presse des Auslandes günstiger behandelt worden als irgendein anderer politischer Führer in Deutschland. Zahlreiche wirtschaftliche Bindungen über die Deterdings und General Motors würden ihm zweifellos helfen.«[24] Hatte Göring vom Schicksal Henrys, des ältesten Detering-Sohnes, gewusst? Als die Studenten 1968 gegen das vermeintliche Establishment protestierten, ging es noch einmal um die Rolle der deutschen Industrie bei Hitlers Machtergreifung und damit um Deterding. Endgültig verstummen werden diese Diskussionen wohl nie.

Trittbrettfahrer

Franz von Papen, dem ehemaligen Reichskanzler und Totengräber der Weimarer Republik, gelang es, an eines der wenigen existierenden Exemplare des Buches heranzukommen. Suchte er für das Spruchkammerverfahren, das ihm nach dem Freispruch in Nürnberg drohte, ausgerechnet in der Skandalbroschüre von Schoup Entlastung? In seinen Memoiren ging von Papen detailliert auf den Inhalt des Buches ein. Auf umständliche Weise kam er zu dem Resumée, dass er Schoups Buch nicht nur erwähne, weil es Gerüchte zusammenfasse, sondern auch, weil derartige Machwerke »wahrscheinlich selbst die wichtigsten Quellen für die detaillierten Angaben bilden, die so weit verbreitet in Umlauf gekommen sind«[25].

Vor allem in der Zeit des Studentenprotestes, also vor etwa 50 Jahren, kam es in Deutschland zu einer Wiederauflage der Debatten um die Rolle der Großunternehmer in den Jahren 1930 bis 1933. Zum Teil wurden dieselben Argumente und dubiosen Quellen ins Feld geführt, die bereits in den 1920er-Jahren eine Rolle gespielt hatten. Seitdem herrscht in der Wissenschaft ein weitgehender Konsens, eine Zustimmung zu den Forschungsergebnissen von Henry Ashby Turner jr., wonach die Industrie Abstand zur Weimarer Republik hielt, aber nicht einmal in der Schlussphase der Weimarer Republik zu Hitler überlief und die NSDAP mit Geld überschwemmte. Ganz im Gegenteil, sie verteilte ihre Gunst auf die vier nicht sozialistischen Parteien, die lange Zeit für politische Stabilität in der ersten deutschen Republik gesorgt hatten. Bis zur Berufung von Hitler zum Reichskanzler erhielt die politische Konkurrenz der NSDAP deutlich mehr Geld, die Zuwendungen der deutschen Industrie hatten damit eine Stoßrichtung gegen Hitler. Da dies, wie Turner argumentiert, der allgemeine Trend in der deutschen Industrie war, fallen Einzelfiguren wie Fritz Thyssen, Emil Kirdorf oder Deterding besonders auf. Gleichzeitig wird ihre Bedeutung für den Gesamtprozess überschätzt.[26] Stattdessen bildeten sich Legenden um diese Industrieführer, die zeitgenössische Journalisten in Umlauf brachten. Bis heute umwehen Hugenberg und Kirdorf Mythen, die im Falle des Stahlindustriellen von den Nationalsozialisten selbst produziert wurden. Eindeutig ist festzustellen, dass nicht etwa Hitlers Rassenideologie, sein Antisemitismus auf Repräsentanten der Großindustrie anziehend wirkten, sondern sein selbstbewusster Nationalismus und seine Feindschaft gegen den Marxismus. Allerdings blieb die Sorge, dass der Weg der NSDAP in einer sozialistischen Partei enden könnte, wie es der Parteiname ja suggerierte.

In einem der ersten Jahrgänge der *Vierteljahrshefte für Zeitgeschichte*, die sich in der jungen Bundesrepublik rasch zu einer politischen und moralischen Instanz entwickelten, erschien 1954 ein Beitrag, die den Titel »Falschaussagen zur Auslandsfinanzierung Hitlers« trug. Dem Institut für Zeitgeschichte, das die Zeitschrift bis heute herausgibt, war die Brisanz des Inhalts klar. Es stellte dem Artikel einen Vorspann voraus, in dem es heißt, dass »die nicht deutsche Finanzierung der NSDAP, wenn auch sicher im Ganzen beträchtlich und in Einzelfällen recht beträchtlich, auf gar keinen Fall entscheidend für Hitlers Machtergreifung« war. Es kann sein, dass der Autor mit »recht beträchtlich« Deterding vor Augen hatte – recht beträchtlich, aber mehr auch nicht. Der Verfasser des Beitrags war Hermann Lutz, ein aus Bayern stammender Parlamentarier, der während der Weimarer Republik und in der frühen Phase der Bundesrepublik im Bayerischen Landtag saß. Er gehörte 1948 der verfassunggebenden Versammlung an, die später Theodor Heuss zum ersten Bundespräsidenten wählte. Wie kam er zu den Kenntnissen über den Fälschungsskandal? Vermutlich als Beisitzer bei den Prozessen gegen NS-Täter, in denen das Lügengebäude des Herrn Schoup freigelegt wurde.

Fassen wir zusammen, was sich auf den ersten Blick im Internet über ihn findet: Deterding verhalf Hitler nicht an die Macht, seine finanziellen Zuwendungen an die NSDAP bewegten sich im Rahmen der Beiträge, die von Einzelpersönlichkeiten im In- und Ausland um 1930/32 bezahlt wurden. Charlotte, seine dritte und letzte Ehefrau, war weder Hitlers Sekretärin noch Mitglied der NSDAP. Hitler gewährte dem Niederländer wohl einen Termin, aber hatte kein Interesse an weiteren Begegnungen. Seine Mitarbeiter wimmelten den Niederländer ab.

Warum geriet Deterding in Vergessenheit? Vermutlich aus zwei Gründen: Er hatte keine stabile Operationsbasis in einem einzigen Land, sondern war in drei Staaten aktiv. Obwohl er ein großzügiger Spender und Stifter war, umgab ihn nie die Aura eines Rockefeller jr., der sich in Amerika vom Kapitalisten »par excellence« zum Philantropen entwickeln konnte. Deterding war kein Held, er war als Industrieführer alten Schlages, gemessen an den Bedingungen der Zeit ein Normalfall, ein Praktiker, der sich wie der britische Colonel beim Brückenbau irrte.

Anmerkungen

1 Vgl. zum Folgenden: *Vierteljahrshefte für Zeitgeschichte* (VfZG) 2 (1954), S. 386–396.
2 Der Warburg-Bericht www/h-ref.de/literatur/w/warburg-bericht/index.php – dort weitere Details.
3 Vgl. Andreas Wirsching: »Man kann nur Boden germanisieren.« Eine neue Quelle zu Hitlers Rede vor den Spitzen der Reichswehr am 3. Februar 1933, in: *VfZG* 49, (2001), S. 517–550.
4 J. Dülffer/J. Thies/J. Henke (Hrsg.): Hitlers Städte. Baupolitik im Dritten Reich. Köln–Wien 1978, S. 83 ff.
5 Shell-Geschichte, passim.
6 Vgl. Jochen Thies: Architekt der Weltherrschaft. Die »Endziele« Hitlers. Düsseldorf 1976.
7 Vgl. Josef Henke: England in Hitlers politischem Kalkül 1935–1939. Boppard 1973.
8 Dies ist die Ansicht des Deterding-Biografen Hendrix, S. 239.
9 Vgl. zum Folgenden: Hans-Adolf Jacobsen: Nationalsozialistische Außenpolitik 1933–1938. Frankfurt am Main, Berlin 1968.
10 Grundlegend: Seppo Kuusisto: Alfred Rosenberg in der Nationalsozialistischen Außenpolitik 1933–39. Helsinki 1984, S. 123.
11 Tagebuch Alfred Rosenberg, Aufzeichnung vom 11.7.1934, S. 38.
12 W. Jochmann (Hg.): Adolf Hitler. Monologe im Führerhauptquartier. Hamburg 1980, Eintrag vom 27. Januar 1942.
13 Bundesarchiv Koblenz, Nachlass Albert Speer 1340/290, Bl. 67.
14 Bundesarchiv Berlin R 87/8692.
15 Bundesarchiv Berlin R 25012/6541.
16 Vgl.: Dietrich Aigner: Das Ringen um England. München-Esslingen 1969, S. 116 ff.
17 Joseph Goebbels Tagebücher 1924–1945, Eintrag vom 12. Januar 1936.
18 Vgl. Jeroen Koch: De Kesslers, S. 269 f.
19 Die in der vierbändigen Shell-Historie vorgelegten Belege, darunter ein Zeitungsartikel der *Haagse Post* vom 7. März 1969, vermögen nicht zu überzeugen. Sie stammen teilweise aus den Propagandaküchen der 1930er-Jahre. Ganz geheuer ist den Autoren der Vorwurf am Ende nicht, sie relativieren ihn.
20 Vgl. Jochen Thies: Evian 1938. Als die Welt die Juden verriet. Essen 4. Auflage 2018.

21 Vgl. die verdienstvolle maschinenschriftlich vorliegende Studie von Thomas Richert: Der mecklenburgische Grundbesitz von Sir Henri Deterding, o. O., o. J. Richert, ein studierter Historiker, hat für seine Untersuchung nach eigenen Angaben Archivalien aus folgenden Beständen herangezogen:
Bundesarchiv Berlin: R 26 I/11 Beauftragter für den Vierjahresplan, R 2501 Deutsche Reichsbank Mineralölwirtschaft, R 3701 Reichsforstamt, R 3702 Deutsche Jägerschaft, R 8119, Deutsche Bank Korrespondenz Abs-Stauss, R 9354 Personenbezogene Unterlagen-Datenbank, R 9355, NS-Archiv des MfS Datenbank, NY 4217, Nachlass Albert Norden Nr. 19.
Bundesarchiv Koblenz: Teilnachlass 2 Hermann Göring Jagdtagebuch.
Geheimes Staatsarchiv Preußischer Kulturbesitz Berlin: HA Rep. 151 Finanzministerium Schorfheide und Rominten, HA Rep. 90 Staatsministerium Rominten, HA Re. 90 Elchregister.
Landesarchiv Berlin: A Rep. 243-04, Reichskulturkammer Akte Charlotte Deterding.

22 Vgl. Walter Bussmann: Zur Entstehung und Überlieferung der »Hossbach-Niederschrift«, in: *VfZG* 16 (1968), S. 573–584.

23 Martha Dodd: Meine Jahre in Deutschland 1933 bis 1937. Berlin 2005, S. 341.

24 Albert Speer: Spandauer Tagebücher. Frankfurt/M.–Berlin–Wien 1975, S. 287 f.

25 Franz von Papen: Der Wahrheit eine Gasse. München 1952, S. 237.

26 Henry Ashby Turner jr.: Faschismus und Kapitalismus in Deutschland. Göttingen 1972, S. 14; ders.: German Big Business and the Rise of Hitler. New York-Oxford 1985.
Turner trifft anlässlich des Begräbnisses von Detering in Dobbin eine interessante Feststellung: Wenn Deterding die NSDAP und Hitler tatsächlich mit Geld unterstützt hätte, wäre das in den lobenden Nachrufen, die im Februar 1939 in der Presse des Dritten Reiches erschienen, nicht unerwähnt geblieben. In keinem einzigen Nachruf ist von finanziellen Zuwendungen vor 1936 die Rede, als Deterding sich in Mecklenburg niederließ.

11
Deterding und seine Familien

Drei Ehefrauen

Angesichts der Legenden, Gerüchte, bewusst platzierter Fehlinformationen über Deterding liegt es nahe, dass auch seine Ehen von Mysterien umweht sind. Größere Kontraste als zwischen Louisa, Lydia und Charlotte lassen sich kaum vorstellen. Nimmt man jedoch Deterdings Mutter in die Reihe auf, ergeben sich Übereinstimmungen mit der ersten Ehefrau. Beide waren energische Persönlichkeiten, die Deterding führten und berieten. Ehefrau 2 und 3 waren anders, die eine, der zaristischen Elite angehörend, sicher im Auftritt und dominant, die dritte eher ein Gretchen-Typ, die Deutsche Charlotte Minna Knaack. Die Bestandteile des hastig zusammengemixten Gerüchtecocktails um Deterdings Frauen sind leicht zu ermitteln: die Niederländerin medial nicht verwertbar, unbekannt, die Russin, seine zweite Frau, eine juwelenbehängte »femme fatale«, die dritte angeblich im Umfeld von Hitler, dem »Frauenheld«, erschüttert vom Selbstmord von Geli Raubal und dem Selbstmordversuch von Unity Mitford. Der Diktator ließ sie nach England ausfliegen, um das Leben der schönen Engländerin zu retten. Hinzuzudenken sind schließlich die vielen Filmszenen mit Frauen im Dritten Reich, die – der Hysterie nahe – Hitler im offenen Wagen entlang endloser Straßen zujubeln. Ein Zeitzeuge auf die Frage, ob er Hitler gesehen habe: »Auf dem Bückeberg (Höhenrücken in Norddeutschland, Anm. des Vf.). Die Frauen drehten das Weiße aus den Augen raus und sanken wie nasse Lappen hin. Wie geschlachtete Kühe lagen sie da, seufzten schwer. Freude und Erfüllung.«[1]

Dabei ist der Befund über das Privatleben von Henri Deterding ein ziemlich einfacher: Seine erste Ehe, in Ostasien geschlossen, ist eine offenbar durch echte Zuneigung gekennzeichnete Verbindung. Die zweite Ehe, mit einer Russin eingegangen, hat Glamour- und Klatschzüge. Deterding, acht Jahre lang Witwer, ist mittlerweile 58 Jahre alt, nach den Begriffen der Zeit ein älterer Herr, dem man die Jahre ansieht. Angeblich liebt er die Stimme der Russin, als er sie das erste Mal sieht. Wahrscheinlich kommt anderes hinzu.

Deutlich erkennbar sind auch politische Hintergründe. Die Ehen zwei und drei werden politische Verbindungen. Deterdings Hass auf Russland erhält durch die Ehe Nr. 2 eine Verstärkung, wird dadurch irreversibel. Die dritte Ehe ist eigentlich als Versuch gedacht, das persönliche Glück zu retten, die Partnerin als Krankenschwester in Reserve.

Nubar Gulbenkian, der Sohn des lange Zeit kongenialen Weggefährten von Deterding, hat zum Verhältnis des Niederländers zu Frauen einige hochinteressante Beobachtungen gemacht.[2] Er gelangte in den 1920er-Jahren bei Deterding in eine Vertrauensposition, wurde eine Art persönlicher Assistent, der den Chef auch auf langen Auslandsreisen begleitete. Er konstatiert: »Deterding neigte dazu, stark unter den Einfluss der Frauen zu geraten, denen er begegnete und denen gegenüber er sich äußerst freigebig zeigte, und zwar nicht nur, solange seine Beziehung zu ihnen andauerte, sondern auch dann noch, wenn er schon zu neuen Weidegründen übergewechselt war.« Gulbenkian jr. fährt fort: »Er war der geborene Pantoffelheld und mein Vater hatte alle Hände voll zu tun, um ihn vor völlig unmöglichen Ehen zu bewahren.« Ähnliche Einschätzungen über das Liebesleben von Deterding kursierten im Kreis der Shell-Direktoren.

Es geht also zunächst darum, Gemeinsamkeiten und Unterschiede über drei Ehepartnerinnen mit insgesamt sieben Kindern einschließlich ihrer Lebensverhältnisse herauszuarbeiten.

Besonders aussagekräftig sind dabei die Wohnsitze, die sich Henri Deterding im Laufe seines Lebens zulegte. Sie veranschaulichen auf eindrucksvolle Weise seinen beruflichen und gesellschaftlichen Aufstieg, seine wachsenden Ansprüche, natürlich auch seinen Geschmack und sein Faible für Kulturelles, speziell für die holländische Malerei des 17. Jahrhunderts, für Asiatica, die Architektur des Art Deco und des Bauhauses, zu besichtigen in Berlin.

Deterding wird später bei anderer Gelegenheit von »respect for prestige« sprechen. Dabei kommt ein großer Besitz in mehreren europäischen Ländern zusammen, von Wohnungen in Amsterdam und in London, Häusern in Wassenaar und in Berlin, über Landsitze in England und Deutschland bis zu einem Hotel in Nordseenähe. Von dem Hotel aus konnte Deterding das tun, was er besonders liebte: auf einen kleinen Hafen zu blicken und dem Treiben der Seeleute zuzuschauen.

Catharine Neubronner

Zwischen 1888 und 1897 lebte Deterding – von kurzen Unterbrechungen abgesehen – in Niederländisch-Indien und lernte in Penang seine erste Frau kennen. Catharine Louisa Lousa Neubronner, Jahrgang 1872, war sechs Jahre jünger als Henri und entstammte einer wohlhabenden Plantagenbesitzerfamilie, die deutsche Wurzeln hatte. Das Paar heiratete 1894, 1895 kam Tochter Adolphine Alberta auf die Welt, offenbar mit einer Behinderung. Catharine wird als willensstarke, kraftvolle Frau geschildert, die Ähnlichkeiten mit Henris Mutter hatte. Bei den beruflichen Entscheidungen ihres Mannes spielte sie eine wichtige Rolle, riet ihm zum Risiko, zur Aufgabe seiner Position bei der Niederländischen Handelsgesellschaft. Zwei Jahre später kehrte die junge Familie in die Heimat zurück.

Im Haag ließen sich die Deterdings im Juli 1897 in der Adelheidstraße Nr. 7 nieder, zogen bald darauf mit Kindern und Personal in den Nassauplein Nr. 34 um, denn im gleichen Jahr war Sohn Henry zur Welt gekommen. Beide Häuser existieren noch heute.[3] Sie sind auch Indiz für den rasanten Aufstieg des Niederländers: von einem gutbürgerlichen Viertel in der Nähe des heutigen Hauptbahnhofs in das Haager Botschaftsviertel in unmittelbarer Nähe zum Friedenspalast.

Komplettiert wurde die Familie Deterding durch die Geburt von Ronald Frits im Juni 1900, der wie seine Schwester in relativ jungen Jahren starb. Henry lebte bis 1975. Vater Henri scheint in dieser Phase seines Lebens ein wahrer »pater familias« gewesen zu sein, der sich auch um seine Mutter fürsorgend kümmerte. Die in Harlem lebende ältere Dame zog 1902 an eine vornehme Anschrift im Haag und lebte ab 1916 in luxuriösen Hotels im Haag und in Amsterdam.[4]

Deterdings Häuser und Landsitze

Anfang November 1902 fand der Sprung der Familie über den Kanal statt, die Deterdings gingen nach London. In der Foxgrove Road in Beckenham in der Grafschaft Kent kam bald darauf eine Villa hinzu. 1907 erwarb Henri eine kleine Farm in Norfolk. Landwirtschaft sollte nun zu einem Hobby des Niederländers werden. Die Landschaft hat Anklänge an die Niederlande. Das Faible für das Landleben, ohnehin eine britische Leidenschaft, übertrug Henri auf die beiden Söhne. In London kaufte er ein Apartment an der Park Lane. Hier, im Londoner Stadtteil Mayfair, zeigen Luxusresidenzen, 5-Sterne-Hotels und Showrooms für Luxusautos noch heute an, dass sich am Glamour von Deterdings Zeit in der britischen Hauptstadt nichts geändert hat.

In der Parklandschaft westlich von London, in der die britische Königsfamilie lebt und es jahrhundertealte prachtvolle Landsitze gibt, erwarb Henri das Gut Buckhurst Park in Kronpacht (crown lease). In der Nähe großer sportlicher und kultureller Großveranstaltungen gelegen, war es der ideale Ort, um prominente Gäste einzuladen, zu beeindrucken und zu bewirten. Alle Beschläge und Armaturen im Hause waren vergoldet. Die Inneneinrichtung war französisch gehalten, ein merkwürdiges Gemisch von Salon und Boudoir.

Die heutige Suche nach Buckhurst House oder Buckhurst Park, wie es abwechselnd heißt, führt leicht zu Missverständnissen. Denn es gibt in Sussex ein gleichnamiges Objekt, das besichtigt werden kann. Deterdings einstiger Landsitz ist dagegen wie der zweite große Besitz Kelling Hall, der sich in Norfolk befindet, der Öffentlichkeit nicht zugänglich. Floh er dorthin, weil ihm der gesellschaftliche Auftrieb in der Nähe von London zu viel wurde? Entdeckte er mit Kelling ein Paradies, das ihn an die Heimat erinnerte? Erwarb er aus dem gleichen Grund das Blakeney Hotel in Norfolk? Fiel es ihm leicht, Buckhurst schließlich abzugeben, als er sich von seiner russischen Frau Lydia Pavlovna trennte und ihr diesen Besitz überließ?

In seinen besten Zeiten arbeiteten 20 Diener und 15 Gärtner auf Buckhurst, einem Palazzo-ähnlichen Landsitz mit einer Stuckfront auf einem 120 acres umfassenden Parkgelände. Auf den Besitz, der zahlreiche Umbauten hinter sich hatte, kamen nun unruhige Jahre zu. Königin Elizabeth II. soll vorübergehend daran gedacht haben, ihn als Hochzeitgeschenk für ihre Schwester Margaret zu erwerben. Der indische Reeder Shiv Kapoor erwarb das Mansion House schließlich zusammen mit seiner Frau Kilimani, einer weltberühmten Tänzerin. Als sich ihre Pläne zerschlugen, aus Buckhurst Park einen Resort zu machen, vermieteten sie das Objekt für gesellschaftliche Anlässe. Das britische Königshaus hatte interveniert. Schloss Sandringham liegt ganz in der Nähe. Resignierend gestand Kapoor ein: »Gracious living belongs to days gone by.«

Seit den 1970er-Jahren gehört die Anlage der jordanischen Königsfamilie. Luftaufnahmen zeigen einen aus mehreren Gebäuden bestehenden Komplex, der von großen Waldstücken umgeben ist, die es zwischen Windsor und Ascot, Winkfield und Bracknell gibt. Königin Noor, anglo-arabischer Herkunft, Ex-Frau von König Hussein und ausgebildete Architektin, gab vor einigen Jahren einem Londoner Architekturbüro den Auftrag, das Palazzo-ähnliche Anwesen zu erweitern und in seiner Formensprache nach zahlreichen Umbauten auf den Zustand im 18. Jahrhundert zurückzuführen. Das Haus soll nun neben klassischen auch islamische Stilelemente enthalten. Während sich die Gemeinden rund um Buckhurst Park offen und hilfsbereit bei Recherchen und Abfragen zeigten, schwiegen die Kommunen rund um Kelling Hall hartnäckig und beantworteten Anfragen nicht.

Kelling Hall entstand 1913 in dem zu dieser Zeit üblichen Stil von »arts & crafts«. Architekt war Edward Maufe, der bald darauf zu den bekanntesten Architekten Großbritanniens zählte und u.a. Erbauer der Kathedrale von Guildford wurde. Hier müssen Henri und seine Frau Louisa ihre glücklichsten Jahre inmitten von Erinnerungen an die gemeinsame Zeit in Asien verbracht haben, denn Henris wertvolle Sammlung von Kunstgegenständen und Waffen fand hier ihren Platz. Louisa begleitete ihren Mann auf großen Geschäftsreisen, an die sich längere Urlaube anschlossen. Der Blick von Kelling Hall in Richtung Nordsee, die gesamte Anlage, zu der auch das Dorf Kelling gehört, werden von Kennern als grandioser Entwurf beschrieben. Die Inneneinrichtung des Salons ähnelt allerdings einem großen Jagdzimmer mit schweren holzgetäfelten Paneelen und Jagdtrophäen an den hohen Wänden.

Kelling Hall in Norfolk, 1913 erbaut von Edward Maufe

Zur persönlichen Tragödie für Deterding wurde, dass diese Lebensphase nur drei Jahre lang währte. Louisa starb am 10. Mai 1916 im Alter von 44 Jahren in Norfolk. Kurz zuvor war sie zum römisch-katholischen Glauben konvertiert und wurde neben einer Kapelle begraben, die sie aus diesem Anlass offenbar hatte bauen lassen. Die Auffassung des Deterding-Biografen Glyn Roberts, wonach Louisa keinerlei Einfluss auf Henris berufliche Karriere und seine Arbeit gehabt habe,[5] ist völlig unzutreffend. Das Gegenteil ist der Fall.

Den Schwerpunkt für Deterdings Jagdleidenschaft bildete jedoch ein Landhaus in Melton Mowbray, unweit der Industriestadt Leicester, wo es dem mächtigen Mann gelang, Hobby, ja Leidenschaft und Beruf miteinander zu verbinden. Eine Koppel, auf der Jagdpferde grasten, ergänzte den Besitz.

Henris Söhne

Henris Söhne traten vorübergehend in das väterliche Unternehmen ein, wie dies auch für die Söhne von Kessler und die Verwandtschaft des Geschäftspartners galt, die Samuel-Brüder. Aber sie verspürten keine Freude, in den Büroräumen von St. Helens's Court den Tag zu verbringen, zumal der strenge Vater Pünktlichkeit von ihnen verlangte und nicht bereit war, unverdiente Privilegien zu gestatten. Henri hielt nichts davon, große Erbschaften zu verteilen. Er meinte, seine Söhne müssten auf eigenen Füßen stehen können. In einer mit Wärme beschriebenen Begegnung zwischen Vater und Sohn, die in Deterdings Memoiren erwähnt wird, sagt Henry, er werde nie das Glück empfinden können, das der Vater beim Aufbau des Unternehmens gehabt habe. »I want to build up something for myself, even if it is only a small farm.« Der Vater entließ ihn mit einem Lächeln. In den Medien wurden die beiden Söhne mit einem 2 Millionen-Pfund-Erbe gehandelt.

Als Kinder eines begeisterten Hobbysportlers liebten Henris Söhne das Leben auf dem Lande, den Umgang mit Mensch und Tier, sportliche Aktivitäten und vor allem die Jagd. Als die Wahlheimat im Ersten Weltkrieg rief, diente Henry bei den britischen Streitkräften. Der Vater hatte gegen die Entscheidung nichts einzuwenden, strebte jedoch selbst den britischen Pass nicht an. Auch in der folgenden Generation war das nicht anders, die Familie fühlte »niederländisch«. Sie liebte das Landleben. Die Männer fuhren einmal in der Woche nach London, um Geschäften nachzugehen. Im Mittelpunkt ihres Lebens stand das Jagen, bei Henry vor allem das Reiten. Er wurde einer der besten Hindernisreiter des Landes. Bruder Ronald Frits war sportlich noch breiter aufgestellt, eine Idealfigur für den modernen Fünfkampf. Beim Studium in Cambridge gehörte er zu den herausragenden Sportlern, war ein großartiger Schwimmer, boxte und spielte Polo. In Norfolk kamen später das Golfen und Tennisspielen hinzu, Ronald Frits wurde in Auswahlmannschaften berufen.

Während Ronald Frits die Nachfolge des Vaters in Kelling Hall antrat, erwarb Henry den Landsitz Newnham Grounds in der Nähe von Northampton. Auf die Karriere als Hindernisreiter folgte nun die Fliegerei, die zur Berufung und zum Lebensinhalt für den jungen Mann wurde. Zusammen mit seiner Frau Winifred lernte er zu fliegen und erwarb 1930 eine de Havilland »Gipsy Moth« – ein zweisitziges Flugzeug, das damals diesen Sport in England sehr populär machte und den Fliegerclubs viele Mitglieder zuschaufelte. Am höchsten Punkt des Besitzes von Henry Deterding entstanden ein Flugfeld und zwei Hangars für seine Maschinen. Mit einer »Falcon« beteiligte sich Henry im Sommer 1936 an der »Olympic Air Rally«, die anlässlich der Olympischen Spiele stattfand. Er landete in Rangsdorf am südlichen Rand von Berlin, also dort, wo Stauffenberg acht Jahre später zu seinem Flug ins Führerhauptquartier startete.

Henry Deterding

Im Zweiten Weltkrieg meldete sich Henry freiwillig zum Dienst in der Royal Air Force – der älteste Sohn Deterdings im Kampf gegen das Dritte Reich! Obwohl er mit 41 Jahren eigentlich schon zu alt war, wurde er angenommen. Der britischen Luftwaffe fehlten Piloten. Der Leutnant war an dem Versuch beteiligt, die Invasion der Wehrmacht in Norwegen im April 1940 zu stoppen und die Deutschen in den nun folgenden Monaten aus dem Land hinauszuwerfen. Er steuerte einen »Swordfish«. Der langsam fliegende Doppeldecker wurde als Aufklärer und Torpedobomber bei den Streitkräften des Empire eingesetzt und war wenige Monate später entscheidend bei der Schlacht von Tarent und 1941 bei der Jagd auf die *Bismarck* beteiligt.

Im September 1940 flog Henry im Rahmen der »Operation DT« einen Nachtangriff auf Trondheim und fand auf dem Rückweg den Flugzeugträger nicht wieder, von dem aus er gestartet war. Für den Rückflug nach Schottland reichte der Kraftstoff nicht aus, er musste auf der Insel Leka notlanden. Die Crew setzte die Maschine der 825 Naval Air Squadron mit der Registratur L 9756 in Brand. Norwegische Fischer überließen den Männern ein Boot, mit dem Deterding und seine Kameraden die Shetland-Inseln erreichen sollten. Bei rauer See streikte nach zwei Tagen der Außenbordmotor, das Schiff trieb zurück. Am Leuchtturm von Halten berührten die Briten erneut norwegischen Boden und gerieten in deutsche Kriegsgefangenschaft.[6] Die Deutschen verdächtigten die Flugzeugcrew der Spionage und flogen sie nach Berlin, wo Henry und seine Kameraden verhört wurden. Henry, der Deutsch sprach, nahm Kontakt zu seiner Stiefmutter Charlotte »Lotte« und zu Reichsluftmarschall Hermann Göring auf, einem Jagdfreund seines Vaters. Er wurde als POW No. 1266 in das Kriegsgefangenenlager Oflag IXA auf der Burg Spangenberg in Nordhessen gebracht. Bis 1945 ging sein Weg durch eine Reihe weiterer POW-Camps, die beiden letzten Jahre verbrachte er in Stalag Luft III im schlesischen Sagan. Als sich die Rote Armee näherte, trieben die Deutschen die Kriegsgefangenen in endlosen Märschen nach Westen. Henry kam dank seiner starken Physis und sportlichen Fitness einigermaßen mit den Herausforderungen zurecht. Anfang Mai 1945 wurde er in Lübeck von britischen Truppen befreit.[7] Er blieb nach seiner Rückkehr in die Heimat der Fliegerei in der Gegend von Northampton verbunden, machte sie zum Beruf und war auf breitester Front ehrenamtlich tätig. Henry starb am 1. Oktober 1975 im Alter von 78 Jahren. Ein Jahr später

Deterdings ältester Sohn Henry (1897–1975) mit seiner Frau Winifred

wurde die Farm verkauft. Henrys Frau Winifred, in Marokko zur Welt gekommen, folgte ihm 1983. Sie hinterließen drei Kinder.

Die Söhne von Jean Baptiste August Kessler

In diesem Moment lohnt sich ein kleiner Schwenk hinüber in die Niederlande, wo die Kinder von Jean Baptiste August Kessler nun ebenfalls das Mannesalter erreichten. Von den sechs Kindern absolvierte die wohl interessanteste Karriere Jean Baptiste August »Guus« Kessler jr., der in die Fußstapfen seines Vaters trat und 1936 Generaldirektor von Royal Dutch/Shell wurde. »Guus«, der den Strategiewechsel des Unternehmens in Richtung Chemie eingeleitet hatte, wurde zunächst aber nicht mit der Machtfülle Deterdings ausgestattet und bekam einen Konkurrenten vor die Nase gesetzt. Die Zusammenarbeit mit Deterding, die 1923 begonnen hatte, erwies sich als äußerst schwierig. »Guus'« älterer Bruder Geldolph »Dolf«, der ebenfalls im Unternehmen arbeitete, hatte lange zuvor aufgegeben und war der Begründer des Stahlkonzerns Hoogovens geworden. Die Probleme lagen auf beiden Seiten, die Söhne Kesslers sahen sich als Mitglieder einer »königlichen« Familie, als die wahren Erben des Vaters. Bestärkt wurden sie darin durch die Mutter, Margo Kessler-de-Lange, die im Hintergrund die Fäden zog und Deterding zusetzte.

»Guus« war 1906 als Tennisspieler Mitglied der niederländischen Olympiamannschaft in Athen bei den sogenannten »Zwischenspielen«. Bruder Geldolph und Boeli, ein weiterer Kessler-Sohn, wurden Mitglieder der niederländischen Fußballnationalmannschaft. Bis in die Gegenwart gehörten die Kesslers als Unternehmer, Kunstsammler und Personen des öffentlichen Lebens zu den großen Familien der Niederlande. Fast hat es den Anschein, als wenn die Söhne den Wettbewerb der Väter per Fernduell fortgesetzt hätten!

Eine interessante Frage ist, ob das Luxusleben von Deterdings zweiter Frau in Buckhurst Park, in London und in Paris auf das Leben der beiden Deterding-Söhne abfärbte. Ob ihre Landgüter allein für ein Leben besonderen Zuschnitts genügend Ertrag abwarfen, scheint zweifelhaft. Ihre Entwicklung dürfte dem Vater nicht entgangen sein. Noch am meisten wird dem Vater der Weg gefallen haben, den sein ältester Sohn zurücklegte. Kelling Hall ging in die Hände von Sohn Ronald Frits über und wurde von seinen Erben im Jahre 2008 verkauft. Es wurden 25 Millionen Pfund verlangt und wohl auch bezahlt. Man ahnt, dass diese Familie bis heute von der Substanz des großen Ahnen profitiert. Die Karrieren der Männer bzw. Nicht-Karrieren sind ein Indikator. Man bewundert den Alten, man verehrt ihn. Nur der Name ist etwas hinderlich, weil sich im Internet viel Unsinn findet.

Lydia Pavlovna Koudoyarova

1924, nach acht Jahren als Witwer, ging Deterding eine neue Verbindung ein. Die Auserwählte war ein Mitglied der russischen Oberschicht im Exil, ihr Name Lydia Pavlovna Koudoyarova. Zu dieser Zeit waren die großen Richtungsentscheidungen in ihrem Heimatland vollzogen, Lydias Vater, der weißrussische General Paul Koudoyaroff, gehörte zu den Verlierern. Mit der Einnahme von Wladiwostok durch die Bolschewiki war Ende Oktober 1922 die Entscheidung im russischen Bürgerkrieg gefallen. Ein letztes Aufflackern gab es 1924 in Georgien, aber die Rote Armee war rasch Herr der Lage. Neben Berlin, das vorübergehend 400 000 Russen aufnahm, wurde Paris zu einer Hochburg des russischen Exils. Dort lernte Deterding die 30 Jahre jüngere Russin kennen. Bei den Freunden und denen, die es mit ihm gut meinten, herrschte Entsetzen. Deterdings Schwäche für gut aussehende, heimatlose und adelige Russinnen war bekannt. Ein russisch-armenischer Rechtsanwalt namens Adjemoff, der mit seiner Familie 1918 in Paris aufgetaucht war und rasch das Vertrauen von Gulbenkian und Deterding erworben hatte, sorgte für den nötigen Nachschub. Es war offenbar Liebe auf den ersten Blick – bei Deterding. Der 58-jährige Niederländer sah Lydia Pavlovna einer Version zufolge, als sie mit einem russischen Chor auftrat. Wahrscheinlicher ist jedoch eine andere Erzählung, wonach der Armenier Gulbenkian den Kontakt herstellte. Deterding verliebte sich offenbar hoffnungslos in die auffällige Frau mit dem lockigen Kurzhaarschnitt, was Gulbenkian zunächst unterschätzte. So lieh er dem Konkurrenten 300 000 US-Dollar, die Deterding nach dem Spontankauf eines Smaragd-Colliers für seine Angebetene der Firma Cartier schuldete. Nach der nächsten Gewinnausschüttung von Royal Dutch/Shell bekam Gulbenkian sein Geld zurück.

Lydia Pavlovna hatte bereits ein bewegtes Leben hinter sich, als sie im Alter von 28 Jahren Deterding am 4. Dezember 1924 heiratete. In Taschkent, im heutigen Usbekistan, als Mitglied einer Familie der Oberschicht zur Welt gekommen, hatte sie mit 16 Jahren den russischen Diplomaten und General Jacques Bagratouni in der Militärkathedrale von Taschkent in einem orientalisch geprägten Umfeld geheiratet. Denn Moskau hatte das Gebiet erst eine Generation zuvor seinem Reich einverleibt. Ihr wesentlich älterer Mann, ein armenischer Prinz, war Kommandeur des 1. russischen Armeekorps, das sich im Ersten Weltkrieg aufzulösen begann. Als die Republik Armenien ausgerufen wurde, wechselte Bagratouni in ihre Dienste und wurde als armenischer Botschafter nach London entsandt. Die Unabhängigkeit des Landes war jedoch nur von kurzer Dauer. Ende Dezember 1920 marschierte die Rote Armee in Eriwan ein, das Gebirgsland wurde zu einer Sowjetrepublik. Viele Mitglieder der Elite verließen das Land, auch die junge Frau Bagratounis. Es ging nach Paris. Lydia genoss das Hauptstadtleben in vollen Zügen, umgeben von zahlreichen Verehrern. Gerüchten zufolge hatte sie bereits zwei Kinder.

Deterding war genau der Mann, der ihr ein Leben mit märchenhaften Begleitzügen garantieren konnte. Im Sommer 1924 kam Tochter Lydia Lilla zur Welt, zwei Jahre später Olga. Deterdings Frau wurde zum Gesprächsthema in den Salons von Paris und London. Ein wahrer Schmuck- und Prezisiosenregen rieselte auf sie herab. Ihre Colliers fanden grenzenlose Bewunderung. Fast schüchtern stand Henri bei Fototerminen in den Ateliers neben der geradezu hindrapierten Russin. Vor allem in Frankreich gefiel es ihr, weil es hier ein großes südrussisches Exil gab. So kam der berühmte Chansonnier Charles Aznavour dort als Kind armenischer Flüchtlinge im Jahre 1924 zur Welt. Rasch erwarb sich Lydia Pavlovna einen Namen als Wohltäterin und Stifterin. Sie finanzierte ein russisches Gymnasium im Pariser Vorort Boulogne-Billancourt, gab Geld für die Reparatur der russischen Kathedrale von Paris und erwarb sich bleibende Sympathien im Lande, als sie sich an der Restaurierung des Museums der französischen Ehrenlegion und des Schlosses von Versailles beteiligte. Das Stadthotel, in dem die Ehrenlegion ihr Zuhause hat, liegt strahlend schön an der Seine, direkt neben dem Musée d'Orsay und nur wenige Meter von der Residenz des deutschen Botschafters entfernt. Vor allem hatte Lydia ein politisches Programm, das sie mit ihrem Ehemann teilte: einen »roll-back« in der Sowjetunion, eine Rückkehr zu den Verhältnissen vor der Revolution. Nach dem Agreement von Achnacarry, das Deterding als einen seiner am höchsten einzustufenden beruflichen Erfolge ansah, schenkte er seiner Frau im Sommer 1928 einen kostbaren Silberpokal in Anspielung an ein schottisches Trinkgefäß. Im gleichen Jahr beglückte er seine junge Frau mit einem Collier und einem Ring, der einst einer russischen Zarin gehört hatte. In St. Moritz gab Lydia Diners mit anschließenden Kostümbällen im »Suvretta«.

Das Jet-Set-Leben des Paares hielt einige Jahre an. Die französische Hauptstadtpresse berichtete darüber, wenn Lady Deterding zu Diners im »George V« einlud. Spuren, die an die beiden erinnern, lassen sich im Hause nicht mehr finden. Das George V besitzt kein Archiv. In Großbritannien verewigte sie Philip Alexius de László, einer der führenden britischen Porträtmaler, in einem Prachtbild. 1933/34 kam es zu einer Entfremdung des Paares, die darauf zurückzuführen gewesen sein könnte, dass der Altersabstand zwischen den beiden einfach zu groß war. In St. Moritz sah man Deterding zwar noch beim Paarlauf auf dem Eis des Suvretta-Hotels, auch gern mit den beiden kleinen Töchtern an der Hand, aber die Lebensplanungen liefen auseinander. Das Ende kam 1936 sehr schnell, Deterding wurde schuldig geschieden und überließ Buckhurst Park seiner Frau. Es gab keinen Rosenkrieg.

Henri und Lydia beim Schlittschuhlaufen auf der Wintereisbahn des *Suvretta House* in St. Moritz um 1933

Ob Deterdings damalige Geliebte, eine »Countess W.«, der Grund war, muss offenbleiben. Deterding wies Gulbenkian an, die Dame abzufinden. Lydia änderte ihren Namen und trat fortan in Paris als russische Prinzessin auf, umgeben von ihren Juwelen. Gulbenkian jr. beschreibt sie als »eine fröhliche, gütige Frau mit einer typischen russischen Unbekümmertheit um den Wert des Geldes …«[8]

Kostbare Gegenstände aus der Inneneinrichtung von Buckhurst Park tauchten bei einer Auktion von Christie's 1978 in Genf auf, zwei Jahre vor Lydias Tod, u. a. ein goldenes Tischfeuerzeug von Fabergé in Form eines russischen Samowars, gefertigt in St. Petersburg vor dem Ersten Weltkrieg, doppelter Zeuge einer untergegangenen Zeit. Bagratouni, ihr Ex-Mann, hatte sich während der russischen Revolutionswirren in Moskau aufgehalten. Er war nahe an den großen Entscheidungen gewesen und hatte bald darauf bei einem Anschlag ein Bein verloren. Er starb fern der Heimat im Londoner Exil im Jahre 1943.

ZDF-Verfilmung

Bis in die 1970er-Jahre hinein hatte der Name Deterding in Europa einen gewissen Klang. Ein Indiz dafür war ein in der Bundesrepublik entstandener Fernsehfilm über Deterding, den das Zweite Deutsche Fernsehen ausstrahlte.[9] Unter der Regie von Jürgen Goslar verkörperte Jürgen Preiss den Niederländer, seine russische Ehefrau spielte Dunja Rajter, Charlotte, die dritte Ehefrau, Signe Seidel. In weiteren Rollen verkörperte Werner Kreindl den britischen Premier Winston Churchill. Weitere in diesem Dokumentarspiel auftretende Persönlichkeiten der Zeitgeschichte waren Rockefeller, gespielt von Ernst Fritz Fürbringer, und der Pariser Bankier Rothschild mit Konrad Georg. Dazu kamen mehrere Russen, angeführt von Erik Schumann als Nicudadse. Produzent war der seinerzeit bekannte deutsche Fernsehjournalist Peter von Zahn. Das Drehbuch verfasste Roland Meyer. Der lieblos abgedrehte Film, eine einzige Abfolge von Dialogszenen mit viel Zigarettenrauch und Gin-Gläsern, passte zum 1970er-Zeitgeist. Ein rücksichtsloser Großkapitalist kämpft um seine Ölfelder in Baku, die er um beinahe jeden Preis zurückhaben will, bereit, dafür den Pakt mit dem Teufel (sprich Hitler) einzugehen. Der Film endet mit Bildern vom deutschen Angriff auf die Sowjetunion. Da war Deterding schon mehr als zwei Jahre tot.

In Großbritannien sorgte Olga Deterding dafür, dass der Name in der Diskussion blieb. Deterding hatte nach ihr, dem zweiten Kind aus der Verbindung mit der Russin, das Chalet in St. Moritz benannt. Bevor sich Olga als »socialite« in der britischen Hauptstadt und in New York einen großen Namen erwarb, deutete zunächst vieles auf ein etwas bescheideneres Leben als »Sloane Ranger« in London hin. Deterding, mit dem Sorgerecht für seine beiden Kinder ausgestattet, ließ Olga und Lilla nach der Trennung von Lydia Pavlovna nach Deutschland kommen. Sie gingen bis zum Tod des Vaters auf ein Internat in Dresden. Olga trat Presseberichten zufolge ein 50-Millionen-Pfund-Erbe an, studierte in Oxford und trieb sich an Plätzen, die »in« waren, rund ums Mittelmeer herum. Dann mietete sie einen Truck, durchfuhr Schwarzafrika und landete für ein praktisches Jahr beim Urwald-Professor Albert Schweitzer in Lambarene. Danach kehrte Olga zu ihrem Jet-set-Leben mit Stationen in Tahiti und Beirut zurück. Zu den besten Zeiten Großbritanniens – Mary Quant mit dem Minirock, der Mini als Auto, die Beatles, die Fußball-WM 1966 – tauchte Olga wieder in London auf. Die attraktive junge Frau lebte mit Mediengrößen zusammen, residierte sieben Jahre lang im »Ritz« und warf mitunter Gegenstände aus den Fenstern. Sie sorgte, umgeben von einer sensationshungrigen, nimmersatten Boulevard-Presse, für Schlagzeilen en suite. Zeitzeugen beschrieben sie als selbstverliebt, berechnend und kalt. Porträtfotos zeigen eine mehrgesichtige Frau, einerseits bereit zum großen Auftritt, andererseits östlich-versonnen. Olga starb einen jähen Tod, als sie an Silvester 1978 in einem New Yorker Nachtklub beim Verzehr eines Sandwiches erstickte. Die Spuren ihrer zwei Jahre älteren Schwester verlieren sich in der Schweiz, genauer gesagt in Vevey am Genfer See. Im Vergleich zu Olga wird sie als bodenständig geschildert. Noch im hohen Alter ging sie in den Wintermonaten in Tierra de Fuegos auf Mallorca zum Fischen.

Lydia Pavlovna, die Mutter, starb zwei Jahre später, am 30. Juni 1980 im Alter von 78 Jahren. Sie liegt auf dem Friedhof von Sainte Geneviève des Bois am Rande von Paris begraben, ihr Grab trägt die Nummer 4181. Es gibt Hinweise, dass sie bis heute in Paris nicht vergessen ist. Prachtvolle Stücke aus ihrer Juwelen-Kollektion, darunter drei große aus dem kaiserlichen Russland stammende Teile, gelangten nach ihrem Tod in den Verkauf und werden irgendwo auf der Welt getragen.

Charlotte Minna Knaack

Seine dritte Frau lernte Henri Deterding in einer Lebenskrise kennen. An »Verehrerinnen« fehlte es ihm nicht, aber wem konnte er vertrauen? Er spürte, dass der Widerstand im eigenen Haus wegen seiner politischen Eskapaden wuchs. Nicht nur die Kessler-Söhne wurden zunehmend aufmüpfig, auch andere Mitglieder der Führungsebene von Royal Dutch/Shell fanden, dass der einsame Kampf des Niederländers gegen die Sowjetunion sinnlos geworden war. Längst hatte das Unternehmen die hier entstandenen Verluste kompensiert, war Maracaibo in Venezuela zum »neuen Baku« geworden. Und es gab nun ein Land, das ihn hofierte, das ihm ein wie auch immer geartetes »Zuhause« bot.

Im Juni 1935 lernte Deterding den aus Güstrow stammenden Rechtsanwalt Rudolph Blauert kennen. Der Jurist war ein Informant und Vertrauter des mecklenburgischen Gauleiters. Das Treffen fand in einem sächsischen Kurort statt, vermutlich im sächsischen Bad Brambach. Blauert vermittelte einen Kontakt zur regionalen Parteispitze der NSDAP. Wenige Tage später kam es im Berliner Hotel »Eden« zu einer schicksalhaften Begegnung Deterdings mit dem mecklenburgischen Gauleiter Hildebrandt, das wenige Tage später mit dem Gegenbesuch des Niederländers in Schwerin fortgesetzt wurde. Hildebrandt bot Deterding das hoch verschuldete Rittergut Dobbin zum Kauf an. Es gehörte der niederländischen Königsfamilie. Gleichzeitig entstand die Idee einer Stiftung, die unmittelbar verwirklicht wurde.

In einem Lebensabschnitt, in dem Deterding erkennbar die Dinge in seinem Leben neu ordnete, sich von seiner zweiten Frau trennte, lernte er 1935 Charlotte Minna Knaack kennen. Es sieht wie bei der russischen Vorgängerin nach einer sehr spontanen Entscheidung aus. Der Halbwaise, früh in die Welt hinausgestoßen, sehnte sich nach einem echten Zuhause. Er war nun tatsächlich ein alter Herr, wenn man den beschleunigten Alterungsprozess in den Tropen berücksichtigt eher 80 als 70 Jahre alt. Er selbst fühlte sich aber jung und besaß immer noch die Selbstdisziplin eines großen Sportsmannes. Deterding begegnete Charlotte bei einer Kur in Bad Brambach, einem sächsischen Staatsbad, das für seine Radonquellen bekannt ist. Aufgrund der Angaben von Blauert, dem Güstrower Rechtsanwalt, passierte dies im Juni 1935.[10] Einer anderen Version zufolge war Charlotte eine Mitarbeiterin Deterings bei der deutschen Tochter von Royal Dutch/Shell. Anfragen beim Shell-Archiv und beim zuständigen Einwohnermeldeamt führten nicht weiter.

Die Mittdreißigerin stammte aus Hamburg, ihre Eltern betrieben eine Kaffee-Großhandlung. Viel war ihr im Berufsleben bis dahin nicht geglückt. Charlotte war Konvertitin. Die beiden heirateten Anfang Juni 1936 in Amsterdam und ließen sich direkt danach auf dem drei Monate zuvor erworbenen Landsitz Dobbin in Mecklenburg nieder. Das Außenwerk Glave, das Deterding ein Jahr zuvor gekauft hatte, schenkte er Charlotte. Es ging später, nach erfolgreicher Restitution, an Tochter Henriette.

Charlotte Minna Knaack, Zeichnung nach Foto

In Berlin besaß Deterding eine repräsentative Villa in Toplage »Am kleinen Wannsee Nr. 3« gegenüber dem Kleist-Grab. Auch die Verbindung nach Holland wurde 1936 noch einmal symbolisch verstärkt, in der Villenkolonie von Wassenaar erwarb Deterding 1936 ein Haus. Das Rijksmuseum in Amsterdam und das Mauritshuis im Haag erhielten wertvolle Gemälde. Ein Jahr später verlegte Deterding seine Aktivitäten zunehmend nach Mecklenburg. In das Schloss in Dobbin kamen sein Sekretariat und das Archiv, er selbst zog mit seiner Familie im Kavalierhaus ein. Nachbarn beobachteten, dass Deterding an seinem langen Arbeitstag festhielt, unterbrochen von Ausritten und Jagdpartien. Nun erst bekäme er die Zeit, um seine beruflichen Erfahrungen zu verwerten und aufzuschreiben, sagte er einem seiner neuen Nachbarn. Neben dem Kavalierhaus ließ er ein Schwimmbad und einen Tennisplatz anlegen und auf einer Pferdekoppel Hindernisse für das Springreiten errichten. Für den Förster entstand ein Jagdhaus und im Dorf das sogenannte »Schweizerhaus«, eine Gemeinschaftseinrichtung.

Charlotte hatte die Züge eines Sonderlings, verschlossen, aber selbstbewusst, geizig, mitunter hochtrabend. Über Nacht auf gesellschaftlicher und politischer Bühne, fehlte ihr Vorbereitungszeit, ein Kompass. Aber sie hatte starke Gefühle, reagierte emotional, wie sich zeigen wird. Vor allem war sie entschlossen, das Lebensglück zu verteidigen, das sie mit Deterding gefunden hatte. Charlotte hatte eine Ausbildung als Sekretärin bei einer Londoner Firma abgebrochen, als ihre Mutter starb. Sie hatte musische Neigungen, spielte Cello und Orgel. Weder sie noch ihre Eltern waren Mitglieder der NSDAP.

An der Seite eines weltbekannten Mannes, der ihr Leben bestimmte, stand sie einigermaßen orientierungslos da, als Henri im Februar 1939 starb. Die 40-jährige Hamburgerin hatte mittlerweile eine dreijährige Tochter, Luise, und erwar-

Schloss Dobbin in Mecklenburg

tete ein weiteres Kind. Henriette kam im April 1939 in einer Berliner Privatklinik in der Augsburger Straße im Stadtteil Schöneberg auf die Welt, zwei Monate nach dem Tod ihres Vaters. »250 000 Pounds for a Baby«, titelte der *Daily Mirror*. In St. Moritz, wohin die Witwe zunächst zurückkehrte, wurde Henriette im Mai 1939 getauft.

In Amsterdam kam es am 28. November 1939 zu einer ersten Aufteilung des Erbes. Die sieben Kinder wurden mit Vermögenswerten von jeweils 816 500 Gulden abgefunden. Da die beiden Töchter aus Deterdings dritter Ehe noch nicht volljährig waren, wurden sie unter Vormundschaft gestellt. Henriette war daher zusammen mit ihrer Schwester nur nominell die Besitzerin der in Deutschland und in der Schweiz befindlichen Immobilien und anderer Vermögenswerte. Unklar ist, was aus den anderen Vermögenswerten des Vaters in Großbritannien, den Niederlanden, den USA und der Schweiz wurde. In der englischen Presse gab es 1939 Spekulationen, dass das Deterding'sche Vermögen etwa 50 Millionen Pfund betrage und es Pläne gebe, es vollständig nach Deutschland zu holen. Deterdings Söhne dementierten den Umfang des Erbes, ohne infrage zu stellen, dass es im siebenstelligen Bereich lag.

Charlottes Odyssee

Am 1. September 1939 erfolgte der nächste Schlag, der Charlotte in den Grundfesten erschütterte. Es herrschte Krieg in Europa. Das wirft sogleich ein ganzes Bündel von Fragen auf, an erster Stelle: Wo ist das gewaltige Vermögen geblieben, das Henri Deterding in Jahrzehnten zusammengetragen hatte? Welche Banken in Deutschland und in der Schweiz haben es aufbewahrt, wohin sind Gelder transferiert worden? Als Akteur wird der Schweizer Bankverein genannt. Auf wen hat sich seine als weitgehend hilflos anzusehende Frau verlassen, auf die eigene Familie, auf Freunde ihres Mannes wie Rudeloff, auf Ratgeber im Großraum Dobbin wie den Rechtsanwalt Blauert oder auf »neue Gesichter«, die sich in einer derartigen Situation nach vorne schieben, das Vertrauen eines verunsicherten Menschen missbrauchen und ihn – »wenn die Luft rein ist« – regelrecht ausplündern. An dieser Stelle ist zu befürchten, dass der niederländische Privatsekretär von Deterding, der zunehmend Macht über ihn gewonnen hatte, eine fatale Rolle gespielt haben dürfte. Vermutlich hat Charlotte ihm vertraut oder geglaubt, sich auf ihn verlassen zu können. In den Archiven ist sein Name nicht zu ermitteln. Denkbar ist auch, dass die hochkorrupten NS-Größen in der Gegend ihre Stunde kommen sahen, dass sie Charlotte unter Druck setzten, ihr Angst machten, sodass sie ihre Safes, Schränke und Truhen öffnete. Mit hoher Wahrscheinlichkeit ist das Vermögen von Henri Deterding somit in größeren Teilen veruntreut, in anderen Teilen verschenkt worden. Über Nacht muss Charlotte die Rechtlosigkeit gespürt haben, die in einem Lande herrschte, dem ihr Mann Vertrauen geschenkt hatte, gepaart mit staatlicher Willkür, die jederzeit über sie hereinbrechen konnte. Das ist schon 1939 passiert – mit einer Vorgeschichte!

Deterding hatte bereits Grundbesitz in Mecklenburg erworben, bevor er Charlotte Minna kennenlernte, und zwar das in der Nähe von Hagenow gelegene Allodialgut Gößlow im Jahre 1931 (allodial bedeutet, dass ein Besitz uneingeschränkt dem Besitzer gehört, lehnsfrei ist). Deterdings Freund Rudeloff erwarb wenig später den vom Gut abgetrennten Wald. Gößlow ging ab 1937 in einer Stiftung auf und wurde Schritt für Schritt aufgesiedelt. Fünf neue Höfe entstanden. Der Rest des Hofes wanderte an den Gauleiter Hildebrandt, er hatte also schon vor dem Ableben von Deterding den Fuß quasi »in der Tür.«

Friedrich Hildebrandt hielt sich daher auch nicht an die mit Deterding im Juli 1935 getroffenen Vereinbarungen, vor allem nicht an die Satzung der sogenannten Friedrich-Heinrich-Landstiftung. Deterding hatte diese Stiftung, die Jungbauern Weiterbildung und Landerwerb ermöglichen sollte, zusammen mit Hildebrandt und Rudeloff im Sommer 1935 ins Leben gerufen. Hatte die historische Figur von Friedrich Heinrich von Oranien (1584–1647), einem Statthalter im freien Teil der Niederlande, als Vorlage gedient? Im Gründungsdokument war festgelegt worden, dass Deterding in allen relevanten Stiftungsfragen das letzte Wort hatte. Von diesen Fesseln befreit, stoppte Hildebrandt den Aufsiedlungsprozess, der wie in Gößlow vonstattengehen sollte, und schwang sich nun zum großen Verteiler der »Konkursmasse« von Dobbin auf. Die Witwe Deterdings erbte mit 954 ha die Hälfte des Besitzes, das Waldgut Glave blieb im Deterding'schen Familienbesitz. Den Rest riss Hildebrandt an sich und erwarb aus dem Erlös ein kleines Gut in Hohen Viecheln für seine Sekretärin und für seine sechs Kreisleiter je einen Erbhof. Sein Privatarchiv sowie wertvolle Gegenstände, die während der Kriegsjahre in seine Hände gekommen waren, vergrub Hildebrandt am 1. Mai 1945 zusammen mit seinem Sohn und Helfern. Einen Tag später waren die Amerikaner in Schwerin.

Der in Berlin lebende Großkaufmann Eduard Winter, Spitzname »Auto-Winter«, kam mithilfe des mecklenburgischen Anwalts Blauert für 1,25 Millionen RM an den anderen Teil des Deterding'schen Besitzes. Am 15. April 1940 gingen 1100 ha von Dobbin in sein Vermögen über. In den Stallungen des Schlosses wurden während des Krieges aus vielen von Hitler-Deutschland besetzten Ländern Autos als Beutegut gelagert und gewartet, die der für Belgien zuständige Wehrwirtschaftsführer zusammengerafft hatte. Eine zweiköpfige SS-Wache sicherte den Komplex – sichtbarer Ausdruck dafür, dass Charlotte in Dobbin nichts mehr zu sagen hatte. Die Schlossherrin wurde zusammen mit ihren beiden Töchtern nur noch geduldet. Winter war zu dieser Zeit in Antwerpen und in Paris Verwalter der beschlagnahmten Niederlassungen von General Motors.

Die Wirren des Krieges, die vielen Ortswechsel der Witwe, das Leben zwischen Deutschland und der Schweiz, später in weiteren Ländern, machen es nahezu unmöglich, sich auf die Suche nach Spuren und nach potenziellen »Tätern« zu begeben. Sicher ist, dass es Mitwisser gab, Menschen, die in unvorstellbarem Ausmaß von der Not von Charlotte profitiert haben. Einer ihrer Enkel hat sie aus eigenem Erleben als »vornehme Frau«, mit einer »feinen Stimme« ausgestattet, beschrieben. Als sie alt wurde und sich ihre krankhaften Züge verstärkten, wurde sie zum Haus-»Geist«.

Der Beginn des Zweiten Weltkriegs teilte die Deterdings in Freunde und Feinde ein. Selbst wenn familiäre Bande noch existiert haben sollten, konnte man sich nun nicht mehr sehen. Telefonate zwischen Berlin und London waren nicht mehr möglich. So wurde wohl nicht bekannt, dass Adolphine Alberta, das älteste Kind von Henri, 1941 entmündigt wurde. Charlotte lebte anscheinend mit den Kindern von 1940 bis 1942 abwechselnd auf dem Gut in Mecklenburg und in der Schweiz. »Der Krieg tut uns nichts, für die Kinder haben wir ungeschmälerte Nahrung«, hielt Charlotte in einem Tagebuch fest, das sie für Henriette führte. Ende 1941 waren die drei wieder in St. Moritz. Die Mädchen gingen dort in den Kindergarten.

Überraschende Seiten der Mutter, musisches Talent, ein tiefes Empfinden für ihre Lage und die Situation des vierjährigen Töchterchens Henriette kommen in einem Gedicht zum Vorschein, das Charlotte zwei Jahre später schrieb, vielleicht anlässlich des Geburtstages von Tochter Henriette:

»Mutter, weißt Du wo mein Vater ist?«/ »Kindchen, im Himmel – klein wenig länger, als Du selbst auf Erden bist.«/»Komm, so lass' des Vaters Bild mich küssen, habe so vieles ihm noch sagen müssen!«/»Hat er mich nie gesehen?«/»Herzblut, lässt Du mich weinen mit Deiner Frage Ton, Jedoch will es mir scheinen, als wüsstest Du es schon, Du mein geliebtes Wesen warst Hilfe mir und Trost in tiefstem Leideswesen, in größter Seelennot. Hab' Dank Du kleines Mädchen, dass Du warst mir geschenkt. Nun sei nicht mehr so traurig, sei still und schick' Dich drein, den Vater zu vermissen, soll Dein Geschick vom Himmel sein!«

(Mutter und Henriette, St. Moritz 1943)

Ende 1943 kehrte Charlotte nochmals nach Dobbin zurück. Beim Besuch eines Amtes wurde ihr beschieden: »Kommen Sie morgen wieder.« Als sie zurückkam, waren alle Unterlagen vernichtet. Offenbar gelang es Charlotte, das Privatarchiv ihres verstorbenen Ehemannes zu sichern und ins Ausland abtransportieren zu lassen. Auf welche Weise sie dies schaffte, ist nicht bekannt. Gesichert ist hingegen, dass der deutsche Vermögensverwalter von Deterding, ein Mann, dem er vertraute, 1944 in Berlin vor einen Zug gestoßen wurde – möglicherweise ein Mord auf Befehl von oben. Die Inneneinrichtung der wichtigsten Gebäude des Besitzes soll Thomas Richert zufolge bis zum 28. April 1945 intakt geblieben sein. Die Russen räumten nach der deutschen Kapitulation das Dorf, das Schloss wurde Sitz einer sowjetischen Kommandantur. Es entstand hier ein Auffanglager für russische Fremdarbeiter und Offiziere der Roten Armee, die in deutsche Kriegsgefangenschaft geraten waren. Wochenlang kam es in Dobbin zu Exekutionen. Wer sie überlebte, trat den Marsch in den großen Gulag an. Das Schloss wurde angezündet und noch im Laufe des Jahres 1945 abgerissen. Es muss viele »Schatzsucher« angezogen haben. Der gesamte Familienbesitz der Deterdings in der Sowjetischen Besatzungszone wurde enteignet. Sie wurden damit zu einem »Sonderfall«, sowohl ein Opfer des NS-Funktionärsraubes als auch der Zwangsmaßnahmen der Sowjetunion und der DDR.

Charlotte verbrachte die folgenden Jahre an wechselnden Orten, die Kinder bekamen einen holländischen Vormund. Sie war 1946/47 in Dobbin, hatte in St. Moritz vorübergehend einen Liebhaber, war 1948 in Hilversum, wo sie sich aus steuerlichen Gründen ein Haus kaufte, dann in Montreux und in Zürich. »Bloß weg mit dem Geld«, scheint bei der Deterding-Witwe eine Zeit lang die Devise gelautet zu haben. Sie vergab mehrere Blankoschecks, die zur großen Erleichterung der Familie von einer Ausnahme abgesehen nicht eingelöst wurden. Ein »frommer Kirchenmann« nutzte jedoch die Chance seines Lebens zugunsten seiner Gemeinde und trug einen sehr hohen Betrag auf dem Papier ein. Villa Olga verkaufte Charlotte zum Entsetzen ihrer Angehörigen für 108 000 Schweizer Franken, angesichts heutiger Preise in St. Moritz ein schlechter Scherz, die Kurzschlusshandlung einer orientierungslosen, sehr einsamen, tief religiösen Frau. Vielleicht waren es die ersten Anzeichen für eine Erkrankung, die viele Jahre später in einem Krankenhaus, in einer festen Einrichtung endete.

Krankheit

Anfang der 1950er-Jahre entschied sich Charlotte, nach Uruguay zu gehen. Fühlte sie sich von Freund – wenn sie denn welche hatte – und Feind umzingelt? Hatten »Berater« sie um große Teile des Vermögens gebracht, das sie geerbt hatte? Sie begab sich damit nicht auf die sogenannte »Rattenlinie«, auf der viele NS-Verbrecher nach Südamerika gelangten, gedeckt von unverhohlen Hitler-freundlichen Diktatoren. Vielmehr bewegte sich die junge Witwe von Deterding mit ihren beiden Töchtern auf dem Schweizer »Uruguay-trail«, einer historisch gewachsenen Verbindung und Nabelschnur zwischen der Alpenrepublik und den Pampas am Rio de la Plata. Hunderttausende von Schweizern hatten seit Mitte des 19. Jahrhunderts in Argentinien und in Uruguay eine neue Heimat gefunden und Tausende kamen nun für das kleine Land hinzu, das dem Radikalismus der Zeit widerstand und auch ein sicherer Hafen für jüdische Flüchtlinge wurde.

Die Witwe Deterdings erhielt einen Pass, bestieg mit ihren beiden Kindern in Rotterdam ein Schiff in Richtung Südamerika. Von Venezuela ging es weiter an den Rio de la Plata.

Charlotte mit ihren Töchtern Luise und Henriette (links)
1946 in St. Moritz

Charlotte bezog 1951 mit ihrer kleinen Familie Zimmer im Hotel *Negro* in Montevideo und erwarb schon bald darauf eine Villa am Rande der Stadt. Die Verbindung zur Außenwelt war auf das Notwendigste beschränkt, die Witwe bunkerte sich in ihrem Arbeitszimmer ein, verbrachte viele Stunden am Schreibtisch – vielleicht ein Hinweis auf Verwaltung des eigenen Vermögens – und lebte im Übrigen das Leben eines »Hausmütterchens«. Dennoch ist unwahrscheinlich, dass die Deterding-Witwe ohne Ratgeber, ohne »helfende Hände« in der Schweiz und in Deutschland diese Jahre bestritten hat. Schweizer Banken – genannt wird der Bankverein Basel – müssen ebenfalls im Spiel gewesen sein.

Auf den Fluren der »Casa Deterding« bewegten sich die Töchter mit äußerster Vorsicht. Ein Chauffeur brachte die beiden Mädchen allmorgendlich in einem DeSoto zur American School. Als sie einmal mit Henriette aneinandergeriet, setzte es im Treppenhaus eine Tracht Prügel. »Wehe, du sagst es deiner Schwester!«, brüllte die Mutter. »Rede nicht über deinen Vater, der war ein Kriegsverbrecher!«, herrschte sie die Kinder an. Auch später blieb das Thema »der Vater« in der Familie ein Tabu. Henri Deterding war jederzeit anwesend, aber es wurde über ihn nicht gesprochen, bis sich die jüngste Tochter entschloss, ihn »nach Hause« zu holen.

1958 kehrte die Familie nach Europa zurück, lebte vorübergehend in Hilversum in den Niederlanden, dann in Zürich und schließlich in Montreux, wo Charlotte sechs Jahre blieb. Sie gewann in diesen Jahren erkennbar an Statur, war sich ihrer Bedeutung als Witwe von Henri Deterding bewusst und entwickelte sich zur Mäzenatin. Ihr dortiges Anwesen vermachte sie einer Stiftung für geistig Behinderte, wohl in Erinnerung an das Schicksal von Henris ältestem Kind. Im Mauritshuis im Haag ließ sie eine Stiftung für ihren Mann einrichten, in der die Reste von Henris Bildersammlung und altes Tafelsilber aus der Ehe mit Lydia zusammengefasst wurden.

Bei einem Besuch im Mauritshuis ist dem Museum dieser Umstand nicht bekannt. Im Obergeschoss des Gebäudes, auf der Etage, auf der Vermeers »Mädchen mit dem Perlenohrring« zu sehen ist, finden sich lediglich drei Gemälde von Zeitgenossen, die Deterding dem Museum stiftete, darunter das Mädchen beim Schreiben eines Briefes. Auf dem daneben angebrachten Täfelchen wird Deterding als Stifter genannt, aber mit dem Wohnsitz London. Warum bekennt sich das Museum nicht zu seinem Landsmann, der mindestens ein Zuhause in den Niederlanden hatte?

Charlotte, von der Familie als unnahbare und verschlossene »grande dame« geschildert, ging von Montreux nach Liechtenstein. Ihre Paranoia verschärfte sich. Krankenhausaufenthalte, etwa in Grabs, erbrachten keine Verbesserung ihrer Lage. Sie zahlte nun den Preis für ein Leben, das nicht in geordnete Bahnen zu bringen war. Zu viel Widersprüchliches war auf Charlotte eingedrungen. Tochter Henriette beantragte eine Vormundschaft und übernahm selbst die Verantwortung. Gegen Ende ihres Lebens war Charlotte ein Pflegefall. Der Chefarzt der Klinik zeigte Erbarmen und behielt sie in seinem Krankenhaus. Charlotte Minna Deterding starb am 1. August 1978.

Ihre älteste Tochter Luise lebte in Amsterdam und studierte an der Rijksakademie Malerei, die jüngere Tochter Henriette wohnte in Liechtenstein. Die Vermögensfrage stellte sich noch einmal Mitte der 1950er-Jahre, als Henriette vorzeitig das Elternhaus verließ, mit 17 Jahren einen wesentlich älteren Mann heiratete und binnen weniger Jahre wie ihre ältere Schwester vierfache Mutter wurde.

»Coming home«

Das deutsche Kapitel schien für Henriette und ihre Nachkommen beendet, bis es zum Fall der Berliner Mauer und zur deutschen Wiedervereinigung kam. Die bewegte Geschichte der Familie sollte nun – was die Jahre 1939 bis 1989 anging – zu einem halbwegs versöhnlichen Ende kommen. Denn es gab eine Rückfahrkarte nach Deutschland – dank der niederländischen Staatsangehörigkeit von Charlotte! Tochter Henriette war Österreicherin, aber es zählte die Staatsangehörigkeit der Mutter – eine Ironie des Schicksals! Henriette forderte im Zuge der Restitution das 1945 beschlagnahmte Dobbin zurück. Bevor es dazu kam, erkundete sie – hier eine echte Tochter ihres Vaters – auf eigene Faust die Lage. Sie kam per Flugzeug und Leihwagen inkognito nach Mecklenburg.

Etwa zur gleichen Zeit erinnerten sich die Kinder des von den Amerikanern hingerichteten Gauleiters Hildebrandt daran, dass ihr Vater 1945 einen »Schatz« vergraben hatte. Bei Aufsehen erregenden Suchaktionen in den Jahren 1992 und 1994 wurden die in Munitionskisten vergrabenen Gegenstände schließlich gefunden. Die Archivalien vermoderten jahrelang in unzureichenden Räumlichkeiten und wurden von privaten Anbietern dem Landeshauptarchiv Schwerin zum Verkauf (!) angeboten. Dort lagert der Nachlass des Gauleiters seit 1998 und ist zusammen mit dem anderen Material der Forschung zugänglich. Die Wertgegenstände, die sich in den Munitionskisten befanden, gingen in den Besitz der Familie über oder wurden verkauft.

Henriette traf auf ihrer Expeditionsreise auf einige wenige Menschen, die ihren Vater noch gekannt hatten, Gärtner, Landarbeiter, im Falle des alten Försters Wienke sogar sie selber! Im Konsum von Krakow am See gab es bis vor wenigen Jahren noch eine Mitarbeiterin, die sich an ihren Vater erinnern konnte. Auf den Ämtern stieß Henriette auf verständnisvolle Mitarbeiter, die ihr abnahmen, dass sie nicht aus spekulativen Motiven gekommen, sondern dass es ein echtes »coming-home« war. Auch der Dobbiner Bürgermeister half. Es tauchten sogar Kopien von Grundbucheintragungen auf, die, anders als die offiziellen Dokumente der DDR, nicht geschwärzt waren. Es gab Anfragen an das Forst- und das Wasseramt. Die Behörden in der Region vollzogen den für DDR-Verhältnisse staunenswerten Itinerar der Mutter mit ihren beiden Töchtern nach und akzeptierten die nun auch eintreffenden Nachweise aus dem Ausland. Aber die juristischen Auseinandersetzungen, die Henriette mithilfe eines Anwalts in Düsseldorf führte, dauerten 13 Jahre. Als die ersten Rechnungen des Anwalts eintrafen, stieg Henriettes Schwester aus. Aufgrund der Zerstückelung des Dobbiner Besitzes war die dortige Rechtslage schwieriger als in Glave, das im

Großen und Ganzen an die Familie zurückkam. In gewisser Weise kämpfte Henriette noch einmal den Kampf, den ihr Vater durch seinen überraschenden Tod verloren hatte. Es ging nicht um Ölquellen in Russland, sondern um einen Vorgang von beträchtlichem Symbolwert in Deutschland. »Never be afraid to do something«, lautete ihre Devise.

In den Wirtshäusern Mecklenburgs

In Mecklenburg sind die Erzählungen über den reichen Mann, der eines Tages zu ihnen kam, längst verebbt. Aber sie sind noch nicht ganz verschwunden. Die DDR-Propaganda wirkt nach,[11] kein Geringerer als das SED-Politbüromitglied Albert Norden hatte einen erheblichen Anteil daran. Er gehörte zu den Weggefährten von Münzenberg und den Deterding verteufelnden Russen und verfasste das viel beachtete Buch »Fälscher«. Es blieb also auch dem anderen Teil Deutschlands vorbehalten, bis 1989 ein Zerrbild über den Holländer zu zeichnen.

Es spielt aber auch die Neidgesellschaft eine Rolle, die beiden Teilen Deutschlands zu eigen ist, der uralte Hass der Armen auf die Reichen. Und noch etwas kommt in einer Gegend hinzu, die nicht gerade große Geschichte geschrieben hat, ein Murmeln und Tuscheln über einen Mann, über den man sehr wenig weiß, und seinen Schatz. Schon zu seinen Lebzeiten wurde geflüstert: »Ist es wahr, dass er der reichste Mann auf der Welt ist?« Und: »Stimmt es, dass er täglich von goldenen Tellern isst?« Es sei während des Krieges und 1945 in Dobbin »viel geklaut worden«, kann es heutzutage heißen. Die Russen hätten da auch eine Rolle gespielt. Zwei Soldaten hätten einen aus purem Gold bestehenden Tafelaufsatz aus dem Dobbin' schen Herrenhaus abtransportiert, so eine der vielen Legenden. Vielleicht seien Teile des Goldes nach Osten gebracht worden. Plötzlich steht der Name Deterding wieder im Raum, wie der eines deutschen Kaisers im Kyffhäuser. Man sollte sich das Erstaunen nicht anmerken lassen, denn diese Gespräche enden in den wenigen Gasthäusern, die es in der Region gibt, abrupt, wenn der Fremde zu auffällig lauscht und das bemerkt wird. Der Schatten, den die Vergangenheit auf diesen Landstrich wirft, der Hitler früh zujubelte, ist lang. Auch die DDR ist noch immer anwesend.

Ein Sommertag an der Mecklenburgischen Seenplatte, Spurensuche in Deterding-Land, Überprüfung von Gerüchten, die es über ihn gibt. Herausgeputzte Dörfer, zugepflasterte Toreinfahrten, hohe Bordsteine, nahezu perfekte Infrastruktur. Die Bundesstraße führt durch ein Naturschutzgebiet. Trotz reduzierter Geschwindigkeit fährt man leicht an dem Hinweisschild vorbei, das zu einem kleinen, drei Kilometer entfernten Ort weist. Die mit Holpersteinen gepflasterte Straße ist zunächst abwehrend, passt zu den sperrigen, hart klingenden Ortsnamen der Gegend wie Plau oder Krakow. Nach einigen Hundert Metern geht sie überraschenderweise in eine asphaltierte Straße über, die sanft zu einem See hinüberschwingt und sich für ein selten schönes Landschaftsbild öffnet, Wasser, Wald und über allem ein hoher Himmel. Zwischen der Straße und dem See liegt flaches Weideland, auf dem Charolais-Rinder grasen. Wären es die für die Gegend üblichen Rinder, könnte man an eine Szenerie in den Niederlanden denken, an ein Gemälde, wie es in einem Haushalt hängt, der Jagd betreibt. Auf der rechten Straßenseite folgt ein Kiefernwald, auf der linken Seite liegen saftige grüne Wiesen und eine englisch anmutende Parklandschaft, im Hintergrund schimmert der See. Dann erreicht man ein aus wenigen Häusern bestehendes winziges Dorf, in dem Hündchen bellen, ansonsten Stille herrscht. Der Imbiss lässt die mitunter herbe mecklenburgische Landschaft förmlich schmecken. Durch eine hügelige Gegend geht die Fahrt durch Felder, Wiesen und kleine Wäldchen von Glave auf einer Piste ein paar Kilometer weiter nach Dobbin. Das Schloss, das Deterding 1936 von der niederländischen Königsfamilie zum Preis von rund 1 Million Reichsmark erwarb, gibt es nicht mehr. Es stehen nicht einmal mehr die Grundmauern. Das anmutige Gefühl, das gerade noch in Glave herrschte, stellt sich hier nicht mehr ein, der Ort öffnet sich nicht, will es vielleicht nicht. Hat er etwas zu verbergen? Im Hintergrund zeigt sich der Marstall, den ein holländischer Investor erwarb, in neuem Gewande. Auch der Besuch des Kavalierhauses, in dem die Deterding-Familie mit Personal auf vier Etagen lebte, kann die Betroffenheit nicht vertreiben, die den Besucher überkommt. Noch bewahrt das ehemalige Gästehaus der holländischen Königsfamilie seine solide Bauweise vor dem Verfall, z. B. existiert noch das Treppenhaus. Aber es wird einer Sisyphosarbeit bedürfen, um das 1905 erbaute Gebäude zu restaurieren. Welche Zukunft wird es haben? Kann die Hauptstadt, gut 160 Kilometer entfernt und über die Autobahn gut zu erreichen, Impulse geben?

Fassen wir zusammen, um den Spuk über Deterding zu vertreiben, der sich auf den ersten Blick im Internet über ihn findet und unreflektiert und ungeprüft im Netz und in Zeitungsartikeln weiterhin über ihn verbreitet wird: Deterding verhalf Hitler nicht an die Macht, seine finanziellen Zuwendungen an die NSDAP bewegten sich im Rahmen der Beiträge, die von Einzelpersönlichkeiten im In- und Ausland um 1930/32 bezahlt wurden. Charlotte, seine dritte und letzte Ehefrau, war weder Hitlers Sekretärin noch Mitglied der NSDAP. Hitler gewährte dem Niederländer einen einzigen Termin, aber hatte kein Interesse an weiteren Begegnungen. Seine Mitarbeiter wimmelten den Niederländer fortan ab. Deterding war kein Held, er war als Industrieführer, gemessen an den Bedingungen der Zeit, ein Normalfall, ein Praktiker, der sich wie der britische Colonel beim Brückenbau irrte.

Anmerkungen

1 Vgl. Walter Kempowski (Hrsg.): Haben Sie Hitler gesehen? München 1973.

2 Vgl. dazu: Nubar Gulbenkian: Wir – die Gulbenkians. München 1966, S. 80, 140f.

3 Mitteilung des Stadtarchiefs Den Haag, für die ich Herrn Laurens Maaldrink danke.

4 Mitteilung des Stadtarchiefs Den Haag, für die ich Herrn Laurens Maaldrink danke.

5 Roberts, S. 385.

6 Peter Hore: The Fleet Air Arm and British Naval Operations over Norway and Sweden: Part I – Autumn of 1940.

7 Vgl. Zoe Deterding: 1678 Days and Nights as a POW, in: WW2 People's War. An Archive of WW Two memories. BBC – WW2 People's War – 1678 Days and Nights as a POW . Zoe Deterding, eine Enkelin von Henry, hat die Tagebücher des Großvaters ausgewertet, die dieser während seiner langen Kriegsgefangenenschaft schrieb.

8 Vgl. Gulbenkian, S. 141.

9 Sir Henri Deterding. TV-Film ZDF 1970.

10 Vgl. Rudolph Blauert: Dr. Deterding, seine Bedeutung für Mecklenburg und Deutschland, in: *Mecklenburgische Monatshefte* April 1939, S. 182ff.

11 Der große Antreiber und Anführer in der DDR war Albert Norden, Mitglied des Politbüros des ZK der SED. Seine Abrechnung mit Deterding, auf eigene Erfahrungen im Propagandakrieg der 1920er- und 1930er-Jahre zurückgehend, erschien 1958 unter dem Titel: *Fälscher*. Sie soll laut Angabe des Verlags mit einer Erstauflage von 30000 Exemplaren erschienen sein. Sollte diese Größenordnung auch nur annähernd zutreffen, ist dies ein Beweis für die Breite und Tiefe der Kampagnen, die gegen Deterding in der DDR liefen.

12
St. Moritz

In St. Moritz

Wie auf einer Perlenkette aufgereiht liegen die kleinen Orte, die der rot lackierte Zug der Rhätischen Bahn auf den letzten Kilometern seiner Fahrt nach St. Moritz im Minutentakt ansteuert. Die mehrstöckigen, solide gebauten Wohnhäuser in Schlarigna und Samedan lassen die Nähe zu Italien erahnen. Dann erreicht der Zug sein Ziel, es geht nicht weiter. Das Gleis endet am Prellbock. Einer Anekdote zufolge wurde St. Moritz als Wintersportort entdeckt, als es dem Hotel-Pionier Johannes Badrutt im September 1864 per Wette gelang, englische Sommergäste zu einem Aufenthalt über die Wintermonate hinweg zu bewegen. Denn der Ort biete sich auch als Winterreiseziel an. Sie könnten bleiben, solange sie wollten, bei Missfallen würden sogar die Reisekosten erstattet. Die Engländer blieben bis Ostern 1865.

Mit dem Taxi geht es vom kleinen einstöckigen Bahnhofsgebäude hinauf in die Oberstadt, durch die Hauptstraße mit ihren Luxusboutiquen, die atmosphärisch an Monte Carlo erinnern. Schon bald darauf ist das Ortsende erreicht, eine Tankstelle – und dann beginnt auf einer langen Geraden der Aufstieg, der an einem Prachtbau zur linken Hand, dem Suvretta House, scheinbar endet. Aber dann nimmt die Via Suvretta im letzten Augenblick eine scharfe Rechtswende und passiert beim nun folgenden Anstieg in ein kleines Wohngebiet die unsichtbare 2000-Meter-Höhenmarke. Geht man zu Fuß, wird der Blick hinunter ins Tal, von wo der St. Moritzersee hinaufschimmert, und knapp 4000 Meter hohe Alpengipfel, voran der Corvatsch, den Hintergrund bilden, von Meter zu Meter dramatischer. Auf der rechten Seite, schräg gegenüber der grauen Villa, in welcher der Schah von Persien einst residierte, thront das Chalet Olga. Die Villa, mehrfach umgebaut und erweitert, war einst die Heimat von Henri Deterding. Es war wahrscheinlich der Ort, an dem er sich am wohlsten fühlte, als er ein reicher Mann geworden war. Denn hier konnte er dem einfachen Leben frönen, das seine Amsterdamer Jugendjahre begleitet hatte: Weit weg von den Metropolen, wo schon am Flughafen ein Blitzlichtgewitter auf ihn wartete, weit weg von den Salons in London und Paris, den Bankett-Räumlichkeiten der Pariser und New Yorker Grand Hotels und dem täglichen »Ritterschlag« der Untergebenen und Schmeichler, ganz nahe bei sich, dem niederländischen Naturburschen, der es sich selbst im Winter nicht nehmen ließ, ein Bad im See zu nehmen, der an einer Stelle für ihn aufgeschlagen wurde. Deterding war ein Friese, ein Sportsmann, der sich in St. Moritz ein einziges Statussymbol erlaubte, ein Leben auf Rekordhöhe – es gibt nur wenige Orte in Europa, die 2000 Meter hoch liegen – umgeben von Berggiganten. Die Optik dieser Kulisse à la Luis Trenker entsprach dem Reichtum, den er in wenigen Jahren angesammelt und weiter ausgebaut hatte. Hier war er bei sich selbst, ohne darüber reden zu müssen, schweigen zu können.

Der Tagesrhythmus von Deterding

Deterding lebte als Sportsmann gesund, gönnte sich acht Stunden Nachtschlaf. Nach der Rasur drehte er einige Runden im Schwimmbad, sprintete einige Hundert Meter rund um das Becken und bestieg dann (bei der Arbeit in London) sein Pferd zum morgendlichen Ausritt, der ca. 45 Minuten

Chalet Olga in St. Moritz

dauerte. Nach einem schweren Reitunfall ging er seit Mitte der 1920er-Jahre dem Hindernisreiten nicht länger nach. Beim Frühstück kamen neben Kaffee gedünsteter Fisch und ein Früchtekorb auf den Tisch. Deterdings Lunch bestand aus gekochtem Fisch und frischem Gemüse. Es fehlte am Nachmittag der in Großbritannien obligatorische Tee. Stattdessen trank Deterding während des ganzen Tages »Poland Spring«, eine besondere Sorte von amerikanischem Mineralwasser. Auch bei Dienstreisen und längeren Auslandsaufenthalten begleitete ihn ein entsprechender Vorrat, den zu beschaffen seinen Mitarbeitern gelegentlich Schwierigkeiten bereitete. Beim Abendessen wurde eine kleine Suppe serviert, gefolgt von Fisch, Gemüse und gelegentlich einem gelegentlichen Hühnchen. »My body demands these things, and I give it what it asks for«.[1] Süßigkeiten standen nicht auf dem Speiseplan.

Deterding gehörte zu der britischen Vorhut, die kurz vor der Jahrhundertwende St. Moritz als Winterparadies entdeckte. Rasch entwickelte es sich auch zu einer beliebten Sommerfrische, in der man Tennis und Golf spielte. Der höchstgelegene Ort der Schweiz mit seinem Extremklima zog wie die Côte d'Azur Prominenz aus aller Welt an. Hier wurde Wintermode präsentiert, hier wurden und werden Spielfilme gedreht. Griechische Reeder-Familien gehörten und gehören zu den großen Förderern der nur wenige Tausend Einwohner zählenden Gemeinde. Die großen Hotels – neben dem *Suvretta* das *Kulm-Hotel*, das *Palace* und das *Carlton* – stecken voller Geschichten. In den Hallen wurden nicht nur Verabredungen aller Art getroffen, sondern sogar Himalaya-Expeditionen entworfen. Der Blick aus den Panoramafenstern der Hotelhallen auf die Berggipfel war offenbar anregend, die Spitzen zum Greifen nahe. Er ist es bis heute geblieben: Man möchte die holzgetäfelten Salons mit ihren überdimensionierten Panoramafensterfronten gar nicht verlassen. Hier das immer noch überbordende Angebot für den Gaumen und die Augen bei überraschend mäßigem Auftritt der »happy few« im Tagesbetrieb, draußen eine erstaunlich spartanische Kulisse, im Sommer wie im Winter.

Den Weg, den die Nationalstraße 27 von Zuoz nach Süden nimmt, kann man als die elementarste Straße der Welt bezeichnen. Nirgendwo in Europa leben die Menschen auf derartigen Höhenmetern. Eigentlich hat die Natur für St. Moritz keinen Platz vorgesehen. Es muss die Imagination einiger weniger tollkühner Männer gewesen sein. Das schöne, fast mönchisch zu nennende Tal endet scheinbar an einer Felsenbarriere. Es hat den Reisenden in der ersten sehr kühlen Augustwoche bis hart an den Ort begleitet, ehe an einer Gabelung eine zweite Straße nach Pontresina abzweigt. Dahinter beginnt nach dem Passieren einer Klamm der St. Moritzersee, der St. Moritz-Dorf – ein schöner Euphemismus – in die Hanglage hinaufzwingt. Dünne Luft bringt den weniger Sportertüchtigten zum Schnaufen. Man hält nach Ruhebänken Ausschau.

Die Atmosphäre im *Suvretta House*, 1912 fertiggestellt, ist anheimelnd. Es wirkt, wenn man den Rezeptionsbereich passiert hat, wie ein großes Chalet, nicht mondän, aber schweizerisch äußerst solide und gemütlich. An der Bar darf geraucht werden, der Geruch zieht auch in die Nichtraucherbereiche. Das Publikum ist bemerkenswert international. Im Fahrstuhl will die New Yorkerin sofort wissen, wo man herkommt. Herrscht beim Frühstück Zwanglosigkeit, schauen die Ober mit ihren goldgeflochtenen Schulterklappen über den Trainingsanzug des einen oder anderen Gastes hinweg, so gibt es am Abend einen klaren Dresscode. Die Damen schreiten in schwarzen Cocktailkleidern auf hochhackigen Schuhen über den Teppich, die Herren folgen im dunklen Anzug mit dezenter Krawatte in das Grand Restaurant. Über den festlich gedeckten Tischen wölbt sich eine gewaltige Eichendecke. So oder wahrscheinlich noch formeller, noch pompöser, muss es in den 1920- und 1930er-Jahren hier zugegangen sein. Der einzige Unterschied zu heute: Man blieb lange Gast im Hause, Wochen, ja Monate. Wie man hört, sind die Nachfahren der damaligen St. Moritz-Besucher noch immer da, mittlerweile in der vierten Generation. Sie leben diskret und versteckt in ihren Chalets oberhalb des *Suvretta* in der wie ein Käse durchlöcherten Hanglage des Ortsteiles Champfèr. Hinter dem *Suvretta* ging im Dezember 1936 der erste Skilift der Schweiz in Betrieb. Man kann mit ihm bis auf eine Station unter dem Piz Nair hinauffahren.

Ein illustrer Ort

In St. Moritz hat es 1928 und dann noch einmal 1948 Olympische Winterspiele gegeben. Bob wurde hier im Eiskanal schon 1904 gefahren. Deterding gehörte zu den Anhängern dieses Sports. Er stiftete 1929 einen nach ihm benannten Pokal.[2] Wegen des ungewöhnlich warmen Wetters geriet der Zeitplan bei den Winterspielen im Februar 1928 durcheinander. Der 10000-Meter-Eisschnellauf konnte nicht ausgetragen werden. Deutschland durfte erstmals nach dem Ersten Weltkrieg wieder an Olympischen Spielen teilnehmen. Die Atmosphäre in St. Moritz wies hier und da familiäre Züge auf. Im Skeleton-Wettbewerb auf der Cresta-Natureisbahn lagen zwei Amerikaner vorn, St. Moritzer Stammgäste wie der eigentliche Favorit aus Großbritannien. Deterdings Heimatland, die Niederlande, fuhr ohne Medaille nach Hause, das Gastland Schweiz erkämpfte sich immerhin eine Bronzemedaille beim Militärpatrouillenlauf.

Auf manchem Foto aus den 1930er-Jahren ist Henri Deterding zu sehen, vorzugsweise mit Frau Nr. 2 und Frau Nr. 3 auf dem Eis, auch mit den beiden Kindern aus der Ehe mit der Russin; der gedrungen wirkende Niederländer in Knickerbockern mit eisgrauem Schnurrbart als Repräsentant einer Schlittschuh laufenden Nation. Jedes Hotel hatte damals eine Eisbahn. Begleitet von kleinen Orchestern glitt man über das Eis, das Wintersportvergnügen Nr. 1, bis es vom Skifahren abgelöst wurde. Das *Suvretta* hatte die schönste Eisbahn. Deterding war gern mit seiner Familie im *Suvretta House*. Auch der Ort ist dabei nicht zu kurz gekommen, im Gegenteil. Die Ausgabefreudigkeit der zweiten, russischen Ehefrau hatte zur Folge, dass Cartier nach St. Moritz kam und eine Schweizer Bank aus dem gleichen Grund eine Zweigstelle im Skiort eröffnete.

Henri Deterding mit seinen Töchtern Lilla (links) und Olga

Die Familie gehörte auch zu denen, welche die neue Trendsportart Abfahrtski förderten. Im renommierten Corviglia Ski Club war Lady Deterding in der Saison 1932/33 Ehrenpräsidentin, ihr Mann Vorstandsmitglied. Die beiden befanden sich in erlauchter Gesellschaft. Der Herzog von Alba war ebenfalls Ehrenpräsident, Vereinsvorsitzender ein italienischer Aristokrat. Zur Clubspitze gehörte auch Edoardo Agnelli, der Vater von Giovanni Agnelli, dem späteren Fiat-Chef. Im Kreis der Gründungsmitglieder im Jahre 1930 befanden sich ferner Coco Chanel und der Bankier Philippe de Rothschild. Den Corviglia Ski Club gibt es noch heute.

Die Spuren von Henri Deterding in St. Moritz sind heute weitgehend verweht.[3] Seine Witwe verkaufte das Chalet.

Weitgehend vergessen ist seine Rolle als großer Förderer des Spitzensports in St. Moritz. Lediglich am Eingang des Golfplatzes in Samedan wird auf einer Tafel daran erinnert, dass Deterding die erste asphaltierte Straße für den Ort finanzierte, die »Shell-Strasse«, wie sie schon bald darauf genannt wurde und im Volksmund noch heute heißt. Es störte ihn, wenn er beim Golfspielen auf der Anlage in Samedan durch den Staub beeinträchtigt wurde, den die Autos auf der danebenliegenden Straße aufwirbelten. Sie heißt heute Via Val Roseg. Auf einem schnurgeraden Abschnitt fanden Motorrad- und Autorennen statt, bei denen man einen Kilometer aus dem Stand mit höchstmöglicher Geschwindigkeit zurücklegen musste, den sogenannten »kilomètre lancé«. Diese Tradition ist unlängst mit einer Veranstaltung für historische Fahrzeuge wieder aufgenommen worden.

Bis 1923 hatte es im Engadin und damit auch in St. Moritz ein Autofahrverbot gegeben. Wenn es übertreten wurde, bewarfen die Bauern das Fahrzeug mit Steinen oder blockierten die Straße hinauf zum »Suvretta« mit Baumstämmen. Als ab 1926 Autos im Ort fahren dürfen, gibt es kein Halten mehr. Nun kommen nicht nur funkelnde Luxuskarossen, sondern schon ab 1929 gibt es im Engadin Autorennen. Sie finden im Rahmen der ersten St. Moritzer Automobilwoche statt, die von einem glanzvollen Rahmenprogramm begleitet wird. Auf einem Werbeplakat flattern holländische Fahnen entlang einer Rennstrecke. Sie sind ein Indiz dafür, dass Henri Deterding die Idee zu der Woche hatte, wofür auch die Medaille spricht, die ihm für sein Engagement verliehen wird. Sein Beitrag für das Automobil im Engadin kann gar nicht hoch genug veranschlagt werden. Erster Sieger des Bernina-Rennens wird Hans Stuck.

Der Lärm der Motoren ist der Sturm vor der Ruhe. Denn die wenige Monate später ausbrechende Weltwirtschaftskrise hat verheerende Auswirkungen bis nach St. Moritz. Viele der

Medaille für Deterding anlässlich der 1. St. Moritzer Automobilwoche im August 1929

Stammgäste verlieren ihr gesamtes Vermögen. Von den frühen 1930er-Jahren an bleiben immer mehr Gäste aus. Die Deutschen können wegen Devisenbeschränkungen nicht mehr kommen. Ihre jüdischen Mitbürger haben es schwer, als Flüchtlinge in der Schweiz anerkannt zu werden. Preissenkungen können die entstehenden Verluste in den Hotels nicht ausgleichen. Im September 1936 wertet die Schweiz den Franken um 30 Prozent ab.

Otto Baumberger: Plakat St. Moritz, 1929

Menschen im *Suvretta*

Studiert man Berichte über die Gäste, die im ersten Drittel des 20. Jahrhunderts nach St. Moritz kamen, finden sich dort viele Prominente, Monarchen, Millionäre, Filmstars, Künstler und Intellektuelle. Aber wenn der Eindruck nicht trügt, verabschiedet sich in dieser Zeit in St. Moritz auch das britische Empire von der Weltbühne. Deterding verlängert die Frist, wie schon im Ersten Weltkrieg. Nicht nur die Oberschicht leistet sich einen Aufenthalt im Schnee, sondern auch eine obere Mittelschicht, die Geld hat und viele Franken für das Pfund Sterling erhält. Auf einem Foto aus den frühen 1930-Jahren durchquert Mr. Elliot, der Rektor von Eton College und Gast des *Suvretta*, auf Langlaufbrettern das Gelände. Es gibt zu dieser Zeit einen Direktflug London–St. Moritz.

Der Brite Leonard Melling gehört zu denen, die anschaulich über »Menschen im Hotel« – nach dem Romantitel von Vicky Baum – berichten. Bevor er sich als Schriftsteller einen Namen macht, arbeitet er in den 1930er-Jahren als Kellner in Grand Hotels, u.a. auch im *Suvretta*. Dort gerät er in einer Silvesternacht mit einem uniformierten deutschen Diplomaten (»some officious Nazi«) aneinander. Als der Deutsche bemerkt, dass der ihn bedienende Kellner Brite ist, wechselt er am Tisch das Gesprächsthema und macht laut hörbar unfreundliche Bemerkungen über Großbritannien. Ein Wort gibt nun das andere. Als der Ober die dritte, vorab georderte Champagnerflasche öffnet, protestiert der Diplomat, er habe nur zwei Flaschen geordert, er werde die dritte nicht bezahlen. Der Brite sorgt auf dem »kleinen Dienstweg« dafür, dass die Flasche auf die Rechnung kommt. Nachdem der Gast sehr viel später gegangen ist, stellt sich heraus, dass die Rechnung stimmt, dass er alle drei Flaschen bezahlt hat. Schadenfroh leert der Brite mit Kollegen nun die »umkämpfte« Flasche.

Das einzig Interessante an dieser an und für sich banalen Geschichte ist, dass sie im Jahre 2013 im Jubiläumsband des *Suvretta*, der anlässlich der Hoteleröffnung vor 100 Jahren erschien, abgedruckt wurde. Wie die Niederlande, wie Großbritannien, wie Deutschland tut sich auch die Schweiz und hier speziell St. Moritz mit der Erinnerung an den großen Förderer des Ortes schwer. Dabei müsste es viele Menschen in St. Moritz geben, deren Großeltern Deterding kannten, die stolz darauf waren, ihm die Hand geschüttelt zu haben. Daher ist wohl auch zumindest ein Fragezeichen hinter eine Aussage im Nachruf der *Times* zu setzen, in der es hieß: »His death is causing great grief at St. Moritz, where his generosity and kindness had made him very popular.«[4]

Den Vielfrontenkrieg, der sich gegen Deterding im Laufe der 1920er-Jahre erhob, der auch in St. Moritz mit Aufmerksamkeit verfolgt und mit Geflüster in den Salons begleitet wurde, konnte er nicht gewinnen. Er alterte rasch, er entwickelte resignative Züge, die er wohl nur bei seinen Aufenthalten im Chalet »Olga« hinter sich lassen konnte. Frei nach John Galsworthy, dem britischen Dramatiker, der »The Man who kept his form« schrieb, lebte Deterding sein Leben hart gegen andere, aber auch tough gegenüber sich selbst.

Tod in St. Moritz

Ausgerechnet bei der Beschreibung eines Treffens mit einem fernöstlichen Vertragspartner, dem Sultan von Sarawak, hat Deterding einmal zwischen den Zeilen zu erkennen gegeben, worauf er hoffte, woran er arbeitete: mindestens 80 Jahre alt zu werden bei körperlicher Fitness, anhaltender Freude am Beruf des Kaufmanns, um 7 Uhr morgens auf dem Pferde zu sitzen, der Fuchsjagd zu frönen, verbunden mit einem Le-

Henri und Charlotte Deterding

ben an wechselnden Orten. Aber dies war nicht der ganze Deterding. Die Schlussszene seiner Memoiren weist zurück zu seinen Anfängen, dem Hafen in Amsterdam, der Kindheit und dem Verlust des Vaters auf einer Weltreise, alles in umgekehrten Rollen. Man muss mit seinem Gewissen im Reinen sein, lautete Deterdings Devise. Der Tod scheint für ihn überraschend gekommen zu sein. Papst Pius XI., mit dem er viele Jahre zuvor in Rom zusammengetroffen war, der ihn beeindruckt hatte, folgte ihm sechs Tage später.

Bei allem Verständnis für die schwierige Lage der Schweiz, speziell für St. Moritz, das durch den »Anschluss« von Österreich ein knappes Jahr zuvor nur noch wenige Kilometer von Hitler-Deutschland entfernt lag, enttäuscht das Abtauchen der örtlichen Zeitung. In der *Engadiner Post* erschien kein Nachruf auf Deterding, den heimlichen großen Sohn und Förderer des Skiortes, der mit seinen Initiativen dazu beigetragen hatte, die konjunkturellen Dellen für St. Moritz so klein wie möglich zu halten.

In den großen Hotels von St. Moritz lagen jedoch internationale Zeitungen aus, in denen das Publikum Nachrufe aus dem In- und Ausland studieren konnte. Walter Teagle, der große Konkurrent und Präsident von »Standard Oil« – neben Fred Lane wohl der einzige persönliche Freund – rief Deterding nach: »Er hatte eine globale Vision. Er war ein großer, unermüdlicher, mutiger Organisator. Er stimmte nie Kompromissen im Geschäftsleben zu, wenn er von seiner Position überzeugt war.« Ganz ähnlich die *Times* in ihrem Nachruf: »From his earliest connection with the industry he had, indeed, an immense and unshakable faith in the future of oil, which was supported by a genius for organization – and an unquenchable zest for work. His reward came to him in the varied forms of power, wealth, and achievement.« Uneingeschränkt positiv war der Nachruf der *Neuen Zürcher Zeitung*. Für sie war Deterding in Anspielung an seine Wahlheimat ein »wirtschaftlicher Empire-Builder«, gewesen, eine »der großartigsten Unternehmerfiguren, die die Neuzeit (!) gekannt hat.«

Den Begriff »Empire-Builder« hatte der niederländische Premier Colijn bei seinem Abschied von Deterding benutzt und ähnlich auf den Punkt brachte es das *NRC-Handelsblad*, die bedeutende niederländische Wirtschaftszeitung mit ihrer Einschätzung des Landsmanns: »Een man, singulier in alles.« *De Telegraaf* sekundierte mit der Bemerkung, Deterding habe seinem Volk »unbeschreiblich viel gegeben«. Die *Frankfurter Zeitung* konstatierte: »Sir Henri hat die glänzende Laufbahn fast ausschließlich sich selbst zu danken.«

Wenn der Eindruck nicht täuscht, hat am Ende auch sein Unternehmen indirekt mit ihm Frieden geschlossen. Die von unabhängigen Wissenschaftlern geschriebene vierbändige monumentale Geschichte über den Shell-Konzern, die 2007 veröffentlicht wurde und wohl bis heute Konsens unter den Fachleuten darstellt, resümiert: »Deterding gehört definitiv zum Toprang der internationalen business leaders des 20. Jahrhunderts«, er war der »master builder« eines großen Konzerns …« Und: »He fully deserves to be remembered.«[5] Warum sagt es der Konzern nicht in seinen Verlautbarungen, in Texten im Internet, darf gefragt werden. Und: War es nötig, dass sich ein kleiner gehässiger Grundton durch das opulente Werk zieht?

Und noch etwas muss an dieser Stelle gesagt werden. Eine große wissenschaftliche Studie kann sich nicht damit begnügen, die niederländische und englischsprachige Literatur zum Thema Öl zur Kenntnis zu nehmen. Wer zu einem fairen Urteil über Henri Deterding gelangen will, muss die zugegeben riesige, in deutscher Sprache existierende Literatur über das Dritte Reich in ihren Grundzügen kennen, zumal die wichtigsten Werke auf Englisch vorliegen. Sich auf die Tagebücher von Joseph Goebbels und Alfred Rosenberg zu beschränken, ansonsten eine Handvoll abseitiger Titel zu zitieren und in die Reihe der letzten Fotos, die Deterding zeigen, ein großes Hitler-Foto einzuschieben, zeugt von einem Mangel an Fairness und wissenschaftlicher Redlichkeit. Die Utrechter Forscher hatten die Chance, wie sie in der Einleitung zu ihrem vierbändigen, über 1000 Seiten zählenden Werk schreiben: »to redress the balance« zwischen Kritikern und Verteidigern Deterdings. Aber sie haben sie nicht genutzt. Deterdings Aktivitäten und Jahre in Deutschland bleiben unscharf, unterbelichtet. Eine Balance stellt sich nicht ein. Für den Konzern mag dies ohne Belang sein. Denn er operiert wie alle Unternehmen nach dem Motto: Der König ist tot, es lebe der König.

Dazu passen die Eindrücke, die sich bei Briefwechseln mit führenden niederländischen Wirtschaftshistorikern ergaben. Zwar wurde die Ankündigung einer Deterding-Biografie begrüßt: »A good Deterding biography would certainly be welcome«, aber sobald deutlich wurde, dass neue Erkenntnisse zu erwarten seien, wurde die Stimmung eisig, ja eine Fortsetzung des wissenschaftlichen Disputs verweigert. Stattdessen gab es Belehrungen. Das Zerrbild über Deterding wird offensichtlich weiterhin gebraucht.

Die französischen Medien gingen in ihren Nachrufen auf Deterding mit dem Protestanten – so hat es den Anschein – warmherziger und milder um als die Presseorgane in protestantisch/calvinistisch geprägten Ländern. Sie stellten den Menschen in den Vordergrund. Offenbar wurde in dem geschichtsbewussten Land nicht vergessen, dass Deterding, »ami de notre pays«, wie der *Figaro* schrieb, im Ersten Weltkrieg als Wohltäter aktiv war. Mit dem »hôpital hollandais du Pré Catelan« hatte er ein Krankenhaus finanziert, das Kriegsverwundete pflegte und mit niederländischem Personal betrieben wurde. Es lag unweit der neuen Pariser Museums-Attraktion, der »Fondation Louis Vuitton«. Als die Einrichtung 1917 in finanzielle Schwierigkeiten geriet, übernahm

Deterding die Kosten und teilte mit, er werde das Krankenhaus stützen, egal wie lange der Krieg dauere!

Einen interessanten Weg schlug die »Revue pétrolifère« in ihrem Nachruf ein, die danach fragte, wer Deterding und wer er nicht war. Sie kam zu folgendem Schluss: »Wir werden an diesem Grab weder Dichter noch Philosophen sehen, wir werden wenige Leute aus der Wissenschaft erblicken, gegenüber denen sich Deterding reserviert verhielt, sie vielleicht nicht verstand. Er hat darüber hinaus Debatten zu Problemen der Wirtschaftspolitik, monetären Aspekten, nicht den Stempel aufgedrückt. Er hat keine Kirchen errichtet, keine Universitäten gegründet, sich nicht mit Sozialpolitik aufgehalten.« Aber Deterding hat, so der Nachruf in dieser Branchenzeitschrift, »Baustellen geschaffen, er hat Fabriken gebaut, er hat Häfen errichtet, er hat Schiffe vom Stapel gelassen, er hat überall jede Menge Beschäftigung ermöglicht. In dem Augenblick, als unsere Generation um ihre Zukunft, um ihr Schicksal im Ersten Weltkrieg kämpfte, ergriff Henri Deterding Partei. Er gewann für die Alliierten einen Wettbewerb, den die Briten, die nicht vergessen, mit der Verleihung des Adelstitels honorierten.« Auch Frankreich habe allen Grund, Deterding dankbar zu sein, so der Kommentar in der ältesten europäischen Kulturzeitschrift, die es noch heute gibt.[6] Maurice Lewandowski, der Autor dieses Beitrags, gehörte zu den ganz wenigen, die Deterdings Kontakte mit dem Dritten Reich richtig einordneten, ihnen die zutreffenden Proportionen gaben. Ähnliches war in den Nachrufen der Times und der *Neuen Zürcher Zeitung* geschehen, die Deterdings gelegentliche Ausflüge in die Politik mit dem Verlust der russischen Ölquellen in Zusammenhang brachten. Von einer Nähe zum Nationalsozialismus war in der internationalen Presse keine Rede. Am weitesten in ihrer Würdigung ging eine im US-Bundesstaat Wisconsin beheimatete Tageszeitung. Sie nannte Deterdings Weg eine »meteoric career«.

Die vermutlich beste wirtschaftshistorische Einordnung Deterdings gelang vor wenigen Jahren einem Landsmann, dem an der Rotterdamer Erasmus Universität lehrenden Wirtschaftshistoriker Berend »Ben« Wubs. Er sieht Deterding als Bestandteil eines Prozesses, »moving from a pioneering personal capitalism to an managerial capitalism, in which entrepreneurship would become a collective process.«[7] Auch zur Frage, warum Deterding bis zum heutigen Tag die Gemüter umtreibt, lieferte Wubs eine interessante Erklärung: Deterding habe sich »sein eigenes Königreich geschaffen,« keineswegs ausschließlich profitgetrieben, sondern Ausdruck des Erfolges bei seinen unternehmerischen Aktivitäten. Otto Wolff hat in seiner Geschichte über einen französischen Spekulanten namens Ouvrard hingegen knapp festgehalten, dass er von seinen Zeitgenossen »so leidenschaftlich verschieden beurteilt worden ist, ... dass selbst Schriftsteller unserer Tage noch nach 100 Jahren gegen ihn wie gegen einen Lebenden Partei ergreifen.« (sic!)

Zwei Tage vor Deterdings Tod wurde in St. Moritz der nach ihm benannte Cup für eine ganze Reihe von Jahren zum letzten Mal ausgetragen. Die Verbindung des Royal Dutch/Shell-Begründers zum Gebirgsort erfuhr nun eine viele Jahrzehnte andauernde Unterbrechung, bis er am Ende einer langen Reise nach St. Moritz zurückkehrte. Im Sommer 2022 hat er auf dem Ortsfriedhof unterhalb des Suvretta seine letzte Ruhe gefunden. An dem Grabstein, der die Familie vereint, wurde im Sommer 2023 noch gearbeitet.

Wenige Monate nach der endgültigen Ankunft von Deterdings Sarg in St. Moritz gaben Royal Dutch und Shell bekannt, getrennte Wege zu gehen. Eine 115-jährige nahezu unglaubliche Geschichte ist an ihr Ende gekommen. Die Zentrale und der Steuersitz wurden vom Haag nach London verlegt. Das Unternehmen heißt nun Shell plc (public limited company). Was wird aus den Bronzebüsten und Porträts von

Deterding, die nach dem Zweiten Weltkrieg in Magazinen verschwanden oder entsorgt wurden? Eine Rückkehr an die alten Plätze scheint kaum möglich, aber ein wenig »Wiedergutmachung« wäre doch angebracht. Wer entwickelt eine Idee? Zumindest in den großen Museen seines Heimatlandes und in Einzelobjekten wie Kelling Hall, einem architektonisch bemerkenswerten Landsitz im Osten Englands, schließlich in den Silhouetten der Wolkenkratzer, die unter seiner Regie errichtet wurden, lebt Henri Deterding fort.

Anmerkungen

1 Zitiert nach Roberts, S. 396.
2 Mitteilungen des Saint Moritz Bobsleigh Club vom 13. und 19. Februar 2023.
3 Die Frage nach Gedenk- und Erinnerungsorten für Henri Deterding wurde von der Stadtverwaltung in St. Moritz nicht beantwortet.
4 *The Times* vom 6. Februar 1939.
5 J. Jonker/J. L. van Zanden u.a. (Hrsg.): A History of Royal Dutch Shell. 4 Bde. London 2007, hier Bd. 1, S. 229.
6 Maurice Lewandowski: Sir Henri Deterding, in: Revue des Deux Mondes, April 1939, S. 680–693.
7 Vgl. Ben Wubs: Comparing three Dutch international entrepreneurs in the interwar period: in: W. Plumpe (Hrsg.): Unternehmer – Fakten und Fiktionen. Historisch-biografische Studien. München 2014.

Literaturverzeichnis

Bornes, Georges: Henri Deterding. Le sulfureux fondateur de la Shell. Paris 2022.

Deterding, Henri: An international oilman. As told to Stanley Naylor. London 1934. (Das Buch basiert auf einem Interview mit *The Saturday Evening Post Magazine*, einer amerikanischen Wochenzeitschrift).

Donovan, John: Sir Henri Deterding and the Nazi history of Royal Dutch Shell. London 2016.

Gulbenkian, Nubar: Wir – die Gulbenkians. Porträt in Öl, München 1966.

Havelaar, Max: Multatuli. Ein Roman. Zürich 1965.

Hendrix, Paul: Sir Henri Deterding and Royal Dutch-Shell. Bristol 2002.

Howarth, Stephen: A century in oil. London 1997.

J. Jonker/J. L. van Zanden u.a. (Hrsg.): A History of Royal Dutch Shell. 4 Bde. London 2007.

Koch, Jeroen: De Kesslers. Amsterdam 2023.

Lewandowski, Maurice: Sir Henri Deterding, in: *Revue des Deux Mondes*, April 1939, S. 680–693.

Mowrer; Edgar: Germany puts the clock back. London 1933.

Nachrufe: *Neue Zürcher Zeitung, The Times.*

Namensartikel Henri Deterding, Konigliche Academie fur Wissenschaften (KNAW), Huygens Instituut.

https://www.shell.com/about-us/our-heritage/our-Roberst,Glöyncompany-history.html

Norden, Albert: Fälscher. Berlin 1959.

Osterhammel, Jürgen: Die Verwandlung der Welt. Eine Geschichte des 19. Jahrhunderts. München 5. Auflage 2010.

Polygoom Hollands Nieuws File: Sir Henri Deterding PGM4011557.webm – Film 3:22 Minuten (Stationen im Leben von Deterding) Netherlands Institute for Sound and Vision.

Rasche, Emil: Die sechste Großmacht. Männer und Mächte um Erdöl. Frankfurt am Main 1951.

Richert, Thomas: Der mecklenburgische Grundbesitz von Sir Henri Deterding. Maschinenschrift o. O., o. J.

Roberts, Glyn: The most powerful man in the world: The life of Sir Henri Deterding. New York 1938.

Schoen, Tom: Of Power and Influence. Henri Deterding. Royal Dutch/Shell's unofficial Diplomat (1912–1922). Magisterarbeit Utrecht University 2020 https://studenttheses.uu.nl/bitstream/handle/20.500.12932/35194/

Sinclair, Upton: Petroleum. Ein Roman. Berlin 1927.

Suvretta House St. Moritz (Sonderband zum 100-jährigen Bestehen). Zürich 2013.

Thies, Jochen: Architekt der Weltherrschaft. Die »Endziele« Hitlers. Düsseldorf, 2. Auflage 1976.

Weltmacht Öl, *Spiegel*-Serie 1973/74, Nr. 50–52 und Nr. 1.

Wolff von Amerongen, Otto: Die Geschäfte des Herrn Ouvrard. Aus dem Leben eines genialen Spekulanten. Wiesbaden 1960.

Wubs, Ben: Comparing three Dutch international entrepreneurs in the interwar period: in: W. Plumpe (Hrsg.): Unternehmer – Fakten und Fiktionen. Historisch-biografische Studien. München 2014.

Yergin, Daniel: Der Preis. Die Jagd nach Öl, Geld und Macht. Frankfurt am Main 1993.

Zimmermann, Alfred: Die Kolonialpolitik der Niederländer. Berlin 1903.

Zischka, Anton: Ölkrieg. Wandlung der Weltmacht Öl. Leipzig 1939.

Personenregister

Der Name Henri Deterding wird nicht aufgeführt

Bildnachweis

akg-images, Berlin: S. 79 © akg-images, S. 137 © akg-images / Interfoto, S. 141 © akg-images / Pictures From History, S. 155 © akg-images / Interfoto / TV-Yesterday, S. 167 © akg-images / fine-art-images, S. 208 © akg-images, S. 247 © Heritage-Images / The Print Collector / akg-images, S. 256 © akg-images / Universal Images Group / Underwood Archives, S. 285 © akg-images / TT News Agency / SVT

Albert Steiner: S. 281, 298 © Copyright Bischofberger Collection, Männedorf, Switzerland

bpk-Bildagentur: S. 145 © bpk / Erich Salomon

Brigitte Thies-Böttcher: S. 45

De Bron, In memoriam Dr. H. W. A. Deterding, 22e Jaargang, 28 Februari 1939, Extra Nummer: S. 26, 112, 152, 153

Het Scheepvaart National Maritime Museum Amsterdam S. 47: Familiebericht. »Algemeen Handelsblad«. Amsterdam, 08-12-1871, p. 3. Geraadpleegd op Delpher op 01-02-2024, https://resol ver.kb.nl/resolve?urn=ddd:010099836:mpeg21:p003

Otto Baumberger: S. 288, Plakat St. Moritz, 1929 © VG Bild-Kunst, Bonn 2024

Privat: S. 10, 68, 117, 126, 131, 171, 199, 261, 263, 270, 287, 291

Shell Historical Heritage & Archive, The Hague: S. 62–63, 82, 108, 163 © Shell Historical Heritage & Archive, The Hague; S. 71, 85, 87 © Shell Historical Heritage & Archive, The Hague, Shell Photographic Services/Shell Int. Ltd.

Spaarnestad Photo: S. 165 © Nationaal Archief/Collectie Spaarnestad/Het Leven/Fotograaf onbekend, S. 217 © Nationaal Archief/Collectie Spaarnestad/Fotograaf onbekend

Stadtarchiv Rosenheim: S. 191 © StadtA Ro, F 6226, Georg Bell, Fotograf: Albert Aschl

Sywell Aerodrome Ltd.: S. 251

Danksagung

Meinem Freund Laurens Maaldrink bin ich zu besonderem Dank verpflichtet, denn er hat mir die Niederlande im buchstäblichen Sinn nahegebracht, durch viele Ratschläge, praktische Hilfe und Vermittlung von Kontakten. Saskia van der Tas war mir eine große Hilfe bei der Recherche. Ich danke ferner meinem Freund Klaus Bräunig für die kritische Lektüre des Manuskripts, Bill von Bredow, Vendeline von Bredow, Thomas Deterding, Zoe Deterding, Rosalie van Egmond, Josef Henke, Sir Paul Lever, Jury Ostrowsky und Thomas Richert. Willi und Patrick Lau waren erneut großartige Verleger.

Mein Dank gilt auch dem Bundesarchiv, dem Shell-Archiv in Amsterdam, dem Mauritshuis im Haag, dem Scheepvaart National Maritime Museum in Amsterdam, dem Team vom Sywell Aerodrome in Northamptonshire/Grossbritannien, dem Saint Moritz Bobsleigh Club, dem Stadtarchiv Rosenheim, der Gemeinde St. Moritz und der Bibliothek des Friedrich-Meinecke-Instituts in Berlin.

Ganz besonders danke ich den heute in der Schweiz lebenden Nachfahren von Henri Deterding. Ohne ihre Unterstützung und Offenheit hätte es das Buch in dieser Form nicht gegeben. Das gilt auch für meine Frau Brigitte Thies-Böttcher, die mich auf den Reisen zu vielen Schauplätzen des Buches begleitet hat, hervorragend fotografierte und deren Ideen, Rat und engagierte Mitarbeit wichtiger denn je waren.